Viviane Cássia Pereira

CURA PELA ENERGIA

Jim Gilkeson

CURA PELA ENERGIA

Um caminho para o crescimento espiritual

Prefácio de
HAL ZINA BENNETT

Ilustrações de
BETH BUDESHEIM

Tradução de
HENRIQUE AMAT RÊGO MONTEIRO

EDITORA PENSAMENTO
São Paulo

Título do original: *Energy Healing: A Pathway to Inner Growth.*

Os métodos apresentados neste livro não substituem necessariamente o tratamento ministrado por um profissional de saúde qualificado. Se você tiver dúvidas sobre como estes métodos poderão alterar seu estado físico, emocional ou mental, consulte um médico antes de praticá-los.

O primeiro número à esquerda indica a edição, ou reedição, desta obra. A primeira dezena à direita indica o ano em que esta edição, ou reedição, foi publicada.

Edição	Ano
1-2-3-4-5-6-7-8-9-10-11	03-04-05-06-07-08-09-10-11

Direitos de tradução para o Brasil
adquiridos com exclusividade pela
EDITORA PENSAMENTO-CULTRIX LTDA.
Rua Dr. Mário Vicente, 368 — 04270-000 — São Paulo, SP
Fone: 272-1399 — Fax: 272-4770
E-mail: pensamento@cultrix.com.br
http://www.pensamento-cultrix.com.br
que se reserva a propriedade literária desta tradução.

Impresso em nossas oficinas gráficas.

ESTE LIVRO É DEDICADO COM AMOR A
Ursula Gilkeson,
minha esposa e companheira, e uma agente de cura
com talentos especiais,
minha primeira mentora em terapia energética,

❧

E A
Bob Moore,
nosso mestre ao longo de muitos anos.
À sua maneira simples, Bob demonstrou que, mais do que qualquer
método ou conhecimento, a essência da formação do terapeuta é o
crescimento espiritual e emocional em relação às pessoas.
Inúmeras vezes eu segui o seu exemplo.

❧

E À MEMÓRIA DE MEUS QUERIDOS PAIS,
Frances Comstock Hurd Gilkeson e *Hunter Boyd Gilkeson, Jr.*

Sumário

exercícios pessoais para que você se familiarize com o etérico, o aspecto do seu campo de energia que envolve e se infiltra pelo seu corpo físico.

Neste Laboratório você vai conhecer algumas características invariáveis da anatomia energética sutil que se manifesta no trabalho de cura pela energia; apresenta-se um tratamento simples mas eficaz de cura pela energia.

❧

QUINTO LABORATÓRIO ETÉRICO: Como Trabalhar com o Sistema de Chakras 149

A Primeira Parte deste Laboratório apresenta um perfil de cada chakra, suas funções, polaridades e problemas potenciais. A Segunda Parte fornece os meios para você efetuar um trabalho de cura com cada um dos seus chakras, e a Terceira Parte concentra-se no importante papel dos chakras inferiores, apresentando exercícios criados especialmente para o tratamento desses chakras.

SEXTO LABORATÓRIO ETÉRICO: Exercícios com uma Fase de Liberação 191

Este Laboratório trata do papel da liberação física e emocional no processo de cura. São apresentados exercícios energéticos com uma "fase de liberação". É apresentado um exercício final de cura que combina a maioria dos conhecimentos apresentados neste livro.

Esta "conversa final" tem por tema a "cura progressiva", ou seja, a cura que nos impulsiona para um "novo estágio" na vida. Vamos examinar a tendência da cura pela energia para introduzir novos impulsos das dimensões superiores da consciência e produzir mudanças progressivas profundas. A questão central deste capítulo é uma nova visão do papel desempenhado pelo princípio das polaridades na cura.

Lista das Ilustrações

Prefácio

Na década de 1970, juntamente com um médico amigo meu, Mike Samuels, escrevi um livro intitulado *The Well Body Book*. Na época, esse foi um livro revolucionário, senão francamente subversivo. Além de promover a idéia de que cada um de nós deve ser a autoridade final em relação ao nosso corpo e à nossa saúde, o livro se referia a métodos alternativos de cura. A cura pela energia era um dos assuntos de que tratávamos.

Embora jamais pretendêssemos provocar controvérsias, receio que tenhamos causado uma certa agitação. Ao apresentarmos palestras pelo interior do nosso país, os Estados Unidos, os médicos geralmente nos atacavam. "No que diz respeito à medicina", afirmavam eles, "um *pouco* de conhecimento pode ser perigoso." Retrucávamos dizendo: "Mas *nenhum conhecimento* pode ser desastroso!"

Éramos acusados de incentivar a meditação, a visualização, a yoga, os exercícios físicos, a acupuntura, a alimentação, assim como o desenvolvimento pessoal e espiritual, como meios para melhorar a saúde. Não havia comprovação, diziam-nos os especialistas, de que qualquer uma dessas práticas tivesse alguma influência sobre o estado de saúde do paciente. Hoje em dia, consideraríamos essas afirmações risíveis, mas na época contávamos apenas com a nossa intuição e uma coleção de "provas" episódicas para nos defender. Assim, na maioria das vezes, não discutíamos.

Os ataques nem sempre eram animadores, especialmente para o meu co-autor, cuja profissão estava em jogo. Não obstante, mantivemo-nos firmes. Às vezes, nos deixávamos levar pelo pessimismo e até mesmo questionávamos se talvez não fôssemos mesmo os "enxeridos" de que nos acusavam. Então a maré se inverteu. Cinco anos depois do lançamento de *The Well Body Book*, começamos a ouvir dizer que os médicos adquiriam exemplares do livro para emprestar aos seus pacientes, ou então que o indicavam ao público. O livro era visto em livrarias de faculdades de medicina e até chegou a ser adotado em cursos de enfermagem. Mike, por ser médico, era requisitado para proferir palestras em convenções médicas em todo o país.

A medicina e a consciência do público em relação à saúde estavam mudando radicalmente. Cada vez mais pessoas buscavam novos meios de se tratar, que variavam da massagem à cura psíquica. A confiança total que até então nutríamos pela ciência para sanar todos os nossos males começava a mudar. Estávamos vendo os limites da medicina moderna e voltando-nos para apreciar com outros olhos as práticas de cura que contavam, em alguns casos, dezenas de milhares de anos de existência.

Mesmo com as enormes corporações voltadas para o lucro se apoderando do tratamento de saúde nos Estados Unidos — ou talvez por causa disso —, o interesse pela cura pela energia continua a crescer. As clínicas médicas e os hospitais ligados a algumas das maiores faculdades de medicina passaram a incluir a "medicina complementar e alternativa" em seu rol de especialidades oferecidas.

Até que ponto esses métodos alternativos e complementares estão sendo levados a sério? Em 1992, por determinação do Congresso americano, foi criado o Office of Alternative Medicine (OAM), uma agência voltada para o controle das medicinas alternativas que logo em seguida passou a fazer parte do National Institutes of Health, instituição que regulamenta os tratamentos de saúde nos Estados Unidos. Então, em 1998, de novo por determinação do Congresso, foi criado no país o National Center for Complementary & Alternative Medicine, um organismo de controle de âmbito nacional. Seu objetivo era pesquisar e facilitar os tratamentos médicos alternativos e oferecer ao público informações sobre o assunto. Hoje, esses órgãos públicos também servem como fontes de referência em relação a tratamentos alternativos e serviços profissionais na área. (Pesquise na Internet o endereço: http://nccam.nih.gov.) O orçamento anual dessas repartições públicas passou de 2 milhões de dólares em 1993 a 50 milhões em 1999!

Eu diria que percorremos uma longa jornada desde os dias de *The Well Body Book*!

Mas o que tudo isso tem a ver com Jim Gilkeson e este livro maravilhoso, *Cura pela Energia,* que você tem nas mãos? Muita coisa, acho eu. Jim é um dos profissionais de saúde cada vez mais numerosos nos Estados Unidos que tiveram a vida mudada com a cura pela energia. Embora seja verdade que ele se encontra na vanguarda da medicina alternativa, experiência, dedicação e sua capacidade já deixaram marcas. Ele sabe do que está falando não só porque se aprofundou no estudo da cura pela energia, mas também porque a experimentou na prática, antes de mais nada, como agente de cura, como paciente e como um professor talentoso, mostrando às pessoas como aplicar esses métodos na própria vida.

Ainda que haja dezenas de livros sobre a terapia energética, em suas mais variadas formas, da acupuntura ao Equilíbrio Zero, a maioria o faz de maneira teórica. Como terapeuta corporal e energético, Jim entendeu que havia uma certa ironia em tentar ensinar às pessoas sobre esse trabalho apenas com palavras. Então deu um salto qualitativo além do que a grande maioria estava fazendo. Incorporou em seu texto as instruções sobre exercícios experimentais, que permitem aos leitores não só se informar sobre a energia, mas sentir na própria pele como esta se manifesta e circula pelo nosso corpo.

Por ousar fazer o que fez neste livro, Jim leva as pessoas sinceramente interessadas em aprender sobre a cura pela energia além da atitude cômoda em que vivem. Se você é uma dessas pessoas que querem passar por essa experiência, que querem empenhar o tempo e o esforço que essa vivência requer, então considere-se desde já mil vezes recompensado.

A meu ver, bem poucas jornadas seriam mais compensadoras que essa, pois nesse processo revela-se todo um universo. Alguns dos mistérios da própria força vital vêm à tona, não reduzidos a princípios, mas com veemência bastante para atrair o leitor direto ao âmago até tirar-lhe o fôlego. Essa é uma jornada que vai levá-lo ao desconhecido, apresentando novos recursos que com certeza vão mudar o seu modo de viver.

A exemplo de tantos outros que empenharam a vida nesse trabalho de cura, Jim é uma pessoa humilde, que faz as coisas sem alarde. No entanto, eu diria que ele conseguiu reunir neste livro algo extraordinário. Nestas páginas, ele propõe não um sistema patenteado de cura que o coloca num pedestal, mas algo muito mais valioso. Ele apresenta instrumentos que introduzem a sabedoria e a força transmitidas por essas informações diretamente na mente do leitor. Acredito que não exista ensinamento mais importante e generoso do que esse.

Seja você um profissional de saúde que está procurando ampliar seus horizontes, seja uma pessoa em busca de tratamento, você encontrará nestas páginas maravilhas suficientes. Um livro, por mais abrangente que seja, nunca será o bastante, é claro. Mas, conforme adverte Lao-tsé, "Até mesmo uma jornada de milhares de quilômetros deve começar com o primeiro passo".

— Hal Zina Bennett, M.S., Ph.D.

Hal Zina Bennett, M.S., Ph.D., é autor de 28 livros, incluindo o estrondoso sucesso *The Well Body Book,* que infelizmente está esgotado. Seu lançamento mais recente foi *Spirit Circle,* uma obra de ficção que ainda assim trata de uma outra forma antiga de cura: o xamanismo.

Nota ao Leitor

Fizemos muitos esforços para tornar *Cura pela Energia: Um Caminho para o Crescimento Espiritual* o mais compreensível possível, quem sabe convertendo-o numa obra prática e realista sobre um assunto não tão prático e realista assim. Eis, a seguir, algumas dicas sobre como extrair o máximo do livro.

É claro que a obra é para ser lida do começo ao fim, mas você também pode ler cada parte como uma unidade separada, portanto fique à vontade para seguir a ordem que bem entender e para encontrar a que mais lhe convenha. O "Sumário" inclui uma breve descrição do que você encontrará em cada capítulo. Espero com isso oferecer-lhe um pequeno "mapa" do livro.

Cada um dos "Laboratórios Etéricos" que compõem a parte central do livro começa com a discussão de um assunto importante sobre a cura pela energia, seguida de uma ou mais práticas experimentais que ilustram os princípios da energia. Na maioria dos casos, trata-se de exercícios com a energia para a cura pessoal que você pode praticar em si mesmo. O segundo e o terceiro "Laboratórios Etéricos" apresentam técnicas de cura pela energia que você pode executar com um parceiro.

Os exercícios que você encontrará nos Laboratórios Etéricos são o cerne do livro. Eles ajudarão você a transpor a linha divisória entre a verdadeira *prática* da terapia energética e a sua mera leitura. Antes de experimentar algum dos exercícios, sugiro que leia com atenção a seção intitulada "Estrutura e Disciplina dos Exercícios Experimentais", que ajudará você a entender a maioria desses métodos e então executá-los em segurança.

Denominei as seis sessões experimentais de "Laboratórios Etéricos" por duas razões. A palavra "laboratório" sugere um lugar limpo e bem-iluminado onde realizamos experimentos e descobrimos por nós mesmos o que funciona e o que não funciona. A palavra "etérico", no caso, refere-se ao aspecto particular de nosso campo de energia, com o qual iremos trabalhar na maioria dos exercícios apresentados no livro. Ele envolve o nosso corpo físico e desempenha um papel essencial na cura pela energia. Por sorte, é relativamente fácil aprender a sentir essa parte do nosso campo energético. As instruções contidas no livro visam familiarizá-lo com o etérico e mobilizar seus potenciais para a saúde e o crescimento espiritual.

Escrever este livro foi uma aventura agradável e divertida para mim. Os métodos que explico me foram úteis tanto quanto para outras pessoas, e espero que o sejam também para você. Desejo-lhe o melhor em sua jornada de cura.

—*J. G.*

Agradecimentos

Conforme Hillary Clinton disse, "é preciso uma aldeia..." Este livro não existe num vácuo. Eu nunca teria chegado ao ponto de escrever não fosse pela comunidade de pessoas que povoam este texto.

Tenho um enorme débito de gratidão em relação a diversas pessoas:

Bob Moore e minha esposa, Ursula Gilkeson, por serem meus principais mestres em matéria de cura pela energia — sem eles, eu não teria nada sobre o que escrever;

Antje Martin, Denise Low e Sue Gilkeson, por seus sucessivos estímulos para que eu escrevesse o livro;

Sonja Becker-Hiemer, por uma imagem indelével;

Brent Flanders, por sua generosa ajuda especializada em momentos de crises no computador;

Anita Birnberger, por seus versos e disposição de me ouvir;

Diane Tegtmeier, Denise Low, Mary Howe, Jim Roberts, Ken Lassman, Jennifer Sullivan, Sharon Conden e Barbara Salvini, por fazerem uma avaliação crítica do primeiro rascunho dos originais da obra;

Beth Budesheim, que ilustrou as páginas do livro, pelo talento, a criatividade e a perseverança com que colaborou neste projeto; Beth e eu gostaríamos de estender os nossos agradecimentos do fundo do coração a todos os nossos modelos: Lloyd duPont, Cathy King, Caroline King, Korey Ireland, Rachel Creager, Alison Smith e Annie Magill;

Meus colegas no Southwind Health Collective, por seu apoio constante;

Meus clientes e todas as pessoas que participaram dos nossos seminários ao longo dos anos, pela sua confiança e pelo seu interesse.

Meus sinceros agradecimentos vão a Matthew Lore, editor sênior de Marlowe & Company, por seu entusiasmo em apoiar este projeto e acreditar nele. Foi como um sonho que se torna realidade receber o telefonema dele na tarde de outubro de 1998 para me pedir informações sobre minha proposta do livro.

E quero expressar a minha mais profunda gratidão a Hal Zina Bennett que, junto com sua esposa, Susan Sparrow, orientou-me durante os meses febris de revisão deste manuscrito. O conhecimento e a experiência deles em questões editoriais podem ser observados em todas as páginas do livro. Quando Hal me disse que eles realmente estavam tentando *fazer* os tratamentos e exercícios para entender sobre o que, afinal de contas, eu estava falando, percebi que me encontrava em boas mãos.

Também sou muito grato a Joseph Campbell, Thomas Merton e Samuel Lewis que, embora eu nunca tenha tido o privilégio de conhecer pessoalmente, influenciaram minha vida de modo estranho e maravilhoso.

Despeje sal grosso numa frigideira,
acenda o fogo e observe
a exsudação do sal crepitante.
Há uma gotícula de água oculta
em cada molécula de sal.
As ásperas moléculas irregulares debulham-se
em lágrimas ante a inesperada liberdade.
Aonde quer ir a água?

A Pequena Sereia trocou a fala por pernas
para andar pela terra
e acompanhar seu marinheiro. Agora ela está
presa em Copenhague
sem poder regressar, imobilizada
em bronze, observando o mar. Será
que deveríamos romper a estátua
e libertá-la?

Amarga saudade de uma gota d'água
pelo oceano.

CURA PELA ENERGIA

Introdução

Em meu trabalho como profissional de saúde sempre encontro pessoas curiosas a respeito do campo de energia humano e do papel deste na cura, na evolução pessoal e no desenvolvimento espiritual. Às vezes tenho tempo de me sentar com essas pessoas e comentar ou discutir sobre alguns dos seus potenciais. Geralmente, contudo, sinto-me frustrado, porque não temos tempo de examinar um assunto tão fascinante juntos. Portanto, num esforço para responder às perguntas de amigos, clientes, outros profissionais de saúde e estudantes que freqüentaram meus seminários, apresento nas próximas páginas essas informações e exercícios.

Em primeiro lugar não estou de todo convencido de que um livro seja a maneira ideal para transmitir informações dessa natureza, uma vez que, a meu ver, precisamos sentir pessoalmente como a energia atua, e não apenas ler a respeito do assunto. Mas acabei me convencendo de que, ao oferecer exercícios que as pessoas pudessem praticar por conta própria, os leitores seriam capazes de fazer exatamente o seguinte: sentir por si mesmos. Acho que você vai descobrir sozinho o ritmo de leitura mais conveniente ao seu caso e praticar os exercícios energéticos apresentados no livro.

Ao escrever estas páginas, é claro que fiz certas suposições sobre você, leitor. Talvez você seja um terapeuta que trabalha com massagem ou com terapia corporal, ou talvez seja um profissional de saúde, enfermeiro ou médico, e começou a se interessar por terapias de toque. Pode ser mesmo que você seja um daqueles tipos raros de médicos-cirurgiões que estão começando a se interessar pelo papel da energia sutil na cura.

Talvez você seja uma pessoa que está em busca da espiritualidade e que se sentiu atraído pelas disciplinas que lidam com a influência da energia, tais como a meditação ou o trabalho com os chakras, porque você os vê como meios de aprofundar a sua compreensão da vida, de expandir sua consciência e de cultivar seus dons espirituais.

Onde quer que você se situe no amplo espectro de profissionais, terapeutas e outros que investigam o papel da energia na cura, acredito que irá apreciar este livro como um instrumento útil. O trabalho com a energia pode ser considerado de diversos ângulos. Seria ingenuidade minha achar que todo mundo inicia uma jornada dessas a partir de uma mesma perspectiva.

Talvez você seja alguém que está enfrentando desafios físicos, emocionais ou espirituais sozinho, ou tem um ente querido que se encontre diante de desafios dessa natureza e saiu à procura de soluções que a medicina convencional, a psicoterapia ou até mesmo a religião parecem incapazes de oferecer.

Se você é um terapeuta corporal, pode ser que tenha passado anos aplicando sólidos princípios e métodos de uma modalidade terapêutica consagrada e agora esteja agregando técnicas que utilizam a energia e que são compatíveis com o seu trabalho.

Se você atua de uma maneira mais intuitiva, tendo talvez tomado consciência dos seus dons espirituais — a capacidade de impor as suas mãos sobre outra pessoa com propósitos terapêuticos, por exemplo, ou a capacidade de sentir o campo de energia, pode ser que considere este livro um meio de obter conhecimentos sólidos do que está se passando com você.

Neste livro você vai encontrar informações sobre a cura em geral e sobre o trabalho com a energia em particular. Isso significa que você vai se concentrar no uso inteligente do campo energético que envolve e se infiltra pelo corpo humano e no que isso tem a ver com a cura e o crescimento pessoal. Observe o "Sumário" e terá uma boa idéia da extensa variedade de assuntos que o livro abrange — desde informações básicas sobre a energia sutil até práticas meditativas de cura pessoal e tratamentos terapêuticos que podem ser realizados num parceiro. Para oferecer aos leitores um livro com uma visão tão abrangente quanto possível sobre o trabalho com a energia, incluí discussões e exercícios sobre tudo, desde o estudo antigo dos chakras e outros pontos energizados no corpo até as influências sutis das cores, dos sons, das imagens e formas geométricas.

Pode ser que você ache que o que lê nestas páginas vá contra aquilo em que acredita no momento sobre a realidade física e o nosso poder de produzir mudanças. Por causa disso, os exercícios experimentais apresentados no livro são particularmente importantes. Lembre-se, você estará trabalhando com uma realidade que não é física e que não se traduz facilmente em palavras ou simples generalizações. A maioria de nós não consegue ver a energia a olho nu, nem é capaz de sopesá-la ou manipulá-la à vontade. Contudo, certamente podemos dizer quando ela se manifesta e quando não está presente. Um amigo deu a seguinte explicação: a presença da energia é o que nos permite distinguir entre uma galinha viva e outra morta. A questão é que sua experiência imediata do trabalho com a energia revelará verdades que poderão muito bem se chocar com o seu intelecto.

Eu gostaria que este livro ajudasse os leitores a estabelecer os fundamentos para refletir sobre a energia e começar a trabalhar com ela na cura e no crescimento pessoal. Este não é um "método patenteado" ou um dogma sobre esse tipo de cura; em vez disso, ele reúne uma série interessante de aspectos sobre a cura e o trabalho com a energia passíveis de ser ensinados. Uma vez estabelecida essa base, por si mesmo você irá se descobrir estimulado a continuar, quem sabe procurando professores com métodos próprios que você poderá adotar ou adaptar a seu critério.

Nos últimos vinte anos, assistimos a uma explosão do uso terapêutico de práticas que são parte integrante de disciplinas espirituais e esotéricas existentes há milhares de anos. A meditação, os métodos de yoga, a acupuntura, a acupressão e os exercícios bioenergéticos tornaram-se uma prática comum entre terapias e clínicas holísticas em toda parte. Às vezes, parece que não sai uma edição das principais revistas femininas e de Nova Era sem que contenha um artigo sobre saúde referindo-se a um novo surgimento de "conhecimentos antigos" que podem ser empregados como tratamentos de saúde e de beleza.

O interesse atual pelo trabalho com a energia, feliz ou infelizmente, tem-se centrado em torno dos seus aspectos terapêuticos. Os métodos de utilização da energia sutil (essencialmente métodos espirituais) definitivamente podem ser aplicados dessa maneira, por exemplo, na terapia corporal ou na redução do *stress*. Não há nada de errado em usá-los com essa finalidade, mas jamais devemos subestimar o fato de que o trabalho com a energia resulta da tradição espiritual. Considerá-lo exclusivamente como um meio de controlar sintomas é o mesmo que pedir a um famoso neurocirurgião para realizar uma sessão de pedicuro, ou então ter acesso à maior biblioteca do mundo e limitar-se a um único livro dentre as inúmeras escolhas disponíveis. A questão é que o trabalho com a energia, por sua própria natureza, coloca-nos face a face com o espiritual, e ao limitar seu uso à terapia estaremos desprezando o imenso cabedal de conhecimentos que ele nos oferece.

A fusão da psicologia com a espiritualidade tem obtido um reconhecimento crescente ao longo dos últimos trinta anos — o que passou a ser conhecido em muitos círculos como "psicologia transpessoal". Ao unir esses dois modos de trabalhar, aumentamos a possibilidade de nos aplicarmos mais à nossa vida como um todo, assim como reconhecer o desenvolvimento espiritual como uma parte decisiva do desenvolvimento humano. Essa tendência nos confirma que essa área de estudos está cada vez mais valorizada, mesmo no campo relativamente conservador da psicologia convencional.

Ao prosseguir, sem dúvida você vai perceber a minha empolgação em relação ao trabalho com a energia, assim como minhas convicções sobre o poder desse método sobre o crescimento e o desenvolvimento espiritual. Independente do que atraiu sua atenção para a cura pela energia, se você tiver vontade de aprender sobre si mesmo e quiser ajudar as outras pessoas, estou certo de que este livro lhe será muito útil.

Minha intenção, afinal, é ajudar você a encontrar um método de trabalho com o campo energético para a sua purificação e o seu desenvolvimento pessoal. Desejo sinceramente que estas páginas possam alargar os horizontes de sua consciência, oferecer-lhe uma base sólida para seu crescimento pessoal e indicar-lhe maneiras de estender os frutos desse desenvolvimento aos outros.

CONVERSA INICIAL
A Condição do Agente de Cura

A descoberta de que você tem dons de cura, juntamente com a constatação de que irá sofrer se não encontrar um meio de expressá-los, pode ser uma experiência um tanto solitária. Talvez seja difícil falar sobre o assunto, até para si mesmo. É claro que muitas pessoas com dons de cura encontram um meio de ingressar em profissões reconhecidas na área de saúde como médicos, enfermeiros, terapeutas e conselheiros, e esses trabalhos muitas vezes satisfazem a expectativa. Outras pessoas passam por um longo período na vida com uma sensação constante de que, embora pudessem se encontrar numa "profissão de cura", sua verdadeira vocação dentro da área seria "nenhuma das anteriores".

A carreira de agente de cura não se realiza necessariamente em nenhum dos papéis convencionais que a corrente dominante da sociedade oferece. Mais confuso ainda é se você sente que seus dons de cura não se distanciam do seu crescimento espiritual ou do seu caminho espiritual. Com isso não quero sugerir uma imagem hollywoodiana e romantizada do agente de cura espiritual andando pelos corredores do hospital em meio a uma nuvem de luz e impondo as mãos sobre os doentes e moribundos, que então se levantariam e bradariam: "Aleluia!"

A imagem popular do agente de cura pode ser tão exagerada ou bizarra que dificilmente conseguimos nos imaginar nesse papel. Quando eu tinha 10 anos de idade, costumava ouvir tarde da noite os curandeiros evangelistas pregando inflamados numa estação de rádio das imediações da fronteira com o México. Naquelas horas da noite, com meu radinho colado ao ouvido, a cabeça debaixo do travesseiro para abafar os ruídos, eu ouvia o "Irmão Al" ou algum outro pregador de rádio indagar se o ouvinte tinha "dores nas costas, ou problemas nos rins ou no estômago" ou se precisava de dinheiro. Ele então convidava o ouvinte a "pousar uma das mãos sobre o rádio e a outra sobre a região do corpo afetada e fazer com ele uma oração de fé". Depois disso, ele pregava em outras línguas — numa sessão noturna! — por quinze minutos. Embora esse curandeiro de rádio me fascinasse, sem dúvida não era o tipo de imagem com que eu me identificasse como agente de cura.

Quem é o agente de cura? A imagem popular do "curandeiro" é tão mistificada que pode parecer intoleravelmente exagerada para alguém admitir-se como tal. Quando usamos a palavra "curandeiro", parecemos querer dizer que alguns de nós somos agentes de cura, enquanto os demais não o são. No entanto, o potencial de cura existe em todos nós. Seria justo dizer que esse atributo especial de agente de cura não é apenas um potencial mas é algo conscientemente desenvolvido, ativo e forte. Antes de mais nada, é importante reconhecer que não é tanto o "curandeiro" que cura outra pessoa, mas antes que ele desperta na outra pessoa o potencial de curar a si mesma.

Algumas pessoas que entendem que têm atributos genuínos de cura podem se envaidecer a tal ponto com a imagem que fazem de si mesmas como agentes de cura que precisam realizar algum tipo de operação de sujeição do ego antes de ser capazes de fazer algum bem a alguém. Ou podem seguir na direção oposta e tornar-se presas da falsa modéstia, dizendo a si mesmas: "Quem sou eu para me presumir um agente de cura?" Quando isso acontece, essas pessoas terminam negligenciando os dons que realmente têm. Ou seja, precisam livrar-se das imagens exageradas e idealizadas sobre o agente de cura, ainda que tenham de *fazer* algo para estimular a expressão desses atributos — não sendo inadequado chamá-los de dons espirituais.

A Educação do Agente de Cura

Embora algumas pessoas aceitem calmamente expressar os seus dons, outras podem considerá-los uma carga indesejável numa vida já complicada, e a última coisa que querem fazer é admiti-los de bom grado. As pessoas atraídas para a cura e o crescimento espiritual geralmente são as mais sensíveis e interessadas em dominar as dimensões da vida das quais a maioria nem sequer toma conhecimento. Muitas vezes, enquanto todo mundo parece estar se saindo bem, elas têm de lidar com um corpo altamente sensível, com alterações de humor anormais, com intuições que desafiam a lógica convencional, talvez com uma capacidade de captar os pensamentos e as emoções das outras pessoas (às vezes, mesmo contra a vontade), com impressões as mais diversas chegando-lhes sabe-se lá de onde. Elas podem descobrir que são altamente intuitivas, prevendo acontecimentos, telefonemas, encontros e coisas do gênero. Algumas sentem "ondas de energia" indesejadas que se esforçam para manter sob controle. Podem atravessar períodos em que se sentem elétricas e intempestivas, deixando atrás de si um rastro de punhos e dentes cerrados, louças quebradas e corações partidos. Podem passar por fases em que estão sensíveis, demasiadamente emotivas e se tornar uma companhia difícil até a piedade entrar em seu coração e elas se abrandarem e se abrirem.

Quando grupos de pessoas com o dom da cura se encontram, tudo pode acontecer, alguns deles chegando a ser completamente arrasadores. Essas experiências comprovam a sua capacidade de afetar as dimensões etéricas, mas mais do que tudo demonstram a necessidade de educar essas faculdades e desenvolver disciplinas positivas para sua aplicação na cura. Alguém que sempre esteve ligado a uma escola esotérica pode confirmá-lo. Um dia, as espoletas explodem, literal e figurativamente, e a energia se dispersa para todos os lados sem controle. Enquanto isso, os agentes de cura e adeptos espirituais mais eficazes são aqueles que aprenderam a se controlar, harmonizar seus dons espirituais e dedicar-se a servir.

Minha própria iniciação nesse terreno chegou a um ponto crítico numa passagem de ano em Roma. Antigamente, era costume de ano-novo na Itália, ao soar a última meia-noite do ano, atirar pela janela todas as peças de cerâmica que houvesse na casa — velhas ou novas — mas esse costume acabou depois da invenção do automóvel e dos pneus com câmara de borracha. Nossa festa de comemoração do ano-novo foi na casa da Signora Alda DeLucia, poetisa e mística, mãe de um colega com quem eu freqüentava uma ordem espiritual. Num grupo de vinte pessoas, comemos, bebemos, cantamos e dançamos pelos corredores do apartamento. Depois da meia-noite, acabamos nos acalmando. Eu estava ajudando a lavar a louça quando peguei com todo o cuidado uma tigela de cristal para enxugar — o cuidado era porque eu sabia tratar-se de uma peça antiga — e ela se quebrou em minhas mãos com um ruído característico.

Senti-me péssimo com o acidente, mas Alda, sendo uma dama romana, não se mostrou aborrecida com o ocorrido. Algumas semanas depois, recebi pelo correio um poema escrito por ela que me tocou profundamente. O poema era uma ode àquela tigela de cristal, um legado de família, de várias gerações, e terminava com palavras que tinham mais ou menos o seguinte teor: "...e mãos que deviam se ocupar de curar a quebraram". Aquilo marcou o começo de uma lenta transformação em mim no sentido de compreender que, embora pudesse ter dons latentes, precisava desenvolvê-los para usá-los de maneira segura e responsável. Essa experiência se converteu num desejo de aprender os fundamentos da atividade.

Aprendendo a Usar os Instrumentos da Sua Especialidade

Isso nos leva à noção de utilizar instrumentos e técnicas para cultivar nossos atributos como agentes de cura. Embora o potencial para a cura possa estar presente em todos nós, sua expressão efetiva requer um desenvolvimento espiritual paralelo. Sem um profundo respeito pelos vínculos espirituais entre nós e as dimensões infinitas da vida, o que pode e deve ser algo agradável em nossa vida pode se tornar exatamente o oposto; nosso talento pode voltar-se contra nós e causar danos. Para a maioria dos agentes de cura, chega um momento na vida em que seu crescimento pára de ser exclusivamente pessoal e eles começam a buscar maneiras de usar seus atributos mais profundos para beneficiar os outros.

Durante muitos anos, tenho me interessado profundamente pela educação de agentes de cura. Muitas pessoas com o dom da cura resistem a essa idéia. Tenho ouvido agentes de cura dizerem: "Meu medo é que, se me tornar muito estruturado, isso venha a abafar minha intuição" ou "Receio me tornar racional demais". Mas a atividade de cura requer tanto a intuição *quanto* o conhecimento racional. Agir ou trabalhar com o sistema energético de alguém, por instinto e improvisação, sem orientações formais ou formação adequada, embora possa produzir resultados emocionantes, geralmente deixa tanto você quanto os seus parceiros de tratamento sem nenhuma percepção nem benefícios a longo prazo. Ao contrário, há o perigo de ocorrerem prejuízos a longo prazo! O aprendizado é importante. A educação permite que a intuição, a compreensão e o respeito pelos poderes de cura se combinem e se enraízem em níveis mais profundos.

Voltei a freqüentar a faculdade alguns anos atrás. Para atender às exigências necessárias para me formar, eu precisava concluir um curso de lógica. Depois de todo o tempo que passei tentando cultivar a minha intuição, preparei-me para uma "experiência de aprendizado" (um eufemismo tipicamente americano para algo que eu sabia que iria odiar). O curso de lógica envolve o processo de pensamento seqüencial linear e passo a passo, na forma das *Dezenove Regras de Inferência da Lógica*. Com toda essa ginástica calistênica para o hemisfério esquerdo do cérebro, imaginei que minha intuição ficaria mais ou menos atrofiada. Mas, em vez disso, descobri que, assim como numa boa parceria, o casamento da intuição com a capacidade de análise fortalece ambas as partes e as torna mais úteis. Longe de perder minhas antenas intuitivas, descobri que a minha sintonia e a minha criatividade *aumentaram* nessa época. A experiência sugeriu que as funções de análise e de intuição supostamente diferentes são atividades unificadas da mesma mente.

O aprendizado estruturado e a intuição espontânea não estão realmente em guerra entre si. Na verdade, *o entendimento factual cria um pólo para o qual a intuição pode se direcionar.* Quanto mais verdadeiramente diferenciada é nossa base de conhecimentos e mais instrumentos ela tem à sua disposição, mais variado é o nosso repertório intuitivo. O aprendiz de agente de cura aprende os nomes das coisas, desenvolve habilidades, sensibilidades e uma intimidade maior com diversos campos do conhecimento, da ciência à religião e à arte, da psicologia à anatomia e à fisiologia.

A educação de um agente de cura consiste da aquisição das mais variadas fontes, tradicionais e não-tradicionais. O aprendizado tradicional resulta de tudo o que foi acumulado pelas gerações anteriores, e pelos hábitos particulares, costumes e o cabedal de conhecimentos de nossa cultura. O aprendizado não-tradicional deriva da nossa própria experiência direta "recebida como um raio", bem como de estados de êxtase em que transcendemos nossa experiência. Contudo, uma coisa ficou mais do que clara para mim: a educação do agente de cura precisa oferecer, ao lado do conhecimento factual, a oportunidade de obter experiências diretas e pessoais. Uma vez que estamos sempre trabalhando com uma realidade baseada num consenso externo, precisamos ser capazes de operar com recursos que trazemos dentro de nós, e aprender a confiar neles.

O Dilema do Moderno Iniciado Espiritual

Durante séculos os métodos de utilização da energia sutil pelo agente de cura estiveram protegidos pelas tradições esotéricas cuidadosamente resguardadas. Outrora elas eram disponíveis apenas àqueles que tivessem iniciação religiosa. Isso significava que a formação de um agente de cura era o domínio de pessoas que eram educadas metodicamente nas disciplinas clássicas da vida espiritual: meditação, contemplação e oração. E por boas razões! O fato é que não há nada de sutil quanto à energia "sutil". Os componentes estáveis do sistema energético, tais como chakras e pontos de energia, são portais intrapsíquicos, entradas para dimensões de grande poder. Quando ativados, eles podem exercer uma influência enorme sobre a psique humana e, por intermédio desta, ter um efeito impressionante sobre o corpo físico. Por esse motivo, se não por outro, precisamos considerar o trabalho com a energia como essencialmente uma prática espiritual, quer o chamemos assim, quer não.

Ao dirigirmos nossas intenções e atenções para essas esferas energéticas da consciência, estamos invocando os poderes do Céu e suas respectivas conseqüências. Ao fazê-lo, uma profusão de material inconsciente de cuja existência talvez não tivéssemos conhecimento pode ascender à superfície da nossa psique, enquanto nos abrimos para receber energia e informações de dimensões superiores.

Serão boas todas essas mudanças e aberturas que podem ocorrer na cura pela energia? Serão realmente benéficas em termos de cura? As pessoas iniciadas e instruídas nessas dimensões reconhecem que esses eventos, embora desafiadores, são sinais de uma transformação espiritual profunda, e elas apreciam as ocasiões em que eles ocorrem. Ainda assim, quando nos encontramos no auge desse processo, podemos despertar às altas horas da noite para encontrar nossos anjos e demônios se engalfinhando na sala de estar. Para superar satisfatoriamente esse processo, precisamos nos preparar física, emocional e conceitualmente. Assim tornamo-nos cada vez mais conscientes do porquê de as artes de cura terem sido tão ferozmente protegidas dentro da tradição espiritual, onde cada agente de cura aprendia a transpor as dimensões etéricas.

Vivemos numa sociedade profundamente mundana, distante da época daquelas religiões e tradições espirituais que formavam agentes de cura na sabedoria dos tempos. Ainda assim as pessoas continuam passando pela iniciação de natureza espiritual na intimidade da sua vida. Hoje em dia, entre muitas pessoas, a iniciação espiritual é um processo espontâneo, inerente; suas experiências de vida criam uma espécie de "massa crítica" intrapsíquica que as abre para as esferas espirituais. Independentemente de pedirmos, nossas estrelas se alinham, por assim dizer, e atravessamos o limiar da mudança. Nenhum mestre ritual ou antigo "removeu os véus de nossos olhos", conforme diz a Bíblia, ainda assim atravessamos mudanças autênticas num nível espiritual muito profundo.

O problema é que o iniciado moderno costuma ser deixado por sua própria conta, inconsciente de que há modelos conhecidos para essas experiências. Em nosso papel como agentes de cura é importante entender que nós, assim como aqueles a quem tratamos, podemos estar passando por um poderoso e profundo processo de iniciação. Por esse motivo, é fundamental avaliarmos esse processo de transformação, começando por observar até que ponto somos afetados por ele.

Não temos uma linguagem comum sobre a iniciação espiritual. No entanto, esse processo é muito mais universal e diversificado do que imagina a maioria das pessoas. A iniciação no sentido espiritual pode ser definida em linhas gerais como qualquer experiência que faz uma pessoa mudar sua maneira de ser e viver por influência de ordem superior. Por exemplo, na meia-idade, uma mulher com uma carreira muito bem-sucedida em advocacia testemunha um terrível acidente de automóvel no caminho de volta do trabalho para casa. Naquela noite ela acorda de um sonho, subitamente consciente de como a vida humana é frágil e vulnerável na realidade. Essa mulher reflete sobre a própria vida e, embora seja alguém de enorme sucesso pelos padrões sociais vigentes, sente-se profundamente insatisfeita. Duas semanas depois ela desiste da carreira, sem saber qual será o seu próximo passo, mas consciente das verdades espirituais que acredita ser seu dever perseguir.

O processo de iniciação espontâneo nesse sentido envolve tipicamente o aprendizado de lições de vida, tais como os limites de nossa mortalidade, ou o modo como as intenções que temos em mente podem afetar o mundo ao nosso redor. Sem dúvida, contamos com inúmeras oportunidades de enfrentar e superar nossos medos, mobilizar nossas forças latentes e superar o já conhecido. Na sua forma mais elementar, as aberturas iniciáticas espontâneas para o âmbito etérico e espiritual envolvem a passagem a uma nova atitude, dando origem a modos muito diferentes de ver a vida e o mundo ao nosso redor.

O que observo em minha própria vida, e especialmente em meu trabalho de cura, é que nosso desenvolvimento geralmente segue o clássico percurso espiritual de três etapas: deixar o mundo; ir para um local sagrado; então retornar já mudado, com algo a oferecer ao mundo. Esse modelo se repete em toda meditação, tratamento e retiro. Costumamos vê-lo na base de cada instância de mudança pessoal autêntica. É o processo que nos impulsiona para a frente em nossa evolução.

Uma Mudança na Definição de Metas

Há um consenso cada vez mais difundido nos Estados Unidos de que os métodos que utilizam a energia sutil podem encurtar o tempo de cura em tecidos danificados, reduzir o tempo de recuperação depois de operações, diminuir os efeitos colaterais da radiação e da quimioterapia, além de ajudar a controlar a dor. Sem dúvida esses métodos podem ser usados nessas situações, por trazerem um grande alívio a milhões de pessoas. Ainda assim é importante, especialmente no caso de pessoas que acabaram de ingressar no terreno da cura pela energia, familiarizar-se com determinados problemas que surgem durante esse processo.

Entenda que se reduzimos o uso que fazemos dos métodos de cura pela energia ao nível fisiológico, podemos estar ignorando o fato de que essas são antes de tudo técnicas de mudança de consciência. Embora elas possam ser eficazes quanto ao que alguns entendem como um assunto puramente físico, como reduzir o tempo de convalescença e controlar a dor, não devemos subestimar o fato de que podemos também estar afetando de outras maneiras aqueles a quem estamos tratando. Na verdade, até mesmo as aplicações mais superficiais da cura pela energia não podem deixar de afetar a pessoa num nível energético, mesmo que a única razão para essa pessoa ter escolhido esse tipo de cura tenha sido controlar um sintoma físico.

Os métodos que utilizam a energia sutil não são realmente bem utilizados quando destinados estritamente a resolver problemas. Usando esses métodos desse modo, podemos obter mais do que esperávamos. Problemas antigos e feridas emocionais podem extravasar de nosso parceiro de tratamento, requerendo atenção. Ele pode ter perguntas sobre relacionamentos com entes queridos a quem nunca deu muita atenção até o momento. Poderão manifestar-se conflitos interiores ou súbitos esclarecimentos para discórdias antigas. Tudo isso poderá parecer casual ou induzido à pessoa em questão, mas não irá além desse ponto. A impressão só é essa porque a técnica de cura pela energia apenas foi empregada com o propósito único de causar alívio ou apressar um processo de cura.

> *O objetivo de aprender a trabalhar com o inconsciente é não só resolver nossos conflitos ou lidar com nossas neuroses. Nele encontramos uma fonte inesgotável de renovação, crescimento, poder e sabedoria. Entramos em contato com essa fonte de nossa personalidade evolutiva; cooperamos com o processo pelo qual mantemos unido o eu integral; aprendemos a explorar esse caudaloso manancial de energia e inteligência que reside no espírito.*
>
> — Robert A. Johnson

Por outro lado, quando utilizada com objetivos multidimensionais, a cura pela energia será bem empregada. Esses objetivos podem variar de um auto-exame e de uma busca de compreensão dos fatores subjacentes de uma doença até a busca de uma revelação, de crescimento e de conhecimento sobre nossa vida. Da mesma maneira, a cura pela energia pode desencadear uma mudança de consciência que pode nos transportar de uma postura autocentrada a uma perspectiva de compaixão e a um sentimento de ligação profunda com a humanidade, o mundo natural e o cosmo.

As artes e as ciências sagradas de cura sempre trataram do que une o corpo à alma, e a alma a Deus. Se insistirmos em chamar o uso dessas técnicas espirituais de "terapêuticas", estaremos falando sobre uma terapia uma oitava acima, em que o "objetivo proposto" é diferente. A terapia de fundo espiritual pode não alcançar alguns dos objetivos que pretendemos atingir — por exemplo, deixando de aliviar toda dor física —, mas pode explicar um avanço pessoal de um ponto de vista psicológico ou espiritual. As terapias de fundo espiritual ajudam-nos a entrar no que poderia simplesmente ser chamado de "dimensão significativa da vida", abrindo a possibilidade de penetrarmos em algo completamente desconhecido, completamente novo, onde não sabemos o que vai acontecer. E isso talvez seja muito perturbador.

Dos Problemas ao Estudo e à Experiência Transpessoal

Apesar do que foi exposto aqui, não se deve entender que, se não esclarecermos de antemão o que vai ser feito do ponto de vista espiritual e assim procedermos, estaremos perdendo uma oportunidade. Não é meu intento desvalorizar os motivos de ninguém para procurar a ajuda de um agente de cura. Não existem "motivos errados" para tanto, embora eu possa citar exemplos de pessoas que tinham expectativas em relação a seus agentes de cura que não puderam ser satisfeitas. Em minha clínica, lido diariamente com pessoas que me procuram na maioria das vezes por causa de problemas físicos, e trabalho para lhes oferecer, da melhor forma possível, algum alívio material.

Entretanto, acredito que seja importante para todos nós que fazemos esse trabalho, ou que buscamos a ajuda de profissionais que trabalham com a energia, estar cientes da vasta gama de experiências humanas compreendidas pela terapia energética. O agente de cura que trabalha com a energia participa de uma seqüência de tratamento que vai desde os mais terríveis e agudos problemas, como a dor, passando pela terapia complementar para uma pessoa em recuperação de uma cirurgia, até chegar a ser uma espécie de "parteira espiritual" no processo de iluminação da pessoa.

Assim como todo mundo, eu busco alívio para qualquer problema agudo de saúde de que possa estar sofrendo e quanto antes conseguir ajuda melhor. E durante esse processo não quero saber de evasivas sobre como o alívio do mal é algo que compense menos porque supostamente não é espiritual. Se o problema se tornar crônico e ocorrer repetidamente, também quero alívio, mas a essa altura provavelmente vou começar a imaginar por que o problema continua a ocorrer. Eu poderia procurar processos que não só aliviassem meu sofrimento mas também me dessem indicações que poderiam me ajudar a descobrir a origem de minha dor ou doença. Será que há algo que preciso compreender, uma maneira mais engenhosa ou harmoniosa de viver que necessito aprender? A essa altura, mudamos nossas prioridades de um alívio puramente físico para a busca das causas originais, ou seja, usando a terapia energética como "conserto" para admitir sua abrangência espiritual e psicológica mais ampla.

Ao adotar a postura de me voltar para dentro em busca de esclarecimentos sobre o problema que estou enfrentando — digamos que este seja uma dor crônica nas costas —, pode ser que descubra que há recursos e práticas que me ajudem a fazer isso. A técnica de utilização da energia sutil é um desses recursos, uma vez que ela oferece meios de mudar minha consciência ao longo de todo um processo, da dimensão física da minha vida para a dimensão espiritual. Posso descobrir que, além de ser confrontado com minha dor e falta de compreensão, há muitas outras descobertas a serem feitas também, muitas novas revelações sobre os mecanismos da vida — questões com que talvez nunca me deparasse se não tivesse buscado alívio e encontrado uma maneira mais ampla de curar minha vida como um todo, e não apenas meus sintomas.

As terapias que vão além de meramente controlar os sintomas e modificar o comportamento normalmente tendem a revelar como nos recompomos. Preocupamo-nos em entender as forças que moldam nossa experiência; garimpamos os filões do conhecimento e das crenças que moldam nossa experiência de vida. É claro que ganhamos alguma coisa mudando de uma orientação estritamente de solução de problemas para uma terapia de análise e descoberta, que pode incluir: idéias, revelações, liberação física e emocional, e desopressão, desabafo, alívio, bem-estar e proteção, assim como uma nova confiança. Tudo isso é terapêutico no significado mais amplo da palavra e obviamente de grande valor. Podemos até mesmo atravessar momentos de êxtase que vão além de todas as nossas expectativas sem exceção, ampliando nossas crenças sobre o que é possível.

Nada disso supõe que a experiência espiritual esteja acima ou até mesmo distante de, digamos, uma enxaqueca. Nem são as orientações energéticas ou espirituais melhores que outras orientações. Elas são, contudo, categorias *maiores*, mais abrangentes, que operam num nível holístico, compreendendo corpo, mente e espírito. Isso significa que incluem categorias menores, menos abrangentes, como o corpo físico e as emoções. Os agentes de cura devem procurar manter uma visão mais ampla em relação ao que têm a oferecer a uma pessoa que busque sua ajuda. É preciso ter discernimento: há ocasiões em que se deve trabalhar com o detalhe e ocasiões em que se deve trabalhar com o quadro por inteiro. Por natureza, a cura pela energia é um instrumento para trabalhar com o quadro por inteiro.

A comunicação verbal pode ser um aspecto importante do trabalho de cura, ainda que, como agentes de cura, também precisemos estar cientes de suas limitações. Ron Kurtz, que desenvolveu a psicoterapia corporal Hakomi, observa que nosso estilo de conversação normal muda acompanhando o desenvolvimento das informações *entre* as pessoas, mas não *dentro* da pessoa. A terapia da fala pode ajudar a ordenar a experiência consciente e semiconsciente, mas como agentes de cura nós estamos sempre trabalhando com informações que não são conscientes de maneira nenhuma.

> *Quando eu não tinha asas para voar,*
> *você voou por mim.*
>
> — Robert Hunter

A vida de cada pessoa é organizada em muitos níveis, nem todos de natureza verbal ou que possam ser analisados por meio da conversação a respeito do que sabemos. A maioria de nós tem contatos com pessoas que podem enumerar uma lista infindável de informações sobre si mesmas. Elas conhecem a própria história pregressa e futura — ou parecem conhecê-la. Em nossa cultura, por exemplo, desenvolvemos um extenso vocabulário para discutir os traumas de infância e maus-tratos sexuais. Na verdade, parte do problema com a popularização dessas questões tem sido que milhões de pessoas se identificam tão fortemente com suas feridas que são capazes até de se apresentar como "alcoólatras em recuperação" ou como "filhos de adultos problemáticos" ou como "compulsivos sexuais recessivos", ou seja lá qual for a "nova" categoria terapêutica em voga. Isso pode facilitar bastante fabricar uma identidade tão temporária e distante do seu eu verdadeiro quanto a que tinham quando começaram a terapia. O problema é que, enquanto essa nova linguagem é um instrumento necessário para revelar nosso eu espiritual, ela pode acabar criando uma lacuna entre nós mesmos e a verdade sobre a nossa vida. Acima de tudo, somos muito mais do que as mágoas que trazemos da infância. Identificar-nos essencialmente com nossas mágoas é virar as costas às nossas maiores riquezas pessoais.

As disciplinas espirituais e os métodos de utilização da energia sutil não existem para tornar os fundamentos da nossa vida e da nossa cultura mais válidos, antes, porém, servem *para restaurar uma experiência secular:* a abertura da nossa consciência ao que costuma ser uma dimensão *incomunicável* da experiência. Ao menos não comunicável em termos de doutrina ou filosofia, ou mesmo de palavras. Essas disciplinas significam estar mais bem informado sobre verdades universais e eternas que transcendem as realidades criadas pelos seres humanos. Isso é algo a que só podemos nos abrir no nível mais profundo possível de nosso ser. Mas, para abrir caminho através da essência mais íntima e profunda que envolve nossa personalidade — e então ultrapassar essa essência pessoal — , temos de fazer algo mais do que conversar a respeito! Precisamos de formas de terapias espirituais que preparem para a mudança de problemas com a terapia investigativa para a experiência transpessoal. É aqui que os métodos de utilização da energia sutil estão em seu campo próprio de atuação. Esses métodos envolvem disciplina; requerem prática e perseverança. Eles nos recompensam, contudo, levando-nos a vivenciar os substratos sobrenaturais e misteriosos da vida em si.

A esta altura da evolução do agente de cura, o crescimento pessoal não é mais simplesmente pessoal. O que você apreende no seu percurso de evolução espiritual, e na evolução daqueles cuja vida você influencia como agente de cura, acaba por retornar à consciência da humanidade, servindo de alimento à evolução dela rumo a um estado superior.

PRIMEIRO LABORATÓRIO ETÉRICO:

Sentindo a Presença da Energia

Há milhares de anos os agentes de cura e místicos sabem que somos envolvidos e entrelaçados por uma intensa atividade sutil, caracterizada por uma miríade de pontos de energia pulsante e delineada por caminhos radiantes de energia em movimento. Mais do que isso, eles sempre entenderam a importância de compreender essa energia e acompanhar seus movimentos por todo o corpo, em conformidade com o que os clássicos da medicina chinesa chamam de meridianos de energia. Acompanhando essas *linhas mágicas* do corpo, somos levados numa jornada heróica rumo à oculta mas acessível unidade que constitui cada um de nós.

Podemos procurar pelo tempo que for, seja meditando regularmente, seja praticando todo tipo de atividades espirituais, e nunca nem de longe suspeitar da existência desse revestimento energético que nos envolve. Então um dia "topamos com ele". Ou ele é atingido diretamente, estimulado de alguma forma, e acordamos para algo a nosso respeito que *não é sólido*. E ainda assim está lá. Não só existe, mas está *vivo*. É algo que se movimenta. É uma região de memória, embora não pareça seguir nossa percepção normal do tempo. Parece exagerado dizer que o tempo não existe, mas nesse campo de energia ao redor do nosso corpo, onde está armazenada toda a nossa história pessoal, o passado é presente. Assim como numa árvore o crescimento anual é registrado em anéis, cada período e cada fase da vida são representados na forma de camadas.

Se você escolheu este livro, talvez seja justo supor que já reconheceu o enorme potencial da dimensão energética da vida, não só em termos terapêuticos, mas também em termos de crescimento interior e desenvolvimento espiritual. É bem possível que você tenha passado por experiências que lhe provaram que a dimensão energética existe e que é importante. Essas experiências não são tão incomuns como se pode pensar. Mesmo que sejam apenas vagas suspeitas, elas vão se acumulando até transpor o limite e se tornar um lampejo de percepção, como o momento mágico em que a água fria se cristaliza e se transforma em gelo.

Talvez você se lembre da primeira vez em que teve um momento de percepção desses. No meu caso, foi em 1975. Eu dirigia o meu carro num final de tarde com um amigo chamado Luke, que me contava sobre uma "cirurgia psíquica" que presenciara, realizada por um agente de cura filipino. Tendo acompanhado essa cirurgia bem de perto, ele disse que o agente de cura parecia ter enfiado a mão no corpo da pessoa sobre a mesa de operações e extraído o tecido doente. Já naquela época, eu sabia que havia muita discussão sobre esse assunto, se esse tipo de operação é real mesmo ou não, ou se o agente de cura simplesmente cria uma ilusão convincente. No entanto, enquanto Luke continuava seu relato, ocorreu-me uma idéia tão devastadora exatamente naquele momento que eu precisei estacionar o carro junto ao meio-fio. Eu entendi, de maneira totalmente independente dos agentes de cura filipinos ou de quaisquer discussões a respeito do que eles faziam, que o nível em que ocorriam aquelas curas era *fundamentalmente energético*. Alguém poderia dizer que senti num lampejo a realidade a que São Paulo se referiu quando disse: "Também há corpos celestiais e corpos terrestres..." (I Coríntios, 15:40). O que Paulo não mencionou foi que o contato mais imediato que temos com o nosso corpo celestial, espiritual, se apresenta como o corpo energético, que anima e informa o corpo físico. O que me ocorreu durante a história de Luke foi que o que Paulo chamou de celestial podia estar bem diante de nosso nariz, digamos assim, na forma dessa dimensão energética. Naquela época, eu me considerava uma pessoa espiritualmente desperta. Eu meditava e realizava diariamente práticas espirituais e até mesmo havia me iniciado numa ordem mística. Mas até aquele momento nada tinha provocado aquele "clique" dentro de mim. O celestial e o espiritual ainda pareciam longínquos, diferentes de minha realidade imediata. Samuel Lewis disse que não é uma questão de quando você chega ao Reino dos Céus, mas de quando o Reino dos Céus chega até *você*, e alguma coisa desse gênero aconteceu comigo dentro do carro naquela tarde. E depois disso tudo mudou em minha vida.

Aquele instante de percepção me pôs em busca de uma compreensão maior da energia — como ela se manifesta em nosso corpo e como seria possível trabalhar com ela para efetuar mudanças, crescimento pessoal e espiritual, assim como promover curas. Dito isso, quero compartilhar com você algumas das premissas que resultaram dessa minha busca, premissas que nortearam a criação deste livro e que continuam a evoluir e a se desenvolver:

- *Um campo de energia vivo envolve e se infiltra pelo nosso corpo físico.* Presumo que a maioria das pessoas que vão ler este livro sabe, ao menos teoricamente, que todas as formas de vida têm um campo de energia. Este livro não tentará provar a existência de campos de energia. Os leitores interessados em estudar a natureza do campo de energia humano devem pesquisar em obras de organizações como a International Society for the Study of Subtle Energy & Energy Medicine (ISSSEEM), onde se conduzem palestras e pesquisas científicas de todos os tipos sobre as aplicações clínicas da energia sutil. O dr. Richard Gerber, em seu livro intitulado *Medicina Vibracional* (publicado pela Ed. Cultrix), apresenta as propriedades ou os processos físicos de um grande número de métodos de utilização da energia sutil, desde a acupuntura e a homeopatia até a cromoterapia e a imposição das mãos.
- *O campo de energia pode ser sentido.* O mesmo conjunto de sentidos que usamos para perceber o nosso corpo e o nosso ambiente pode ser educado para sentir o campo de energia humano — o nosso próprio e o dos outros — e as suas características e mobilidade. Algumas pessoas têm uma capacidade extraordinária para esse tipo de percepção sensitiva ampliada.
- Embora a ciência tenha desenvolvido instrumentos com os quais podem ser detectados e mensurados alguns aspectos do campo de energia, *o estudo e a análise profundos desse campo se processam por nossa experiência direta.*
- Mudanças no campo de energia precipitam mudanças na mente, no corpo, nas emoções e na espiritualidade, e vice-versa.
- Podemos influenciar conscientemente o campo de energia com nossa atenção, nossos pensamentos, nossos sentimentos e nossas ações.
- Admito a essencial unidade de corpo, mente, sentimentos, espírito e campo de energia.
- Cada um de nós tem qualidades, ou dons espirituais, que podem ser desenvolvidos.
- *A cura é um processo contínuo,* em oposição a apenas um resultado final.
- *Todos nós temos um potencial inato para a cura.* Embora as forças de cura possam se manifestar inconscientemente na maioria das pessoas,

algumas desenvolvem esse potencial de maneira a aplicar o trabalho de cura em outras pessoas.

- *Todo mundo, consciente ou inconscientemente, tem uma espiritualidade que é a sua relação com o mundo invisível.* Isso pode ou não se realizar nas diversas expressões religiosas.
- *A substância mais essencial do nosso ser é um mistério.* A razão do nosso envolvimento no trabalho com a energia não é para desmistificar, mas, ao contrário, para penetrar e incorporar esse mistério.
- *A terapia dá melhor resultado com o envolvimento total da pessoa.*
- *O cuidado e a atenção fazem toda a diferença.*

Para entender plenamente o papel da energia em nossa vida, seja no desenvolvimento pessoal, seja na cura, precisamos ser capazes de sentir a energia, em vez de apenas entendê-la intelectualmente. Todo estudo sobre a cura com base na experiência, especialmente se for voltado para a energia e a consciência, irá parecer dispersivo. Num dia estudamos os chakras ou os movimentos da energia no nosso corpo, noutro a anatomia do pescoço, mas na realidade estamos estudando partes de algo muito mais misterioso que os chakras, os fluxos de energia e o pescoço. Quando estudamos esses assuntos como um holograma, tudo neles nos desperta uma sensação de admiração ante um quê de misterioso que os relaciona.

Então por onde começamos? Quais são os melhores pontos de partida? Pesquisando o campo de energia humano com o nosso intelecto, descobrimos que fazemos parte de um sistema multidimensional que se encontra ao mesmo tempo dentro e fora de nós, abrangendo toda uma diversidade de elementos a que, como seres humanos, podemos estar vinculados. Nosso corpo físico e seus sentidos nos ligam a tudo o que vemos como "externo" a nós mesmos: as inúmeras e variadas espécies de plantas e animais, a terra, o ar, a água e o clima do ambiente terrestre. Nossa mente nos transporta para o mundo subjetivo das nossas emoções, da energia em movimento, da sexualidade, das crenças, da memória, dos estados alterados de consciência, da família, do karma, do amor, da sociedade, da história pessoal, da evolução, do pensamento, da religião, da espiritualidade. Em nossa relação com os outros nos referimos aos mistérios da cultura, da família, da linguagem, a um sentimento em relação à história. Além dos confins da história humana, podemos encontrar a ação primordial do espírito. Na realidade, todo ponto de partida se interliga, pois no cosmo da experiência humana tudo está interligado. Isso acaba com qualquer tentativa de ensinar a trabalhar com a energia de uma maneira linear e direta. Por isso, como estudantes da cura pela energia, nossa tarefa é encontrar meios de aprender com tudo o que pudermos experimentar e sentir.

Os métodos de utilização da energia sutil são meios de participar de processos que pertencem à pessoa como um todo, uma vez que a energia é o mínimo denominador comum de toda a nossa experiência. Esses métodos são uma maneira de tratar de assuntos e princípios de atuação em todos os níveis de organização da vida, no imenso contínuo humano da experiência humana, desde as doenças e os problemas até o despertar para as possibilidades da vida, da expressão pessoal e a criatividade, a aspiração espiritual e da união com o Divino.

Albert Einstein já dizia: "O estado mental que permite a alguém ter uma atividade dessa natureza é semelhante ao dos religiosos ou dos amantes. A sua ação comum deriva não de uma intenção ou projeto premeditados, mas diretamente do coração." Ele se referia ao seu próprio trabalho quando escreveu essas palavras, mas isso explica perfeitamente o que também acredito ser a melhor abordagem da cura pela energia. Não importa como pareça às vezes, guardadas as proporções, o estudo da natureza da consciência e da cura com base na experiência está definitivamente associado a modelos e à disciplina, mas ele estará mais de acordo com os modelos existentes na natureza do que com aqueles criados pelo nosso pensamento lógico e cultural.

I. Confiando na Autoridade da Sua Experiência Pessoal

Deus Abençoa o Filho que Faz por Si Mesmo

Boas amizades ajudam a ganhar
o pão de cada dia.
Fique à vontade,
mas não confie muito.
Papai pode ajudar
e mamãe também,
mas Deus abençoa o filho
que faz por si mesmo.

— Billie Holliday

Para entender realmente como funcionam a energia e o trabalho de cura, é preciso entender de dentro para fora, no laboratório do nosso próprio corpo e da nossa mente. Chega-se a um ponto no nosso desenvolvimento em que não basta deixar que Moisés vá até a montanha por nós e volte dizendo-nos como deve ser. Não adianta absolutamente nada saber como as outras pessoas reagem à cura e ao movimento da energia se não conhecemos as nossas próprias reações. Nenhum livro (incluindo este) substitui a verdadeira experiência pessoal. Existem mestres, é claro, mas se eles merecem ser procurados, é porque respeitam e apreciam o que acontece às pessoas enquanto crescem espiritualmente. Eles devem estar mais interessados em nos incentivar a ter nossas próprias experiências do que em nos dar uma versão da experiência *deles*.

Para muitos de nós que estão evoluindo no mundo moderno, o trabalho com a energia requer um nível de introspecção que desafia as nossas crenças mais profundas e antigas em relação à nossa verdade. Mesmo que não tenhamos uma opinião formada sobre o assunto, cada um de nós desenvolveu uma concepção sobre a natureza da vida. O que vamos estudar neste livro, a maioria talvez nunca tenha ouvido falar. A própria ausência dessas informações pode tornar-se uma fonte de dúvida ou de ceticismo. Por esse motivo, aprender sobre a energia geralmente implica aprender sobre as nossas próprias crenças, sobre as histórias que contamos a nós mesmos para dar um sentido ao mundo em que vivemos.

O processo de aprendizado de um assunto novo muitas vezes nos força a rever as histórias que nos contamos, e os sistemas de crenças segundo os quais vivemos, pois eles dão o tom à nossa percepção do mundo e determinam o que entendemos, aceitamos e rejeitamos. É isso o que as pessoas querem dizer quando observam que cada um cria a sua própria impressão do mundo. Esse conceito é cada vez mais evidente quando atuamos no nível energético, onde somos chamados a interpretar nossas experiências sem os pontos de referência usuais. Quando entramos no terreno da experiência não-física, da energia e da cura, estamos nos aventurando fora das áreas sobre as quais já existe um consenso amplamente disseminado. E quanto mais nos distanciamos do consenso, maior a necessidade de recorrermos a nossos próprios meios de separar o joio do trigo. Por isso devemos aprender a confiar em nossa capacidade de identificar o que é real. O que está em jogo aqui é um dos pontos mais íntimos, porém mais importantes, do crescimento de cada um de nós: aquele em que aprendemos a confiar na própria autoridade depois de ter passado pelas experiências pessoalmente.

A qualidade de toda a experiência humana é determinada não por nossas próprias ações ou pela natureza verdadeira do mundo externo, mas pelas histórias que a todo momento contamos a nós mesmos. Por exemplo, a experiência de acampar numa floresta, para uma pessoa que acredita que o local está cheio de perigos, tem um valor muito diferente do que lhe atribui uma outra pessoa que acredita que a floresta lhe proporciona uma maior proximidade em relação ao seu lado espiritual.

O estudo da energia, que envolve experiências não-físicas, pode desafiar nossas crenças mais profundas sobre o que é real. Nesse trabalho, talvez haja momentos em que realidades que até então ignorávamos (porque estavam muito distantes), ou que fingíamos que desejávamos (porque queríamos profundamente que fossem verdadeiras), inesperadamente tornem-se mais palpáveis do que nunca. Muitas vezes elas não passam de meros vislumbres, mas indicam um quadro maior e mais abrangente do que é real. Quando acontece de tomarmos consciência realmente de uma dimensão superior, os antigos e rígidos sistemas de crenças tendem a falhar no ato. E por mais que você se esforce por reanimá-los, revivê-los, nada funciona, pois uma realidade nova e mais ampla se impõe, decretando o fim daqueles sistemas. Em resumo, seu tempo passou.

Com respeito ao nosso estudo da energia, e ao ceticismo com que muitas vezes o encaramos, Stanislav Grof comentou certa vez que o primeiro nível de resistência ao entrarmos nos estados alterados de consciência é o físico, e o segundo nível é o *filosófico*. Essa é uma observação interessante porque tem a ver com as nossas crenças sobre o que é real, sobre o que pode e não pode ser em nosso mundo pessoal. O trabalho com a energia especificamente desafia a concepção de que nada existe além do físico. Nossa concepção da vida muda desde quando reconhecemos a realidade não-física. E esse reconhecimento compreende ultrapassar o limiar da nossa visão de mundo materialista. Ingressando no desconhecido, logo descobrimos uma realidade que nem sequer imaginávamos que estivesse lá — e nossa vida muda para sempre.

Em *workshops*, costumamos ouvir a pergunta: "Aquilo era real ou foi apenas imaginação minha?" A maneira como respondemos a esse tipo de pergunta para nós mesmos poderá influenciar definitivamente o que sentimos no nível energético. Costumo responder a essa pergunta com outra pergunta: "A experiência teve um efeito real sobre você?" Uma vez, durante um *workshop* em Munique, mostrei a uma participante onde ficava um ponto de energia em seu ombro, apontando com meu dedo médio para cerca de dois centímetros acima do seu ombro físico. Havia uma energia intensa ao nosso redor por causa dos exercícios que estávamos praticando. Quando o ponto de energia reagiu, enviei uma onda de energia de cima para baixo no corpo dela. Isso provocou um estalido quase inaudível e a mulher se encolheu e começou a chorar. Não que tivesse doído, admitiu ela, mas a sensação repentina e palpável de algo "não real" a perturbara profundamente.

É importante analisar o fenômeno da nossa resistência no trabalho energético porque essa resistência pode sobrepor-se a cada parcela de experiência sutil que de outra forma nos permitiria aceitar essa nova realidade. Um exemplo perfeito disso é o que encontramos quando começamos a fazer meditação. Preocupamo-nos com o fogo cruzado das mensagens interiores que se manifesta quando voltamos a atenção para o nosso íntimo. Nossa mente é continuamente atravessada por vozes como se fossem gravações repetidas, enchendo-nos de dúvidas, quando não de receios. Nossas células parecem infectadas por vírus de informações. Muitas vezes, esses vírus entraram em nossa vida muito tempo antes, durante o período vulnerável da infância, por exemplo, mas mesmo no presente eles nos deixam vulneráveis, desprovidos de sensações próprias em que nos apoiar. Às vezes nem são histórias que têm a ver diretamente conosco, mas que estão presentes como estruturas em nosso campo de energia, ou como programas de fundo. Elas invadem nossa mente no momento em que entramos em campos de conhecimento em que ainda não temos experiência.

Perguntas Básicas para Fazer a Si Mesmo

Por que você acredita no que acredita? Em que histórias se baseia seu conhecimento pessoal do mundo? De onde, especificamente, vêm as suas crenças? Não só crenças religiosas ou filosóficas, mas crenças sobre tudo. Crenças sobre quem você é, de onde veio e para onde vai. Crenças sobre o que é real e o que não é. Suas crenças vieram junto com o seu DNA, gravadas no seu organismo? Elas são códigos entranhados na sua personalidade? Para que a pergunta "Em que você acredita?" não suscite simplesmente uma lista de autos pessoais de fé, pode ser preciso traduzi-la em algumas outras perguntas subsidiárias como: *"O que é real para mim? Como minhas crenças se aplicam na minha vida diária? Qual a influência das minhas crenças sobre o que eu faço?"*

Depois de ter expressado algumas das suas crenças, é hora de se fazer a seguinte pergunta: *"Será que essas crenças são minhas mesmo?"* Essa é sempre uma boa pergunta a se fazer porque podemos adotar crenças de várias procedências. Podemos ter desenvolvido todo um sistema de crenças pelo simples fato de termos nascido numa determinada família ou cultura em que nos criamos. Temos uma identidade determinada por nossa "tribo", a qual inclui histórias sobre quem somos eu e "minha gente", quem são "eles", seus amigos e inimigos, de onde vim, para onde vou. De onde venho eu e "minha gente", de Alfa do Centauro ou da região de Milwaukee?

Escolha uma crença e investigue as suas origens até o ponto mais distante possível. Que partes dos seus sistemas de crenças você herdou dos seus pais, adquiriu na escola, do seu aprendizado religioso? Compare essas crenças com aquilo em que você acredita porque faz parte da sua experiência pessoal, talvez num aspecto que o distingue como alguém diferente do resto da tribo. Esse aspecto pode ser tão banal quanto uma escolha pessoal em relação a carros ou tão fundamental quanto as suas crenças religiosas ou espirituais.

Qual ou quais das suas crenças pessoais adquiridas, resultantes da sua própria experiência, determinam seu modo de ser? Pode ser que elas tenham uma grande influência sobre você. Como exemplo, deixe-me contar-lhe uma experiência que tive: nunca vou me esquecer do dia em que anunciei aos meus pais que pretendia entrar para uma ordem religiosa. Eu vinha me preparando para essa decisão havia um bom tempo, é claro, mas no instante em que a *declarei,* um silêncio embaraçoso caiu sobre a sala. Uma barreira palpável se interpôs entre nós. Eu não sabia o que estava fazendo na ocasião, mas ao anunciar a minha decisão eu tinha atravessado uma membrana invisível que envolvia a realidade consensual de minha própria tribo.

Quando uma pessoa começa a romper os sistemas de crenças tribais, desligando-se dos seus pressupostos e crenças, o resultado é um importante rito de passagem. Você não está mais completamente idêntico à sua tribo e ao seu pensamento comum, uma vez que você penetra os mistérios de ter a sua própria vida espiritual pessoal, e especialmente quando começa a agir de acordo com ela. Nesse sentido, desenvolver as habilidades de um agente de cura significa deixar a sua tribo. Você pode retornar mais tarde, mas os seus relacionamentos não serão mais os mesmos.

As suas crenças são progressivas? Quer dizer, elas mudam e evoluem à medida que você muda e evolui? Essa pode ser a melhor maneira de descobrir se uma crença é verdadeiramente sua ou não, ou se pode tê-la recebido de uma fonte externa. Um dos maiores problemas ligados a ter experiências dos outros (que é basicamente o que estamos fazendo quando aceitamos sem crítica um sistema de crenças externo) é que você não tem meios de fazer evoluir além de um determinado ponto uma crença que não é sua. O problema é que há muitos estímulos sutis para fazer exatamente isso, até muito tempo depois de ter superado algumas das nossas tendências reflexas de tentar ser os bons meninos e as boas meninas que nossos pais queriam que fôssemos.

Se estivermos apenas copiando as crenças de alguém ou imitando seu estilo — além do tempo que toma absorver uma lição e adotar essa lição como nossa —, isso irá regressar para nos assombrar na forma de insegurança quando chega a hora de seguir em frente. Quando chega a vez do nosso próprio sistema de crenças, temos de, conforme observou o golfista Ben Hogan, "desenterrá-lo" sozinhos. Por muito tempo, muitos de nós tivemos de encontrar nosso caminho tateando por um labirinto de autoridades e recebemos crenças antes de descobrir em que acreditávamos. Mas não importa quanta doutrinação tenhamos absorvido, nosso desenvolvimento espiritual é dirigido por impulsos que nos levarão rumo às nossas próprias verdades e crenças se tivermos paciência e lhes dermos uma oportunidade.

Isso parece fazer parte do processo quando se trata do aprendizado da terapia energética. Confrontar e questionar nossas próprias crenças é uma parte decisiva da capacidade de nos abrirmos a sentir realidades energéticas. Por ora, deve estar mais do que claro que, para entender as nossas discussões sobre a energia, precisamos dar um jeito de *senti-la*. Apenas conhecer as teorias da terapia energética ou como as outras pessoas reagem a ela não é suficiente. Precisamos conhecê-la do ponto de vista das nossas próprias reações. O ritmo e a dinâmica da cura e do crescimento espiritual não são definitivamente os mesmos no papel como são quando os vivenciamos no nosso próprio corpo e na nossa mente. Precisamos de um laboratório onde possamos nos situar, experimentar a maneira como somos constituídos energeticamente e ter experiências que nos ajudarão a preencher a lacuna entre teoria e prática. Nas páginas seguintes, você encontrará exercícios para fazer exatamente isso.

II. Estrutura e Disciplina dos Exercícios Experimentais

Preparação Geral para os Exercícios com a Energia

Ao apresentar as orientações para o exercício que você encontrará nesta seção, peço-lhe que as siga seriamente. Elas promovem a abertura de um mundo espiritual poderoso, tanto na sua capacidade de curar quanto para se confrontar, de modo que essas práticas não devem ser executadas de maneira leviana. Na maioria dos casos, um exercício feito de maneira incorreta simplesmente não produzirá nenhum efeito. Em outros casos, em que as instruções sobre a seqüência de passos, duração (de tempo) e freqüência da prática e direção do movimento não forem seguidas, algumas pessoas poderão ficar meio "aéreas". Outras vão deparar com material inconsciente que virá à tona, de modo que podem ficar confusas ou sentir-se incomodadas, especialmente no caso de pessoas desacostumadas a atuar sobre si mesmas. Ao se aventurar nessa exploração, preste atenção aos seguintes aspectos, que tomo emprestado do livro *Inner Work*, de Robert Johnson:

Você deve entender que, ao abordar o inconsciente, estará lidando com uma das forças mais poderosas e autônomas da experiência humana. As técnicas do trabalho espiritual têm como objetivo colocar em movimento as maiores forças do inconsciente, mas num certo sentido isso é como descobrir um gêiser: as coisas podem sair de controle se você não tomar o devido cuidado. Se deixar de considerar seriamente esse processo, ou tentar encará-lo como mero entretenimento, poderá causar danos a si mesmo.

Nada disso deve dissuadi-lo de praticar o trabalho espiritual. Apenas devemos obedecer a uma lei universal: tudo o que tem um grande poder para o bem também poderá ser destrutivo se esse poder for mal utilizado. Se quisermos conviver com as poderosas forças do mundo espiritual, devemos também respeitá-las.

Assim sendo, insisto no uso consciente dessas informações, que são o resultado de muitos anos do meu trabalho, além da experiência dos meus professores, clientes e participantes de *workshops*. Grande parte dessas informações provém também das tradições do mundo antigo. Para fazer justiça a essas tradições, desejo promover um sentido sagrado no uso responsável desse conhecimento.

Cada exercício foi criado de acordo com intenções específicas. Todos os exercícios estão organizados na forma de começo, meio e fim. Eles foram montados especificamente para

- permitir que você tenha acesso a alguns setores da experiência;
- em alguns casos, criar a oportunidade para a liberação emocional, física e mental;
- captar energia de dimensões superiores da consciência (é isso que os torna exercícios *de cura);* então voltar à consciência de corpo normal e integrar o que foi contatado durante o exercício.

Orientações para o Exercício com a Energia

1. **Escolha um momento adequado.** Há momentos do dia que são mais propícios que outros para praticar os exercícios com a energia. Vá experimentando até encontrar os momentos adequados ao seu ritmo pessoal. Escolha os momentos em que não seja perturbado. Avise às pessoas com quem mora que precisa desse tempo para si. Desligue o telefone. *Entenda também que fazer determinados exercícios logo antes de ir para a cama poderá manter você acordado.*

2. **Faça um intervalo entre os exercícios.** A menos que seja recomendado o contrário, deixe um dia ou dois de intervalo ao fazer um determinado exercício. Se estiver fazendo dois exercícios diferentes ao mesmo

tempo, simplesmente faça-os em dias alternados. Observe que leva cerca de 36 horas para que a alteração de movimento provocada no campo energético pelo exercício seja registrada no nível da consciência corporal. Esse período de tempo é necessário para a aterragem e a integração da energia que você atrai para o seu corpo ao fazer o exercício.

3. **Seja rigoroso.** Verifique as lições de anatomia sutil no segundo Laboratório Etérico, que trata das posições de ativação da energia, se estiver em dúvida sobre como encontrar um determinado ponto ou chakra. É importante tocar os pontos corretamente.

4. **Adote uma postura corporal correta.** A menos que seja indicado o contrário, faça esses exercícios sentado em postura ereta ou mesmo de pé, mas não deitado. A postura ereta, relaxada, com os pés no chão geralmente propicia uma respiração mais fácil e um bom contato com a terra. Além disso, a posição deitado é aquela em que a maioria das pessoas dorme. Certo, essa é uma mudança de consciência, mas não aquela que temos em mente com o exercício!

5. **Respiração.** A menos que seja indicado o contrário, a respiração nesses exercícios é feita inspirando pelo nariz e expirando pela boca.

6. **Nada de correria.** Observe o espaçamento de tempo. Isso é importante em todos os exercícios, especialmente naqueles em há um período de meditação ou uma "fase de liberação". O motivo para isso é, novamente, a necessidade de aterrar e integrar o que é atraído para o seu sistema energético quando você pratica o exercício. Além disso, quando um exercício deve durar um período de tempo predeterminado, isso significa que há um mecanismo em posição para "retornar" do que quer que você encontrar no exercício. Isso pode ser de grande ajuda para ganhar a confiança necessária para entrar em setores da consciência que de outra maneira poderiam assustar.

7. **Cumpra todas as etapas.** Observe as instruções com atenção e siga cada etapa indicada. Se não entender uma instrução é melhor não fazer o exercício, em vez de fazê-lo de maneira errada. Simplesmente pule o exercício em que está tendo dificuldade e passe para outro exercício que entenda com clareza.

8. **Faça um diário, que pode ser por escrito ou então gravado em fita.**

9. **Respeite o contexto.** Por fim, eis uma exigência que fazemos a todos os participantes de nossos *workshops* e que também faço a você: guarde os exercícios para você. Eles chegaram até você no contexto deste livro, que o preparou para praticá-los. A menos que queira e esteja preparado para fazer o mesmo com as pessoas com quem pretende compartilhar este trabalho, não os retire do seu contexto.

Cada um dos exercícios com que trabalhamos tem efeitos muito fortes. Se forem feitos regularmente durante um período de tempo, eles tenderão a colocar você no que chamo de uma "trajetória de efeitos", que vai influenciar seu processo de cura de si mesmo e pode ser acompanhado em muitos níveis. Vou tratar desse assunto em maiores detalhes na parte do livro relativa ao *workshop* que você administra a si mesmo, quando comento sobre os atributos do corpo etérico. A única maneira de prescrever esse exercício a outra pessoa de maneira responsável é ter absoluta certeza de como ele afeta você durante um período de tempo.

Controlando o Etérico: Como Enrolar um Novelo de Lã

Em meus *workshops*, gosto de contar a história que vou contar agora porque a mensagem que ela transmite ilustra a natureza do processo ao qual você está prestes a se submeter no etérico, o meio em que vamos fazer a parte principal da nossa terapia energética. Quando eu era criança, minha mãe me pôs para fora de casa e me disse para não voltar enquanto não dissesse que eu podia voltar. Era um dia frio de dezembro, o dia do meu aniversário, e ela estava arrumando a casa para a festa. Quando finalmente eu pude entrar, meus amigos e eu — sete garotos louros — entramos, impressionados, numa casa cheia de teias multicoloridas. Arco-íris de fios de lã coloridos cruzavam o ar, o chão estava coberto de fios trançados, levando de um local a outro, enrolando-se por cima e por baixo de cada peça da mobília, como fios de macarrão embaralhados. Cada garoto pegou um fio daqueles e, enquanto íamos enrolando os fios para formar um novelo com nosso fio, sabíamos que haveria alguma coisa legal do outro lado do fio, ao chegarmos aos lugares onde os nossos fios estavam amarrados. Íamos nos retorcendo em torno dos nós acumulados — não me lembro de nenhum de meus amigos ter perdido a paciência ou de ter cortado seu fio — e fomos passando, como peregrinos acorrendo a Meca, por cima de sofás e em torno das pernas do piano. Minha mãe havia complicado de propósito para ter tempo para sentar-se para tomar uma xícara de café e para fumar um cigarro, enquanto descansava. Depois do que pareceram horas, chegamos às lembrancinhas da festa, amarradas na outra extremidade dos fios, e então sem perda de tempo nos atiramos a elas.

Controlar o etérico tem muito em comum com essa brincadeira de fios porque, quando realmente conectamos nossa consciência com o etérico e permitimos que ele nos conduza, somos levados a muitos lugares inesperados a caminho do nosso "destino final". (Uma coisa que as duas atividades *não* têm em comum é o fato de que, ao deslocar a sua consciência pelo etérico, você não pode "sair em disparada".) A capacidade de fazer os exercícios com a energia sutil e oferecer tratamentos com a energia controlada intuitivamente decorre naturalmente de um conjunto de habilidades básicas que se relacionam com o modo como usamos nossa atenção. A atenção, acima de tudo, é um foco de energia e consciência; quando desenvolvemos nossa atenção a um determinado grau, ela se torna um instrumento poderoso. Uma habilidade importante de navegação etérica é a de vincular nossa atenção ou consciência ao movimento energético — digamos, de um chakra — e nos deixar ser levados por esse movimento sem nos perder totalmente nesse movimento. Lembre-se de que é a natureza do etérico que atrai a nossa atenção a aspectos mais profundos de nós mesmos, assim isso geralmente significa ir a lugares a que não pretendíamos ir. Para tanto, você precisa de um tipo especial de confiança, e se abandonar, o que requer prática.

III. Navegação Etérica

Segue-se uma pequena série de exercícios que irão ajudar você a educar a sua atenção e usar a sua consciência de maneira eficaz no etérico. Essa atividade não só vai ajudá-lo a aprender a navegar no etérico, e avivar o etérico durante o processo, mas também vai ajudá-lo a desenvolver a capacidade de permanecer num estado de relaxamento durante um longo período de tempo.

A tarefa nesta série de exercícios é desenvolver um modo de focalizar a sua atenção diretamente no etérico, um ponto de partida importante para fazer a cura consciente de si mesmo usando o campo de energia. É apresentada uma série de etapas para conseguir isso, começando por desligar-se do fenômeno que normalmente retém a sua atenção, e depois aprendendo a mover-se com o etérico, tanto intencionalmente quanto deixando o etérico mover a sua consciência. Os exercícios começam no corpo físico, porque esse lhe proporciona seu ponto de referência mais sólido. No entanto, o processo se torna realmente interessante quando usamos os pontos, os fluxos e os chakras do etérico como nossos pontos de partida. Mas vamos fazê-lo passo a passo. Eis como começar:

Exercício Básico de Navegação Etérica nº 1: *Aprendendo a Confiar no Etérico*

Parte 1: Desligando-se Conscientemente do que Retém a sua Atenção

Este tipo de prática tem uma longa história de várias maneiras. A prática budista incorpora um conhecimento de muitas nuanças da psicologia de apego e libertação das dez mil coisas que nos prendem à escravidão. A tradição contemplativa cristã ensina a liberar a mente do "mundo". Essas práticas visam trazer nossa consciência para o momento presente.

1. **Sente-se em silêncio e observe onde está a sua atenção:** Por exemplo, seus pensamentos podem estar no trabalho, ou voltados para o telefone que está tocando, ou para lugares a que gostaria de ir nas férias. Observe para onde vai a sua atenção. Não tente mudá-la. Não tente impedi-la de mudar. Gaste nisso alguns minutos. Apenas observe. Não julgue.
2. **Agora desligue-se desse foco e traga a sua atenção de volta para o seu corpo:** Por exemplo, pode ser que seus pensamentos estejam a um milhão de quilômetros de distância, em torno de algo que aconteceu no passado. Agora, traga a sua atenção de volta para o modo como o seu corpo está se sentindo, sentado na cadeira, respirando devagar. Simplesmente, concentre-se no que está sentindo em seu corpo.
3. Repita os dois primeiros passos algumas vezes.

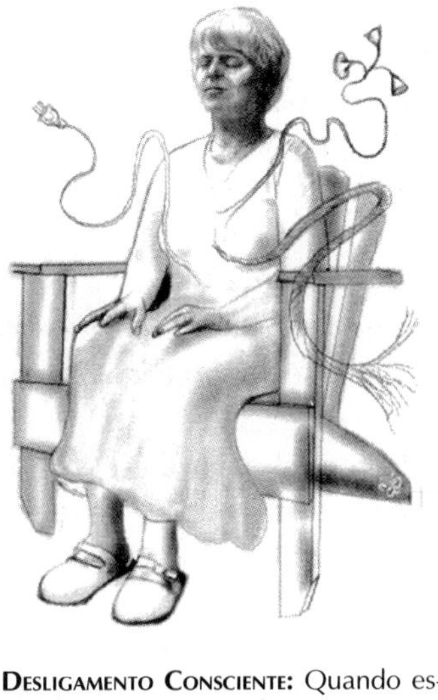

Desligamento Consciente: Quando estiver se "desligando" conscientemente do que está prendendo a sua atenção, essa é uma boa hora para usar a visualização criativa.

Esta etapa aparentemente simples talvez seja o exercício mais importante do livro. Ele prepara o terreno para todos os outros exercícios de cura de si mesmo e de expansão da consciência que virão em seguida. Esse é o momento para usar a visualização criativa. Eis algumas sugestões:

- Imagine um fio elétrico ligado a uma tomada presa à imagem ou pensamento que retém a sua atenção. Então desligue o fio da tomada dessa imagem ou pensamento e puxe o fio para o seu corpo.
- Imagine uma corda amarrada com muitos nós ao redor do que está prendendo a sua atenção. Agora veja os nós se afrouxarem, se desprenderem ou escorregarem. Puxe a corda para dentro do seu corpo.

- Imagine tentáculos saindo de você como de um polvo, com as ventosas presas aos seus pensamentos. Veja as ventosas se soltarem. Puxe os tentáculos de volta para você.
- Pense na sua atenção como se fosse seu espírito solto e então "chame seu espírito de volta" de onde quer que ele esteja. Quando notar em que lugar a sua atenção e a sua energia se encontram, diga, interiormente: "Estou chamando meu espírito de volta." Você tem a autoridade e o poder para fazer isso.

NOTA: Assim como qualquer outro exercício ou prática envolvendo as nossas energias e o nosso espírito, este requer prática, sinceridade e tempo. Não considere ingenuamente que "desligar a tomada" algumas vezes numa visualização significa que você resolveu um problema antigo. Na maioria dos casos, nosso espírito anda espalhado aos quatro ventos há muito tempo e temos de chamá-lo de volta pouco a pouco, uma parte de cada vez.

Parte 2: Deixando-se Levar pelo Etérico

A inspiração para esta parte do exercício me ocorreu durante um *workshop* de Wayne Muller, que estava na ocasião ensinando um conceito encontrado em todas as práticas de meditação que enfatizam a atenção: um pensamento ou sensação surge em nossa consciência, então recua, apenas para ser substituído por outro, e depois por outro. A pessoa que medita simplesmente registra isso sem se envolver. As formas clássicas desse tipo de prática são a Vipassana e a meditação Zen, que nos ensina a retornar continuamente ao foco primário, como uma imagem de Buda, ou uma flor, a extremidade do nariz, o som de um sino, ou algum outro ponto focal escolhido previamente.

Nesse sentido, no entanto, tornamo-nos "nômades" com esse conceito ao dirigir a atenção para o que se apresenta dentro de nós, esperando que mude em outra coisa, então dirigindo a atenção a isso até que mude. E assim por diante. Eis como você deve fazer:

1. **Comece no seu corpo:** Depois de se acalmar, escolha um ponto no seu corpo, por exemplo, seu polegar direito. Há atividade energética no seu polegar e a idéia é ligar-se a ele.
2. **Preste atenção:** Em cada ponto ao longo do caminho, você espera em um estado mental aberto para ver o que acontece por si mesmo. Tente registrar o exato momento em que a sua atenção é atraída para alguma coisa. Isso vai acontecer.

Eis como fazer: Primeiro, "prenda-se" ao seu polegar direito; preste atenção a ele. Apenas observe. Isso não deve acontecer de uma determinada maneira. Não existe uma definição sobre como você deve se sentir. Você não está tentando fazer algo acontecer, e não está tentando impedir que algo aconteça. Mantenha a atenção difusa.

Atenção "difusa" significa fora de foco, e não concentração profunda. Você não deve concentrar a atenção no polegar. É como se você estivesse deixando que partículas da sua consciência se reunissem no seu polegar, mas não pretendendo prendê-las ali.

Deixe a sua consciência pairar ali, solta. Se você fizer isso, a sua consciência será atraída para o movimento de energia que está ocorrendo no seu polegar.

3. **Acompanhe a mudança:** Quando ocorrer uma mudança de foco, deixe a sua atenção acompanhar a mudança. Acompanhe-a e use a "estação" seguinte como seu novo ponto de "foco indefinido". Pode ser uma parte do corpo, uma sensação, um pensamento, uma imagem, uma lembrança etc.

Veja se consegue capturar o momento em que a sua atenção é atraída para alguma outra coisa. Se uma coruja entrasse pela janela, ela iria atrair a sua atenção, porque o movimento atrairia o seu olhar. É a mesma coisa nesse caso: o movimento no campo de energia vai atrair a sua atenção.

Talvez você se sinta atraído para o seu cotovelo, ou para a sua orelha. Quando isso acontecer, deixe a sua atenção se firmar no novo ponto de foco e faça a mesma coisa de novo: deixe a sua atenção se prender ali e veja se consegue registrar o momento em que ela muda para outra coisa. Talvez dessa vez você seja atraído para o seu pescoço. Faça tudo de novo. Acompanhe a mudança com a atenção maleável. Pode ser que você seja atraído para outro local do seu corpo. Você pode ser atraído de volta para onde começou e pode dar voltas e voltas no mesmo lugar por algum tempo. Continue prestando atenção.

4. **Espere a nova mudança e acompanhe-a:** Pode chegar um momento em que você será atraído para algo que não seja o seu corpo físico. Em vez de uma tensão no pulso ou uma sensação nas costelas, poderão ocupar o primeiro plano um pensamento ou uma imagem, uma sensação ou uma lembrança. Trate-os da mesma maneira. Preste atenção. Deixe que a sua consciência os acompanhe.

5. **Continue com este processo,** deixando que a sua atenção mude sempre de lugar enquanto a sua consciência vai mudando. Depois de fazer isso por algum tempo, pode lhe ocorrer que você está seguindo os fios de alguma teia traçada no espaço interdimensional. Brinque com a idéia de que, se você permitir, a sua atenção será levada até algo. Assim como na brincadeira da minha mãe, de fios coloridos amarrados às lembrancinhas no final, o ponto final não é a perna do piano nem a fechadura da porta aonde somos levados momentaneamente. Lidar com o etérico é assim mesmo. Você deve confiar. Deixar-se levar. Ver aonde vai dar. O melhor que você tem a fazer é começar no corpo, que é a parte mais densa do campo energético. Começar no seu corpo vai ajudá-lo a ficar consciente e presente.

6. **Desligue-se devagar do exercício,** respirando fundo, ou então ficando de pé e caminhando um pouco para voltar ao seu estado de consciência normal.

Confiança: Uma Atitude Importante

Os exercícios energéticos e a meditação sempre envolvem confiança. Quando o medo sai e dá lugar à confiança, é possível ocorrer a expansão até o desconhecido pessoal e transpessoal. Isso significa a expansão até os limites do seu mundo conhecido, para lá do que é a "vastidão além". Daí, passamos para o extraordinário, além do que é ordinário, comum, além do que esperamos para nós — passamos para o mistério. A confiança é o elemento da consciência e da intuição que permite essa expansão.

Uma vez, eu me encontrava meditando sozinho e de repente percebi que Amalie, a filhinha de 3 anos de idade da família com que eu estava morando, havia se sentado em meu colo. Ela passou os braços ao redor do meu pescoço, descansou a cabeça em meu peito e adormeceu. Nunca na vida eu havia experimentado a confiança de outra pessoa de uma maneira tão absoluta. Tive também uma impressão incomum de estar envolvido por uma sensação de força e proteção. Eu entendi que, na presença de uma confiança assim tão incondicional, eu também era confiável.

Exercício Básico de Navegação Etérica nº 2: *Vinte e Uma Respirações no Centro*

Você provavelmente descobriu que, depois de aprender como se faz, o simples fato de prestar atenção faz você experimentar algumas sensações interessantes e surpreendentes, às vezes até bem fortes. Isso nem de longe acontece por acaso. Agora que você tem alguma experiência em controlar o campo energético e deixar-se levar pelo movimento da energia, está na hora de aprender a mover-se intencionalmente.

Uma maneira consagrada é usar a respiração, provavelmente a forma de meditação mais universal. Esse tipo de meditação se caracteriza pela consciência, o testemunho e a percepção que nos ocorre como que por si só. Vincular a atenção à respiração cria uma maneira não violenta de descobrir o eu que está por baixo da superfície do que você está sentindo. É um meio de participar do que se manifesta no momento, o oposto de abrir caminho à força para dentro de si mesmo, apressando-se e tentando fazer as coisas acontecerem.

O objetivo do exercício a seguir é ensinar você a controlar o etérico usando a respiração e, durante esse processo, produzir alguma comunicação energética importante dentro do seu sistema. Você pode fazer este exercício em pé ou sentado. Eis como fazê-lo:

Etapas do Exercício:

1. **Extremidade do nariz:** Concentre-se na extremidade do seu nariz e respire devagar e profundamente, sem forçar um ritmo de respiração. Sinta o movimento do ar enquanto ele passa pela extremidade do seu nariz. Respire devagar, por três vezes, dessa maneira.
2. **Da extremidade para o cavalete do nariz:** Comece na extremidade do seu nariz. Enquanto inspira, dirija a consciência da frente para trás ao longo da parte superior do seu nariz até chegar ao cavalete deste (entre as sobrancelhas). Mantenha a consciência aí até expirar e então torne a dirigir a consciência através do nariz até a extremidade deste. Respire devagar, por três vezes, dessa maneira.

Não se apresse.

3. **Cavalete do nariz:** Inspire e expire com a consciência focada no cavalete do nariz. Três respirações lentas.
4. **Do cavalete do nariz para o centro da cabeça e retornando:** Mova a sua consciência para o centro da cabeça durante a inspiração e de volta para o cavalete do nariz ao expirar. Três respirações lentas.
5. **Centro da cabeça:** Inspire e expire com a consciência voltada para o centro da sua cabeça. Faça três respirações lentas.
6. **Do centro da cabeça para a barriga e retornando:** Começando no centro da sua cabeça, dirija a consciência para baixo, por dentro do seu corpo, ao inspirar; mova a consciência para dentro da sua barriga, *abaixo do umbigo*. Fique ali até começar a expirar, então volte pelo corpo para o centro da cabeça. Você pode dirigir a consciência por dentro do corpo (por exemplo, ao longo da parte anterior da sua espinha) ou pela superfície da pele na frente do seu corpo. Três respirações lentas.
7. **Barriga:** Inspire e expire com a consciência na sua barriga, abaixo do umbigo. Três respirações lentas.
8. **Fase de liberação:** Libere a ligação com a respiração e medite por dez minutos, deixando que tudo o que "queira" venha para dentro da sua consciência.
9. **Conclusão:** Gradualmente, restabeleça contato com o seu corpo, abrindo os olhos devagar e terminando o exercício.

Exercício Básico de Navegação Etérica nº 3: *A Malha Etérica do Corpo*

Neste exercício você vai expandir a sua consciência da energia etérica e da ativação desta. O exercício também vai ensinar você a relaxar profundamente por um longo período de tempo. Este exercício em especial divide-se em quatro partes. Recomendo que leia todas as quatro partes antes de começar. Depois volte e siga as instruções ao pé da letra.

Parte 1: PÉS E PERNAS — Meia-calça Etérica

ETAPAS DO EXERCÍCIO:

1. **Comece pelos dedos dos pés:** Dirija a consciência para os dedos dos pés — os dois pés ao mesmo tempo — e sinta-os (com a sua consciência).
2. **Suba pelas pernas:** A começar dos dedos dos pés, dirija a atenção vagarosamente pela superfície da pele ao longo de ambos os pés e em seguida subindo pelas duas pernas ao mesmo tempo até chegar ao nível da virilha pela frente e às nádegas por trás. (Enquanto faz este exercício, talvez ajude se você imaginar que está calçando uma meia macia pelas pernas acima, e depois a despindo, no sentido inverso.)
3. **Virilha:** Sinta os músculos da virilha de ambos os lados.
4. **Desça pelas pernas:** Devagar, volte por ambas as pernas, seguindo pela superfície da pele, até atingir os dedos dos pés.
5. **Desligue:** Sinta todos os dedos dos pés por um instante, depois desligue a consciência dessa parte do exercício.

NOTA: O melhor contato etérico é obtido quando você conduz a consciência vagarosamente ao longo da superfície da pele.

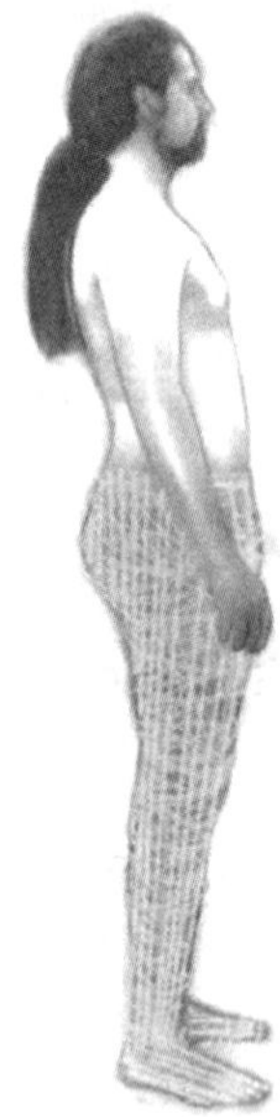

MEIA-CALÇA ETÉRICA: Começando pelos dedos dos pés, dirija a sua atenção vagarosamente ao longo da superfície da pele dos dois pés e em seguida subindo por ambas as pernas ao mesmo tempo. Talvez ajude se você imaginar que está vestindo uma meia macia pelas pernas acima, e depois a despindo no sentido inverso.

Parte 2: MÃOS E BRAÇOS — Luvas Etéricas

1. **Comece pela extremidade dos dedos:** Agora dirija a sua consciência para a extremidade dos dedos de ambas as mãos ao mesmo tempo. Faça um contato sensitivo com eles ("atenção difusa").
2. **Suba pelos braços:** Desloque a atenção pelos braços acima até os ombros.
3. **Ombros:** Sinta o movimento da energia nos ombros e nas axilas.
4. **Volte pelos braços:** Desça pelos braços até chegar à extremidade dos dedos de ambas as mãos.
5. **Desligue:** Sinta as extremidades de todos os dedos por um instante, depois desligue a consciência dessa parte do exercício.

IMAGEM ÚTIL: Imagine-se vestindo luvas compridas que lhe cubram os braços; depois inverta o processo.

Luvas Etéricas: Começando da extremidade dos dedos, desloque vagarosamente a atenção pela superfície da pele no sentido dos braços. Tente imaginar-se vestindo luvas compridas, que lhe cubram os braços; depois inverta o processo.

Parte 3: TRONCO

Frente:

1. **Suba pela frente do corpo:** Agora, dirija a sua consciência para os seus órgãos genitais e músculos da virilha, de ambos os lados do corpo. Permita que o contato sensitivo se intensifique por um instante.
2. **Clavículas e ombros:** Agora dirija sua consciência devagar pela frente do seu corpo até o nível das clavículas e dos ombros. Espere um momento para tomar consciência das suas sensações.
3. **Retorne pela frente do corpo:** Dirija agora a sua consciência de volta pela frente do corpo até chegar à virilha e aos órgãos genitais. Permaneça aí por um instante, permitindo que o contato se intensifique.

Costas:

4. **Suba pelas costas:** Desligue da posição na frente do corpo e dirija a consciência para a parte superior dos quadris. Inclua o osso sacro (parte posterior da bacia). Daí, suba devagar pelas costas. *Tente sentir a atividade energética pela sua espinha.* Pare quando chegar ao nível dos ombros. De novo, espere um instante para sentir os ombros.
5. **Ombros:** Agora desça pelas costas, de novo prestando atenção à atividade energética na sua espinha, até chegar à parte superior dos quadris e ao osso sacro.
6. **Desligue-se do exercício:** Depois de sentir essa posição por um instante, libere a sua consciência daí.

UMA OBSERVAÇÃO SOBRE A VELOCIDADE: Vão lhe ocorrer diferentes impressões, dependendo da velocidade em que você se deslocar. Você vê muitas coisas ao voar sobre uma região de dentro de um avião, mas observa um terreno muito diferente se atravessá-lo pelo chão, algo bem distinto ainda se for engatinhando devagar. À medida que reduz a velocidade do processo, você vai ver e ouvir de acordo com esse processo. Se apressar a sua consciência demais sobre a superfície da pele num exercício, não aproveitará muito do exercício. Se for devagar demais, ou "enterrar o arado fundo demais", vai se atolar e perder a noção do que está fazendo.

Não se apresse;
não descanse.

– Goethe

Parte 4: PESCOÇO E CABEÇA — Gola Rulê Etérica

1. **Suba pela frente da garganta e da cabeça:** Com a atenção difusa, entre em contato com a frente da sua garganta.

2. Dirija a sua consciência por ambos os lados da garganta até a região posterior do pescoço (medula) ao mesmo tempo.

3. Suba por todos os lados da cabeça (nuca, mandíbulas, rosto, testa) até chegar ao topo desta.

4. Descanse nessa posição por um minuto. Tente sentir a atividade energética logo acima do topo da cabeça.

5. Desça do topo da cabeça por todos os lados de volta à região posterior do pescoço (medula).

6. Da medula, circule por ambos os lados do pescoço até a região anterior da garganta.

IMAGEM ÚTIL: Imagine que está desenrolando devagar uma gola rulê comprida pescoço acima, até cobrir o rosto e a cabeça por todos os lados; depois inverta o processo.

TRONCO E CABEÇA: Desloque a consciência devagar, subindo pela frente do corpo para o nível das clavículas e dos ombros, depois faça o inverso. Em seguida, repita o mesmo tipo de movimento nas costas. Para o pescoço e a cabeça, imagine que está desenrolando uma gola rulê comprida pescoço acima, até cobrir o rosto e a cabeça por todos os lados; depois inverta o processo.

IV. SENSÓRIO

Agora vamos passar para uma categoria importante de exercícios, também chamados exercícios sensoriais. A aplicação prática da terapia energética, tanto na cura pessoal quanto no trabalho com terceiros, envolve a capacidade de sentir a vibração da energia que se processa numa freqüência acima da que costuma ser percebida pelos sentidos físicos. Normalmente, estamos sintonizados às vibrações físicas, enquanto a sintonia com as freqüências não-físicas é considerada “extra-sensorial”. Mas essa é uma denominação equivocada, porque o alcance de nossos sentidos vai bem além do alcance da vibração, portanto não saímos dela. Em razão disso, a percepção extra-sensorial torna-se “percepção sensorial estendida”.

Nesta aula, você vai aprender exercícios para os sentidos que vão ajudar seu conjunto de sentidos a se aproximar dos níveis superiores de vibração. Isso nos permite tanto trazer à consciência impressões e informações convenientes quanto acompanhar os processos energéticos à medida que vão se desenrolando. A exemplo dos exercícios para controlar o etérico, estes aqui requerem prática, mas o esforço vale a pena.

Uma Observação Sobre o que é Normal

Qual é o alcance "normal" dos sentidos físicos? A ciência comportamental refere-se a "limiares absolutos" de sensação. O psicólogo E. Galanter descreveu os limiares absolutos da percepção sensorial consciente como se segue: se você é uma pessoa "mediana" e está de pé no alto de uma montanha na mais completa escuridão, numa noite clara, pode ver a chama de uma vela no alto de outra montanha à distância de 45 quilômetros; pode ouvir o tique-taque de um relógio à distância de sessenta metros num local silencioso; pode sentir o cheiro de uma gota de perfume num apartamento de três cômodos; pode sentir a queda da asa de uma abelha no seu rosto.

Certa vez, quando eu passava vários dias e noites meditando em silêncio, a energia era muito intensa no santuário onde eu ficava na maior parte do meu tempo. Eu captava tanta energia que não conseguia dormir, porque meus sentidos estavam extremamente aguçados. Na terceira noite, eu ouvia o zumbido da geladeira na cozinha na outra extremidade daquela imensa casa de fazenda. O som da geladeira era como o de um inseto zumbindo no meu ouvido. Era quase enlouquecedor! No entanto, o que realmente me incomodava era o cheiro das maçãs dentro da geladeira.

Exercício Sensorial nº 1
O que Você Vê, Realmente?

A finalidade deste exercício é desenvolver a sua capacidade de observação e aumentar o alcance do seu sentido de visão, não tanto em termos de distância, mas no alcance de vibrações que seus olhos podem captar. É por meio dos seus sentidos que você obtém as experiências que, em última análise, são autenticamente suas. Os estudos de coisas como a percepção das cores, por exemplo, revelam que a cor não está no objeto que estamos vendo. Nossa percepção das cores só é possível pela natureza dos nossos sentidos. Além disso, cada um de nós acrescenta uma camada variável de interpretação e significado a todas as informações sensoriais que experimenta. Pela nossa compreensão desse fenômeno, começamos a entender melhor como as percepções são tão pessoais. Este exercício é um meio simples de examinar o intervalo entre o que pensamos que vemos e o que realmente nos cerca.

Etapas do Exercício:

1. **Observação de flores:** Coloque algumas flores numa mesa à sua frente e observe-as em detalhes. Reflita durante algum tempo sobre a beleza delas e sobre o que elas significam para você. Esse momento de observação da beleza é uma parte importante do exercício, portanto não o subestime nem ignore.
2. **Observação do ambiente:** Agora, sente-se relaxado e use os seus olhos para observar o ambiente, todos os detalhes que se encontrarem no campo de visão à sua frente. Faça isso por cerca de cinco minutos.
3. **Visualização do ambiente:** Feche os olhos e visualize o mesmo ambiente em todos os seus detalhes. Cinco minutos.
4. **Comparação da visualização com a observação:** Abra os olhos e veja quanto a sua visualização combina com a sua observação. Há objetos que estão presentes no ambiente e que não estavam presentes na sua visualização mental? Você se "lembrou" de objetos na sua visualização que talvez não estavam de verdade no ambiente? Apenas tome nota desses objetos.
5. **Meditação:** Feche os olhos de novo e dirija a consciência para o seu Chakra do Coração e tente sentir os movimentos dele. Permaneça outros cinco a dez minutos em meditação, permitindo que todas as imagens, pensamentos ou sentimentos presentes ali passem adiante.
6. **Fim do exercício:** Devagar, desligue-se do exercício.

Esse tipo de exercício de observação, assim como o que vem a seguir, pode ser um prelúdio maravilhoso para a meditação, porque ensina a você como se enraizar no momento presente. A exemplo dos demais métodos que estimulam a consciência, esses exercícios educam a sua capacidade sensorial natural de simplesmente prestar atenção sem aumentar, ou diminuir, o fenômeno em questão.

No exercício a seguir, você vai de novo usar o sentido da visão, mas desta vez vai usá-lo de maneira mais sutil. No exercício anterior, você aguçou a sua capacidade de observação em relação aos objetos materiais no ambiente. Desta vez você vai ensinar os seus olhos a enxergar dentro de uma extensão maior do espectro luminoso visível, ou seja, as cores da fonte luminosa. Essa capacidade superior virá a calhar quando você conseguir sentir o movimento da energia dentro e ao redor do seu corpo.

Exercício Sensorial nº 2
Percepção da Fonte Luminosa das Cores

Este é outro exercício destinado a ampliar os seus sentidos. A idéia aqui é sintonizar-se com os diversos componentes do espectro luminoso. Para este exercício você usa uma vela, porque estará trabalhando com cores de fonte luminosa, em oposição às cores produzidas quimicamente, como o que pode observar numa imagem impressa em cores em um livro.

Para este exercício, você vai precisar de uma vela e uma sala escura. Eis as etapas:

1. **Chama da vela:** Sente-se confortavelmente em frente a uma vela acesa, colocada ao nível dos olhos, a uns 45 centímetros adiante dos seus olhos.
2. Com os olhos abertos, concentre a atenção na chama. Passe algum tempo analisando as diversas partes da chama.
3. Enquanto olha para a chama, você vai notar, do lado de fora da parte brilhante da chama, um revestimento gasoso. Ele se parece com um vapor ao redor da parte colorida da chama. Analise esse revestimento e tente sentir até que ponto ele se expande ao redor da chama.
4. **Escolha uma cor:** Quando seus olhos tiverem se acostumado a olhar para a chama, escolha uma cor do espectro (vermelho, laranja, amarelo, verde, azul, índigo ou violeta) e veja se pode encontrá-la na região ao redor da chama. Permaneça olhando para essa cor durante um minuto mais ou menos.
5. **Experimente outras cores:** Concentre-se da mesma maneira nas outras cores, dando-se tempo para se concentrar em cada cor. Abra não apenas a sua visão mas também todos os seus sentidos para a vibração da cor. Que diferenças você nota entre as cores que vê na chama? Quais parecem mais nítidas ou mais fracas que as outras?
6. **Visualização:** Agora feche os olhos. Visualize e, de novo, analise as diversas partes da chama com os olhos fechados.
7. Concentre-se na mesma cor de novo e permaneça com ela durante todo um minuto.
8. **Fim do exercício:** Abra os olhos e olhe para a chama de novo. Apenas observe a chama por cerca de um minuto, depois libere esse foco e conclua o exercício.

EXERCÍCIO SENSORIAL Nº 3
Percepção dos Sons Internos e Externos

Agora que você passou algum tempo "ampliando" o seu sentido da visão, eis aqui um exercício sensorial que focaliza o sentido da audição. A idéia aqui é exercitar a sua capacidade de se ligar aos sons, sejam eles internos ou externos. O objetivo deste exercício é ampliar o seu sentido da audição de modo a poder perceber níveis superiores de vibração. Não pule para a etapa 7, uma vez que este é o ponto do exercício em que, com a prática, você poderá começar a sentir o som do etérico. Eis como praticá-lo:

Etapas do Exercício:

1. Sente-se confortavelmente de modo a poder respirar sem dificuldade.

2. **Chakra do Coração:** Dirija a sua consciência para o meio da parte superior do peito e faça um contato sensorial com o seu Chakra do Coração. O contato com os chakras funciona da mesma maneira como qualquer outro contato nos exercícios de conscientização na seção anterior. Simplesmente deixe que a sua atenção passe para um foco difuso na região do chakra e permita que a sua consciência seja levada pelo movimento energético do chakra. Isso requer prática, mas é mais fácil do que você pode imaginar. Mantenha esse contato por cerca de um minuto.

3. **Chakra da Garganta:** Depois de ter estabelecido um bom contato com o seu Chakra do Coração, dirija a atenção para o seu Chakra da Garganta. Para contatar esse chakra, dirija a atenção para a frente da sua garganta, logo abaixo do pomo-de-adão. Mantenha esse contato por cerca de um minuto.

4. **Audição:** Depois de ter estabelecido contato com o Chakra da Garganta, mantendo-o por cerca de um minuto, desfaça esse contato e apenas ouça.

5. Ouça os sons do ambiente imediatamente ao seu redor.

6. **Expansão:** Expanda a sua audição para além do ambiente ou aposento em que você se encontra. Sintonize-se com o som do espaço ao redor da sua casa, do trânsito na rua, dos pássaros e de outros animais, com o som da chuva, do vento nas árvores.

7. **Ouça o seu corpo:** Agora retorne a sua audição para o seu corpo e ouça os sons dele. Passe algum tempo ouvindo:

- As batidas do seu coração;
- A sua respiração;
- O sangue correndo pelas suas veias e artérias.

8. **Meditação:** Desligue a sua concentração desses sons e sente-se em silêncio, permitindo que o que quer que seja venha até o seu interior. Dê-se um tempo de cerca de dez minutos para esse período de meditação.

9. **Saída do exercício:** Agora retorne à consciência normal do seu corpo. Respire profundamente algumas vezes antes de abrir os olhos bem devagar e concluir o exercício.

Mais de uma Maneira de Esfolar um Gato: Uma Mensagem de Conforto Àqueles que Têm Preguiça de Sentir a Energia

Eu costumava odiar os exercícios de percepção da energia quando estava começando a aprender o trabalho com a energia, principalmente porque todo mundo no grupo (aparentemente) saía-se muito bem nessas experiências. Todos obtinham muitas informações ao sentir o campo de energia, ao passo que eu saía dos exercícios sem praticamente nenhuma evidência de que tivesse acontecido alguma coisa. E também não ajudava nada estar casado com uma das maiores "ases" da percepção da energia de todos os tempos! A situação me fazia lembrar dos desenhos da turma do Peanuts em que o menino Charlie Brown e seu amiguinho Linus estavam deitados numa colina, olhando as nuvens no céu. Linus apontava e falava do que via: lá em cima, São Paulo discursando aos Coríntios, mais além, Deus-Pai estendendo a mão a Adão como na pintura da *Criação* de Michelangelo no teto da Capela Sistina, ou algo parecido. E assim por diante, uma imagem mais grandiosa do que a outra. E Charlie Brown dizia: "Tudo o que eu vejo é um patinho e um cavalinho."

Na verdade, eu sentia *alguma* coisa quando aplicava minhas mãos ao campo energético de outra pessoa: uma pessoa me dava uma sensação de abertura e espaço ao redor dela, outra me dava a impressão de que estava excitada, ou com preguiça, ou sem graça, ou emocionada, leve, ou pesada. Na verdade, eu estava muito contente com os meus patinhos e cavalinhos, até que comecei a me comparar com o que achava que todos aqueles campeões mundiais da clarividência ao meu redor estavam fazendo.

DICA: Mão Sensível (singular) *versus* Mãos que Curam. Ao usar as suas mãos para a cura, é provável que você use ambas as mãos, e, ao fazer isso, automaticamente comprometa a troca de energia que se processa entre elas. Considere isso como "modo de cura". O "modo sensível" é diferente: muitos agentes de cura acham que sentem com mais facilidade quando usam apenas uma das mãos para sentir o movimento da energia. Experimente o seguinte: ponha uma das mãos às suas costas, enquanto estiver sentindo; ou seja, afaste-a da situação de polaridade. Será preciso fazer algumas experiências para determinar qual das suas mãos é a que sente melhor.

Nem todo mundo sente da mesma maneira. Algumas pessoas desenvolvem a visão ou a audição, tanto objetiva quanto subjetiva. Minha esposa, Ursula, geralmente ouve o som do contato com a energia quando está atuando em outra pessoa. Outras pessoas acham que sentem mais através das mãos. Em todo caso, é uma questão de aprender a sintonizar-se com a energia que se move velozmente ao redor do corpo e que se entrelaça nele.

Será que mencionei que todos esses exercícios — especialmente os relativos à sensibilidade — precisam ser praticados? Não desanime! Eis alguns exercícios para as suas mãos:

Exercício Sensorial nº 4: *"Mãos de Pantone"*

O objetivo deste exercício é analisar a sensação de diversas vibrações de cores com as suas mãos. A exemplo de todos esses exercícios com a energia, seja paciente consigo mesmo, vá com calma, e admita a necessidade de praticar continuamente. Livre-se da carga que pode ter assumido em relação a determinadas expectativas. Em vez disso, simplesmente use este e outros exercícios desta série para desenvolver pouco a pouco uma consciência cada vez maior das diversas características da energia. Eis o que você pode fazer como atividade nessa área:

Etapas do Exercício:

1. Espalhe várias folhas de papel de cores diferentes à sua frente. (As folhas coloridas segundo o sistema Pantone são as melhores. Você as encontra em lojas de material de pintura ou desenho.)
2. Feche os olhos e use a sua mão sensível para sentir as diferenças entre as cores. No início, você não deve tentar determinar especificamente que cor está sentindo, mas apenas notar *diferenças*. Passe algum tempo apenas sentindo, depois responda às seguintes perguntas:

- Você sente a diferença entre uma folha colorida e outra?
- Há alguma diferença de temperatura?
- Uma folha produz uma sensação de maior ou menor atividade, de aperto ou de vazio?
- Você sente ritmos ou sons variados? (Nem todas as pessoas sentem.)
- Experimente as cores turquesa (Pantone nº 325) em relação ao amarelo-avermelhado (Pantone nº 122). Há uma grande diferença entre essas duas cores, que podem lhe dar uma idéia de como a sensação das vibrações pode variar bastante quanto ao tato.
- Experimente uma cor violeta ou um azul-claro em seguida a um vermelho-escuro ou a um laranja vivo.
- Experimente usar as costas da mão para os testes acima.

Com alguma prática, mesmo um preguiçoso como eu quando comecei a sentir a energia, logo, logo vai obter bons resultados por meio desses exercícios simples. Na verdade, não há nada de especialmente misterioso quanto a essa maneira de sentir as cores, uma vez que cada cor tem uma freqüência vibracional própria e o seu sentido do tato pode ser educado para detectar essas variações.

Agora que já nos exercitamos para ampliar os sentidos de visão, audição e tato, vamos concluir esta aula com uma breve seqüência de exercícios sensoriais que costumo usar em *workshops* introdutórios.

Exercício Sensorial nº 5: *"Puxa-puxa Etérico"*

O objetivo deste exercício é ajudar você a aprender "por experiência própria" sobre as diversas maneiras de sentir o movimento da energia quando sente com as mãos ao redor do corpo de outra pessoa.

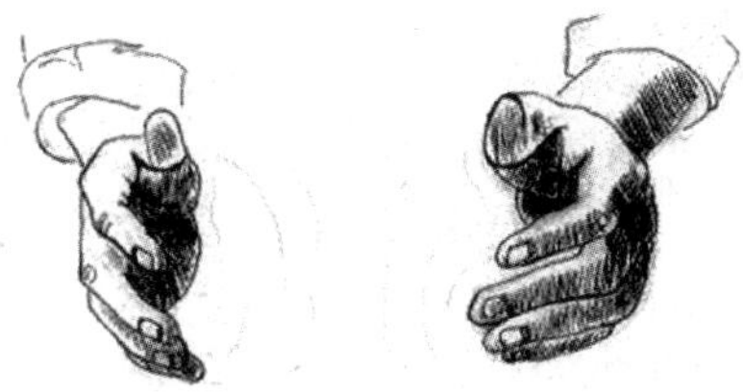

Puxa-puxa etérico

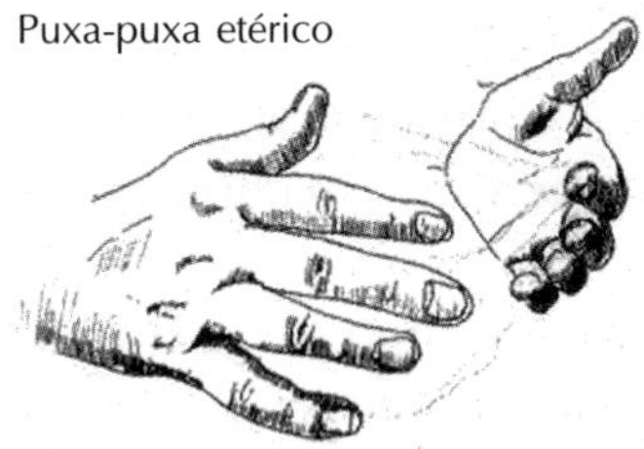

Apertando e esticando a energia entre as suas mãos

1. Para começar, esfregue as mãos uma na outra, para ativar a energia do etérico ao redor delas.
2. Com as mãos relaxadas e com as palmas voltadas uma de frente para a outra, dirija a consciência para aquele espaço entre as palmas. Realmente ajuda se não "congelar" as mãos numa única posição, mas, em vez disso, procure deixá-las "soltas", levemente em movimento, como se você estivesse massageando levemente a energia ao redor delas.
3. Devagar, movimente as mãos um pouco para o lado, depois aproxime-as de novo. Sinta a diferença ao mudar a distância entre elas.
4. Agora sinta o que acontece quando você "espreme" o espaço entre as mãos. Sinta o que acontece quanto as afasta uma da outra.

Depois de passar algum tempo fazendo esses movimentos e tendo a sensação de que definitivamente há alguma coisa a sentir nesse meio fluido do etérico entre as mãos, veja agora algumas variações que pode experimentar:

VARIAÇÃO nº 1: "Desbastando": Faça com que uma das suas mãos interrompa a radiação de energia da outra, movendo-a como se estivesse desbastando a energia.

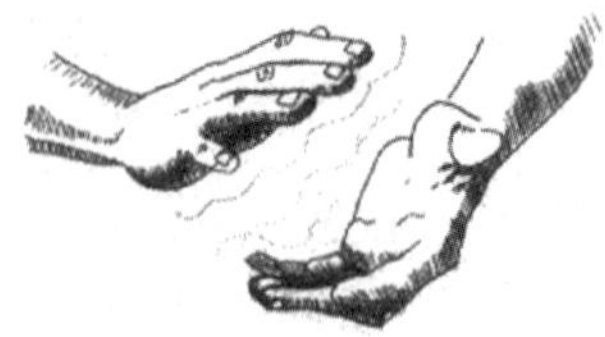

Desbastando: Uma das suas mãos deve interromper a radiação de energia da outra num movimento de desbaste

VARIAÇÃO nº 2: "Cortar": Com os olhos fechados, peça a um amigo para "cortar" o espaço entre suas mãos enquanto você experimenta as sensações. Veja se pode sentir o que acontece quando seu parceiro faz os movimentos.

VARIAÇÃO nº 3: "Use Outros Materiais": De olhos fechados, repita a Variação nº 2; desta vez, peça para o parceiro usar um objeto sólido, talvez o encosto de uma cadeira, um pedaço de papel, plástico ou metal, água corrente. Sinta as diferenças enquanto o parceiro cria variadas interferências desse tipo no campo energético entre as suas mãos.

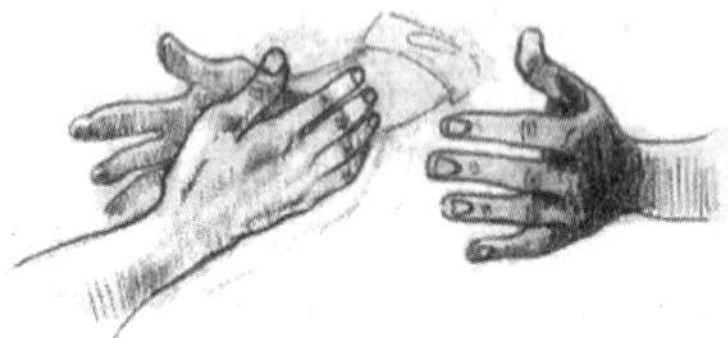

Atravessando o campo de energia

Conclusão

A capacidade de sentir é fundamental em tudo o que se faz na cura pela energia. A maioria das pessoas precisa de tempo e paciência para desenvolver essa habilidade. Mesmo as pessoas altamente clarividentes precisam de tempo para aprender a distinguir entre as diferentes impressões causadas no processo. Os exercícios acima têm uma natureza genérica porque ajudam você nos primeiros contatos, se for uma pessoa iniciante, e servem como um meio de desenvolver ainda mais suas habilidades, caso seja alguém mais experiente.

Eu passei a acreditar no método de acumulação crescente no que se refere a aumentar a capacidade de sentir a energia, ou qualquer outro tipo de recurso, com essa finalidade. Vou lhe contar uma das maneiras que descobri. Sabendo que precisaria trocar meu antigo carro nos próximos dias, comecei, cerca de um ano e meio atrás, a guardar uma nota de 1 dólar no porta-luvas toda vez que dava a partida no motor. De tempos em tempos, pegava a quantia acumulada ali e a depositava numa caderneta de poupança que tinha aberto para essa finalidade. Esse método indolor de economizar para a troca do carro rendeu-me 4.500 dólares em dezoito meses.

Não tenha receio de praticar a sua sensibilidade. Oportunidades não vão faltar, mesmo que você não tenha ninguém em quem experimentar formalmente. Tente sentir a energia ao redor do seu cachorro ou gato, ou numa pessoa próxima quando ela estiver distraída, caso se sinta constrangido em pedir a ela. Experimente em suas plantas. Elas não vão se importar; pode ser até que você ache que elas gostam, e você pode continuar fazendo novas experiências sensoriais todos os dias.

Na Primeira Parte, você começou a sua exploração do meio etérico, no qual faremos a maioria de nosso trabalho com a energia. Ao praticar os exercícios de navegação etérica e sensibilidade à energia, você com certeza estará se familiarizando e ficando à vontade com o etérico em geral. Vale a pena seguir essa orientação, de modo a poder andar com os seus próprios pés quando se aventurar mais profundamente pelo sistema energético. Em seguida, vamos voltar nossa sensibilidade para alguns dos aspectos estáveis da anatomia sutil, começando com algumas posições "energéticas" do corpo que iremos usar em todas as ocasiões.

Primeiro Laboratório Etérico
os Exercícios NUM RELANCE

Navegação Etérica

Exercício Básico de Navegação Etérica nº 1:
Aprendendo a Confiar no Etérico

Parte 1: Desligando-se Conscientemente do que Retém a Sua Atenção

1. Sente-se em silêncio e observe onde está a sua atenção
2. Desligue-se desse foco e traga a sua atenção de volta ao seu corpo

Parte 2: Deixando-se Levar pelo Etérico

1. Comece no seu corpo
2. Preste atenção
3. Acompanhe a mudança
4. Espere a nova mudança e acompanhe-a
5. Continue com este processo
6. Desligue-se devagar do exercício

Exercício Básico de Navegação Etérica nº 2:
Vinte e uma Respirações no Centro

Etapas do Exercício:

1. **Extremidade do nariz**
2. **Da extremidade para o cavalete do nariz**
3. **Cavalete do nariz:** Três respirações lentas
4. **Do cavalete do nariz para o centro da cabeça e retornando:** Três respirações lentas
5. **Centro da cabeça:** Faça três respirações lentas

6. **Do centro da cabeça para a barriga e retornando:** Três respirações lentas
7. **Barriga:** Três respirações lentas
8. **Fase de liberação:** Dez minutos
9. **Conclusão**

Exercício Básico de Navegação Etérica nº 3: *A Malha Etérica do Corpo*

Parte 1: PÉS E PERNAS — Meia-calça Etérica

Etapas do Exercício:

1. **Comece pelos dedos dos pés**
2. **Suba pelas pernas**
3. **Virilha**
4. **Desça pelas pernas**
5. **Desligue**

Parte 2: MÃOS E BRAÇOS — Luvas Etéricas

1. **Comece pela extremidade dos dedos**
2. **Suba pelos braços**
3. **Ombros**
4. **Volte pelos braços**
5. **Desligue**

Parte 3: TRONCO

Frente:
1. **Suba pela frente do corpo**
2. **Clavículas e ombros**
3. **Retorne pela frente do corpo**

Costas:
4. **Suba pelas costas**
5. **Ombros**
6. **Desligue-se do exercício**

Parte 4: PESCOÇO E CABEÇA — Gola Rulê Etérica

1. **Suba pela frente da garganta e da cabeça**
2. **Por ambos os lados do pescoço até a região posterior do pescoço (medula) ao mesmo tempo**
3. **Topo da cabeça**
4. Descanse nessa posição por um minuto. Tente sentir a atividade energética logo acima do topo da cabeça.
5. **Desça do topo da cabeça por todos os lados de volta à região posterior do pescoço (medula)**
6. **Da medula, circule por ambos os lados do pescoço até a frente da garganta**

Exercícios Sensoriais

Exercício Sensorial nº 1
O Que Você Vê, Realmente?

Etapas do Exercício:

1. **Observação de flores**
2. **Observação do ambiente**
3. **Visualização do ambiente**
4. **Comparação da visualização com a observação**
5. **Meditação:** Dez minutos
6. **Fim do exercício**

Exercício Sensorial nº 2
Percepção da Fonte Luminosa das Cores

Para este exercício, você vai precisar de uma vela e uma sala escura.

1. **Chama da vela**
2. Com os olhos abertos, concentre a atenção na chama. Passe algum tempo analisando as diversas partes da chama.

3. Enquanto olha para a chama, você vai notar, do lado de fora da parte brilhante da chama, um revestimento gasoso. Ele se parece com um vapor ao redor da parte colorida da chama. Analise esse revestimento e tente sentir até que ponto ele se expande ao redor da chama.
4. **Escolha uma cor**
5. **Experimente outras cores**
6. **Visualização:** Agora feche os olhos. Visualize e, de novo, analise as diversas partes da chama com os olhos fechados.
7. **Concentre-se na mesma cor de novo**
8. **Fim do exercício**

Exercício Sensorial nº 3
Percepção dos Sons Internos e Externos

Etapas do Exercício:

1. Sente-se confortavelmente
2. **Chakra do coração**
3. **Chakra da garganta**
4. **Audição**
5. Ouça os sons do ambiente
6. **Expansão**
7. **Ouça o seu corpo:** Passe algum tempo ouvindo:
   - As batidas do seu coração;
   - A sua respiração;
   - O sangue correndo pelas suas veias e artérias.
8. **Meditação**
9. **Saia do exercício**

SEGUNDO LABORATÓRIO ETÉRICO:

Posições Energéticas no Corpo

Neste laboratório etérico, são apresentados diversos pares de posições "energéticas" do corpo etérico. Essas posições energéticas estão entre os aspectos estáveis da anatomia sutil. Elas se entrelaçam com o físico e, com a prática, você terá maior facilidade em acessá-las. Simbolicamente, essas posições recebem o nome correspondente aos pontos de referência do corpo a que estão associadas: isto é, pontos do ombro, pontos do osso púbico, do baço. Esse procedimento é prático porque indica a localização anatômica onde você pode começar a procurar pelo ponto. Além disso, nos proporciona uma linguagem comum com que podemos nos comunicar.

Neste capítulo, você encontra as instruções para localizar e ativar esses pontos energéticos. Você vai gostar de saber que as habilidades que já desenvolveu nas lições um e dois da Primeira Parte se aplicam aqui. Elas foram escolhidas porque são muitas vezes usadas na terapia com a energia sutil e nos exercícios energéticos básicos. Você vai apreciar esta seção se estiver desenvolvendo algum trabalho de cura, uma vez que o conteúdo encontra aplicação prática no seu caso.

Existem alguns pontos aos pares — explicarei a expressão mais adiante, com uma breve descrição de onde estão localizados. Lembre-se de que todo ponto de referência anatômico nada mais é do que uma baliza, um ponto de partida de onde começar a sentir. Na prática, o procedimento é o mesmo que desenvolvemos no Exercício Básico de Navegação Etérica Nº 1 quanto a estabelecer a ligação da consciência com o etérico e deixar-nos levar pelo movimento da energia. Por isso, antes de prosseguir, vamos rever os atributos que ajudam nesse processo.

Minirrevisão: É conveniente cultivar os seguintes atributos ao ligar a consciência ao movimento da energia do etérico:

- *Atenção:* Sua atenção situa-se no presente.
- *Ausência de Julgamento:* Você assusta as experiências se julgá-las.
- *Atitude Comedida:* Você não está tentando fazer nada acontecer, nem tentando impedir que algo aconteça.
- *Foco difuso:* É diferente de concentração; não fixe sua atenção. Ela precisa ser maleável para ser atraída para o movimento da energia com a qual você está se conectando.
- *Confiança:* É importante ser o mais exato possível, mas, mesmo que você não esteja exatamente no alvo em sua busca de uma posição de energia, a presença da sua atenção ativa a região do ponto ou chakra. Essa ativação, por sua vez, atrai a sua atenção para o centro do chakra, e isso é o que importa quando se trata de ligar a sua atenção com a posição energética.

Posições de Polaridade: Pontos de Referência Anatômicos

Cada um desses pares de pontos energéticos constituem aspectos estáveis do sistema energético humano. Os primeiros cinco pares são chamados de "posições de polaridade" por diversas razões. Eles ressoam e interagem com seus correspondentes do lado oposto do corpo, de modo que desempenham um papel importante no equilíbrio energético. Os intercâmbios entre eles também dão vida à linha mediana do corpo, facilitando a fusão da atividade nesse local de encontro, "onde o Oriente encontra o Ocidente" no corpo. Seria certo dizer que essas posições também ativam os pólos e a "linha mediana" da nossa psique. Até mesmo o equilíbrio momentâneo entre elas contribui para facilitar uma mudança na consciência na direção desse estado não polarizado em que a energia de cura pode ser atraída para o nosso sistema. (Para uma discussão desse fenômeno, veja a Conversa Final: Cura Progressiva: Um Novo Olhar sobre as Polaridades na Cura, no final do livro.) O movimento energético desses pontos pode ser apalpado com um toque suave, ou bem próximo do corpo, nas seguintes posições anatômicas:

Outras Posições que Usaremos

"Medula": A região posterior do pescoço. Para ativar esta posição, você pode simplesmente colocar a palma da mão sobre a nuca da pessoa, logo abaixo da base da cabeça.

Posições de Polaridade

Pontos Laterais da Cabeça: Estes pontos estão localizados a dois dedos acima da extremidade superior das orelhas de cada lado da cabeça.

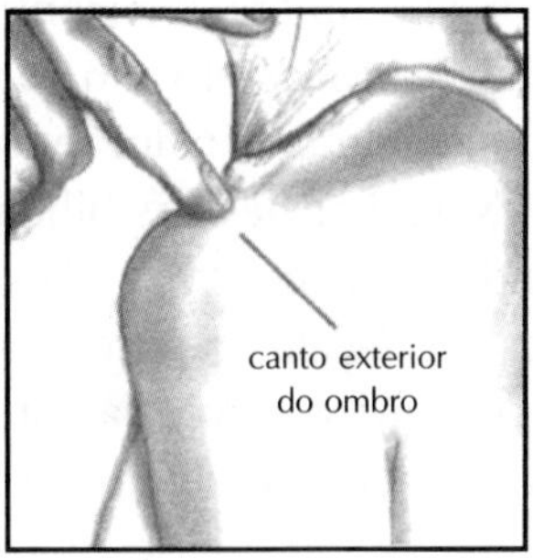

Pontos do Ombro: Você encontrará estes pontos no "canto" exterior do ombro, onde a clavícula e a omoplata se encontram.

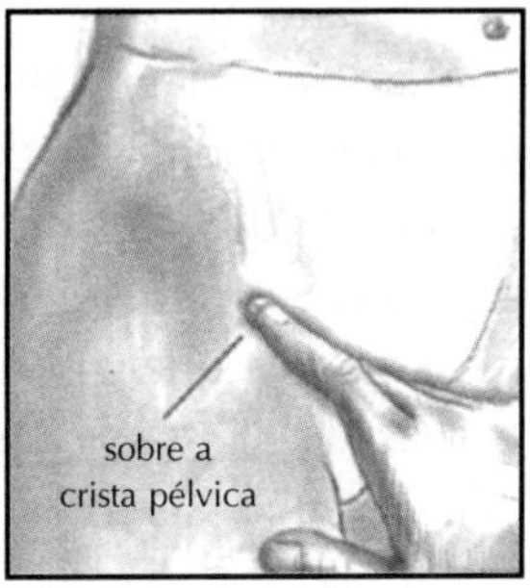

Pontos do Quadril: Procure os pontos dos quadris dentro da curva da crista pélvica.

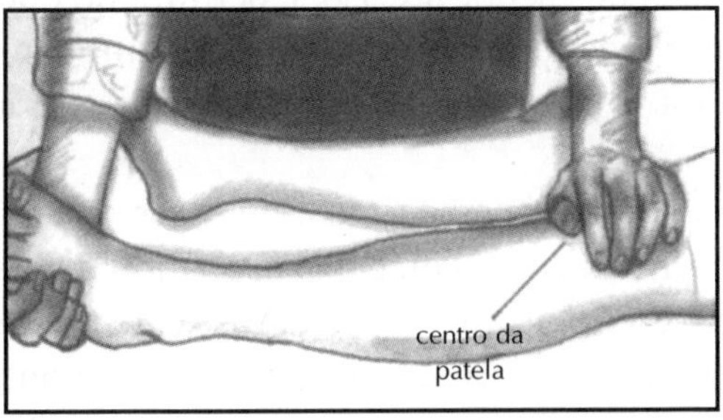

Pontos do Joelho: A posição energética no joelho é na verdade um chakra secundário no centro da patela. Ao ativar esta posição com as mãos, simplesmente coloque a palma da mão sobre a patela ou na superfície externa da articulação do joelho.

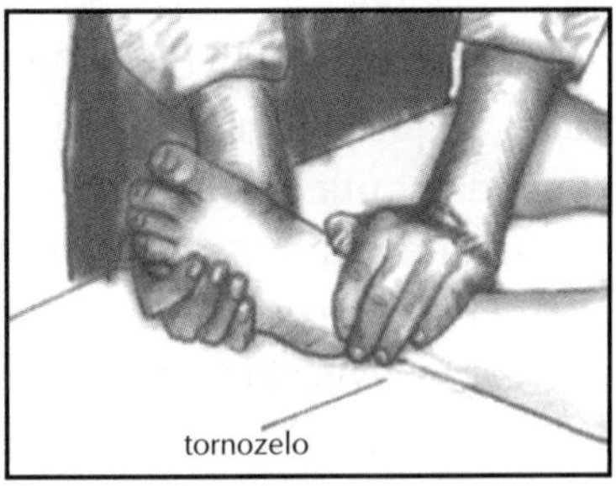

Tornozelos: Para ativar essa posição energética, simplesmente coloque a mão por cima do tornozelo. Você também pode posicionar a mão sobre o tornozelo como uma "sela", com o polegar de um lado do tornozelo e os dedos do outro.

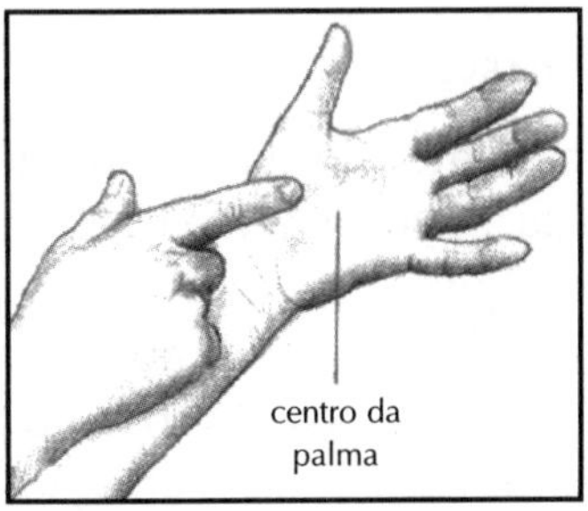

Chakras da Mão: Esses chakras secundários estão localizados no centro de suas palmas.

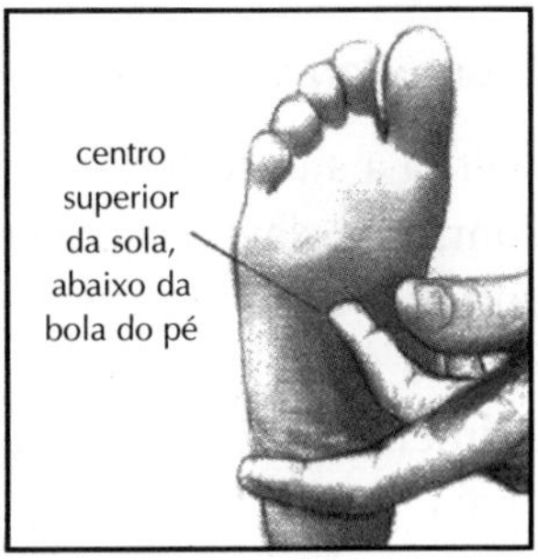

Chakras do Pé: Os chakras do pé podem ser encontrados no centro superior da sola dos seus pés, abaixo das bolas do pé.

Conhecendo as Posições de Polaridade

Durante um minuto mais ou menos, encontre e sinta cada um desses pontos. Se estiver aplicando as mãos em um parceiro, use um toque leve na superfície da pele, ou logo acima da pele. Tente atingir o mesmo "modo sensível" que obteve nos exercícios de sensibilidade da energia do capítulo anterior. Se estiver sentindo essas posições em si mesmo, use a consciência. Observe quais pontos são fáceis de encontrar e quais são difíceis. Algumas dessas posições no etérico talvez já estejam tão ativas que você pode localizá-las instantaneamente só de dirigir a atenção para o local. Se não for o caso, o modo usual de sentir esses pontos é dirigir sua consciência para o ponto de referência físico e deixar que ela (sua consciência) seja atraída para o movimento energético. Se você estiver em dúvida sobre se está realmente fazendo contato com uma posição de energia, talvez seja uma boa idéia começar o contato no nível do corpo físico — quem sabe tocando a posição com a ponta dos dedos se for preciso, e permitindo que o ponto se torne ativo. Então afaste o dedo e, continuando com uma sensação daquela região, dirija-se para lá apenas com a consciência, sem a ajuda da ponta dos dedos.

Varia enormemente a maneira como as pessoas sentem esses pontos energéticos, e para explicar o que sentem elas usam palavras as mais diversas, como vivacidade, leveza, excitação, pulsação, formigamento, corrente elétrica, calor. Dito isso, é importante prevenir-se contra buscar algo que outras pessoas tenham relatado; o melhor método é esperar pela sua própria experiência e confiar nela. Descreva sua experiência energética do seu modo pessoal. A exemplo do que acontece com toda atividade relativa ao etérico, a prática levará você a um estágio em que terá segurança em relação ao que sente. Acredite em mim, você vai saber quando isso acontecer.

De novo, eis a seguir as etapas:

Pratique com o Ponto do Ombro do seu Parceiro

1. Dirija a sua consciência para o "canto" do seu ombro, no ponto de encontro da clavícula e da omoplata. Siga em frente e acompanhe o contorno desses ossos com o dedo, se quiser.
2. Use a mesma "atenção difusa" que praticamos no Exercício Nº 1, na Primeira Parte. Simplesmente localize a posição com a consciência, depois "fique" lá, sem se concentrar ou prender a atenção.
3. Espere que o movimento da energia atraia a sua atenção.

Protocolo das Polaridades Elementares

> *Quanto mais pratica, mais sorte você tem.*
>
> — Ben Hogan

Em seguida, você vai precisar trabalhar com outra pessoa. Para tanto, pode pedir a ajuda de um amigo ou parente. Procure ler esta parte com bastante atenção antes de pedir ajuda a outra pessoa, pois assim poderá explicar a ela em que consiste essa ajuda. Caso contrário, talvez você ache que a outra pessoa está resistindo ou não colaborando direito, mas pode ser porque ela não saiba o que você espera dela. Lembre-se, essa pode ser uma experiência completamente nova para ela — além de poder ser nova para você também, provavelmente.

É mais fácil trabalhar numa mesa de massagem, para que você possa ficar em pé numa posição confortável, com as suas energias fluindo livremente. Se não tiver uma dessas mesas, procure improvisar da melhor maneira possível. O chão pode dar bom resultado, embora talvez não seja tão confortável para você enquanto ministra o tratamento. Estenda um cobertor ou dois como almofada e pergunte se seu parceiro gostaria que colocasse um travesseiro embaixo dos joelhos e, quem sabe, sob a cabeça. Uma vez, numa emergência, usei um colchonete inflável de piscina sobre a mesa de jantar. Seja o que for que você use, lembre-se de que o seu conforto e o do seu parceiro são importantes e irão influenciar o resultado do tratamento.

Nas instruções a seguir, considera-se que seu parceiro esteja deitado de costas, com o rosto para o alto. As ilustrações foram feitas de modo a mostrar a você as posições das mãos.

OBSERVAÇÃO: Este é um tratamento geral muito benéfico, bastante seguro para ser administrado tanto em pessoas doentes quanto sadias. Mas quero abrir duas exceções no caso: não aplique este tratamento em pacientes de câncer com tumores em processo metastático acelerado ou em pessoas com esquizofrenia grave. O motivo: em ambos os casos, uma parte do sistema da pessoa se separou do conjunto (as células cancerosas, ou um aspecto dividido da personalidade) e está funcionando de maneira independente da organização geral da pessoa como um todo. Tratamentos como este, que fazem uso do arranjo das polaridades "mão direita sobre o lado esquerdo do corpo e mão esquerda sobre o lado direito do corpo", tendem a atrair uma grande quantidade de energia para o sistema da pessoa. Quando o sistema encontra-se em uma desarmonia muito grande como nessas condições indicadas, é melhor fazer coisas que irão acalmar e harmonizar a pessoa, em vez de ativar seu campo de energia, o que pode alimentar os processos indesejados.

Etapas do Tratamento: Da Cabeça aos Pés

1. **Occipício:** Sentado ou de pé logo atrás da cabeça do seu parceiro, olhando para o corpo dele, envolva a parte ínfero-posterior da cabeça do parceiro (occipício) com ambas as mãos. (Veja a figura na página seguinte.) Deve parecer como se você estivesse embalando a cabeça do parceiro em suas mãos. Sinta a troca natural de energia entre as mãos enquanto as movimenta pela cabeça da pessoa. Essa interferência suave vai reforçar e ajudar a equilibrar as trocas de energia entre as laterais da cabeça. Demore um minuto inteiro, para que o contato se complete.

2. **Medula/Testa:** Estabeleça a ligação entre a medula e a testa do seu parceiro. Veja como fazer isso:

   a) Com uma das mãos, envolva a região posterior do pescoço do parceiro (medula), seja estendendo a mão logo abaixo da cabeça (occipício), seja usando dois dedos para sentir o sulco da linha mediana logo abaixo do occipício.

   b) Com a outra mão, repouse a palma sobre a testa do parceiro. Na palma da mão está localizado o chakra secundário da mão. À medida que a energia de suas mãos se tornar mais ativa, você vai sentir esse chakra se abrindo. Exatamente como na etapa 1, preste atenção ao que você sente entre as mãos. Cada um desses contatos será ligeiramente diferente. Vamos ver se você consegue perceber essa diferença. Espere algum tempo para que o contato se intensifique.

Como Você Sabe que Conseguiu Produzir uma Ligação Energética?

Em primeiro lugar, é bom que você simplesmente confie que já existe uma troca natural de energia entre suas mãos e que essa troca acontecerá por si mesma quando você impuser as mãos em outra pessoa, especialmente nas posições de polaridade deste tratamento. Sua sensação de ligação energética pode começar imediatamente, no momento em que você impuser as mãos em seu parceiro, ou ela pode se estabelecer gradualmente à medida que progredirem as sessões de cura. As técnicas de sensibilização com que você trabalhou no "Sensório" ajudarão você a se familiarizar e sentir-se à vontade com esse fenômeno. Quando aplico minhas mãos em outra pessoa em posições energéticas, o que normalmente faço é o seguinte: em primeiro lugar, presto atenção ao que está se passando sob as minhas mãos. Ocorre uma pulsação ou uma vibração de algum tipo?

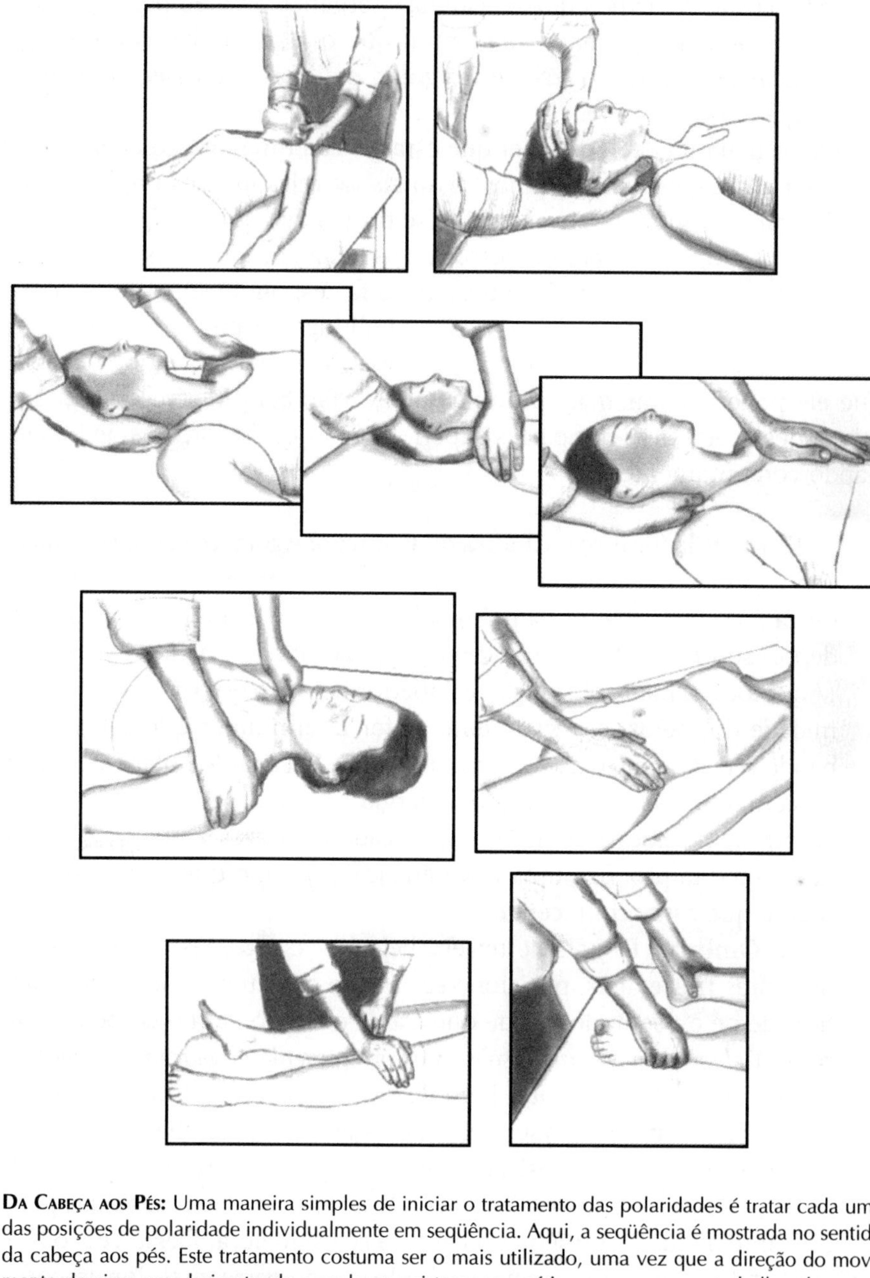

Da Cabeça aos Pés: Uma maneira simples de iniciar o tratamento das polaridades é tratar cada uma das posições de polaridade individualmente em seqüência. Aqui, a seqüência é mostrada no sentido da cabeça aos pés. Este tratamento costuma ser o mais utilizado, uma vez que a direção do movimento de cima para baixo tende a acalmar o sistema energético, ao passo que trabalhar dos pés à cabeça tem um efeito de maior ativação.

Em caso afirmativo, ela se manifesta com algum ritmo? Depois de ter verificado o que está acontecendo, espero que ocorra alguma mudança. Uma dinâmica que costumo encontrar é aquela em que um lado está ativo e o outro não está. À medida que o sistema energético de meu parceiro reage ao meu toque, porém, não é incomum que o lado inativo comece a se ativar com uma pulsação fraca e irregular, e depois estabeleça um ritmo em relação ao outro lado.

Outra maneira de você saber que estabeleceu uma ligação energética é observar o seu parceiro. Ele mostra sinais de relaxamento progressivo à medida que o tratamento avança? Ele se torna mais quieto? Seus olhos se movem para um lado e para o outro sob as pálpebras? Sua respiração mudou? A grande dica é quando seu parceiro faz espontaneamente uma inspiração profunda e a libera na forma de um longo suspiro. Isso serve para informar você que o diafragma respiratório dele está relaxado, de modo que ele pode respirar mais profundamente. Também lhe informa que as atividades energéticas nas partes superior e inferior do corpo estão funcionando conjuntamente.

3. **Medula/ombros/Chakra do Coração:** Agora, com uma das mãos sob o pescoço do parceiro, posicione sucessivamente a palma da sua outra mão (seu chakra da mão) sobre o ombro esquerdo do parceiro, depois sobre o ombro direito e em seguida sobre o Chakra do Coração. (Ao colocar a mão sobre a parte superior do peito do parceiro na proximidade dos seios, especialmente se for uma mulher que esteja recebendo o tratamento, use o seu bom senso. Você pode pular esta etapa, ou contatar esse movimento de energia um pouco acima do corpo do parceiro.) Dedique até um minuto a cada uma dessas posições. Deixe que a ligação produza uma nova ativação, mesmo que você não sinta tudo o que está acontecendo.

4. **Ombros:** Depois de ter estabelecido as ligações explicadas nas primeiras três etapas, posicione-se ao lado do seu parceiro. Você pode ficar de pé ou sentado, desde que esteja olhando para o corpo do parceiro. *Coloque a mão direita sobre o ombro esquerdo do parceiro e a mão esquerda sobre o ombro direito.* Lembre-se, este contato usa o centro da palma da sua mão porque é ali que estão ativos os chakras da mão. Ponha a mão sobre a posição energética que chamamos de ponto do ombro. Observe a ilustração. Você vai fazer com que essas duas posições interajam. Permita que o contato se estabeleça. Desta vez, o movimento da energia é fortalecido ao longo da parte superior do corpo do seu parceiro.

5. **Quadris:** Desfaça o contato anterior e desloque-se para os pontos dos quadris. Coloque a palma da sua mão direita sobre o ponto do quadril esquerdo do parceiro e a palma esquerda sobre o ponto do quadril direito. Observe na ilustração as posições de mãos recomendadas.

6. **Joelhos:** Coloque as mãos sobre ambos os joelhos do parceiro, a mão direita sobre o joelho esquerdo e a mão esquerda sobre o joelho direito.

7. **Tornozelos:** Repita o mesmo procedimento sobre os tornozelos do parceiro.

Produzindo a Circulação das Grandes Polaridades

O que vamos fazer aqui é combinar essas posições de maneira a melhorar a comunicação energética, não só entre os lados direito e esquerdo do corpo do seu parceiro, como também entre as partes superior e inferior do corpo dele. Este foi o primeiro tratamento energético que aprendi na vida e ainda o utilizo, ainda que às vezes em partes, em minha atividade diária. Ele não só interliga os pólos energéticos do corpo do seu parceiro, mas também segue a direção dominante do fluxo de energia etérica que sobe e desce pelo corpo. Vamos tratar em maiores detalhes desse fluxo no próximo capítulo.

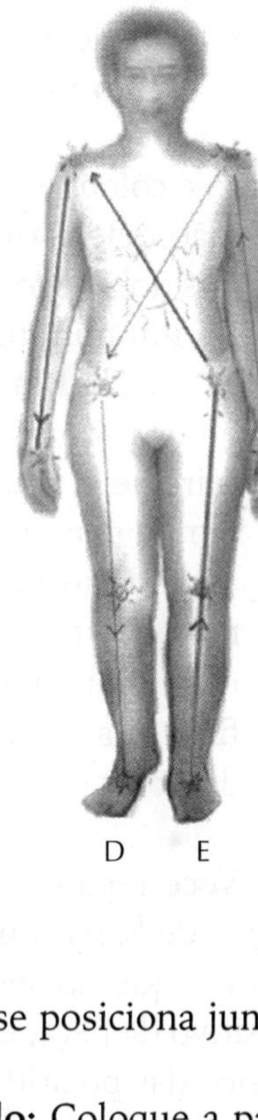

Linhas do Fluxo Ascendente e Descendente de Energia no Tratamento das Polaridades Elementares: Neste tratamento, você não só interliga os pólos energéticos do corpo do seu parceiro, como também segue a direção dominante do fluxo de energia etérica que sobe e desce pelo corpo do parceiro.

Seqüência Ascendente

Como a pessoa que administra o tratamento, você se posiciona junto ao pé direito do seu parceiro (veja a ilustração).

1. **Chakra do pé esquerdo/tornozelo esquerdo:** Coloque a palma de sua mão direita sobre o chakra do pé esquerdo do seu parceiro. Coloque sua mão esquerda sobre o tornozelo esquerdo dele com seu polegar sobre o lado de dentro do tornozelo e os outros dedos sobre o lado de fora. Deixe esse contato se estabelecer por um momento.

2. **Chakra do pé esquerdo/joelho esquerdo:** Com a mão direita ainda sobre o chakra do pé esquerdo, coloque agora sua mão esquerda

sobre o joelho esquerdo do parceiro. Você estendeu, assim, a área de troca energética entre suas mãos.

3. **Joelho esquerdo/ponto do quadril esquerdo:** Depois de um instante, retire ambas as mãos e as coloque sobre o ponto do quadril esquerdo e o joelho esquerdo do parceiro.

4. **Posição cruzada ascendente: ponto do quadril esquerdo/ ponto do ombro direito:** Depois de esperar algum tempo para essa combinação responder, retire as duas mãos de novo e coloque a mão direita sobre o ponto do quadril esquerdo do parceiro e a mão esquerda sobre o ponto do ombro direito dele. Esta é uma posição importante, porque a troca energética atravessa a região do plexo solar. É a primeira vez que interligamos os lados direito e esquerdo e o superior e inferior do corpo. Deixe o contato se estabelecer ao longo de um minuto.

5. **Ponto do quadril esquerdo/mão direita:** A partir daqui, simplesmente mantenha a mão direita sobre o ponto do quadril do parceiro e coloque a palma da mão esquerda sobre a palma direita dele. Se a mão dele estiver voltada para baixo, para a mesa, deslize a ponta de uns dois dedos por baixo da mão dele e contate o chakra da mão assim. Dê um minuto para o contato.

6. **Chakra da mão direita/joelho esquerdo:** Mantendo a mão esquerda (ou os dedos) em contato com o chakra da mão direita do parceiro, leve a sua mão direita para o joelho esquerdo dele. Espere algum tempo para que o contato se intensifique.

7. **Mão direita/pé esquerdo:** Com a mão esquerda ainda sobre a mão direita do parceiro, complete esta primeira circulação colocando a mão direita sobre o chakra do pé esquerdo dele. Você atingiu o "ponto final" da linha ascendente da circulação das polaridades. Depois de demorar um minuto inteiro nessa posição, desfaça o contato.

Você reparou que esse processo tem algo em comum com o uso de cabos de bateria no sistema elétrico do seu carro? Uma diferença importante é que no seu carro você liga o pólo positivo da bateria com o pólo positivo da peça, e o negativo com o negativo. Aqui, em nosso tratamento básico das polaridades, quando colocamos nossa mão direita sobre o lado esquerdo do corpo, estamos ligando as cargas positivas com as negativas. O lado direito do corpo tem carga positiva — o que significa que a força da atividade energética nesse lado circula para fora do corpo — ao passo que o movimento da força do lado esquerdo é voltado para dentro, para o corpo. Nos tratamentos das polaridades, tentamos fazer uso desse toma-lá-dá-cá energético no conjunto de circuitos de nosso corpo sempre que temos como fazê-lo de maneira conveniente.

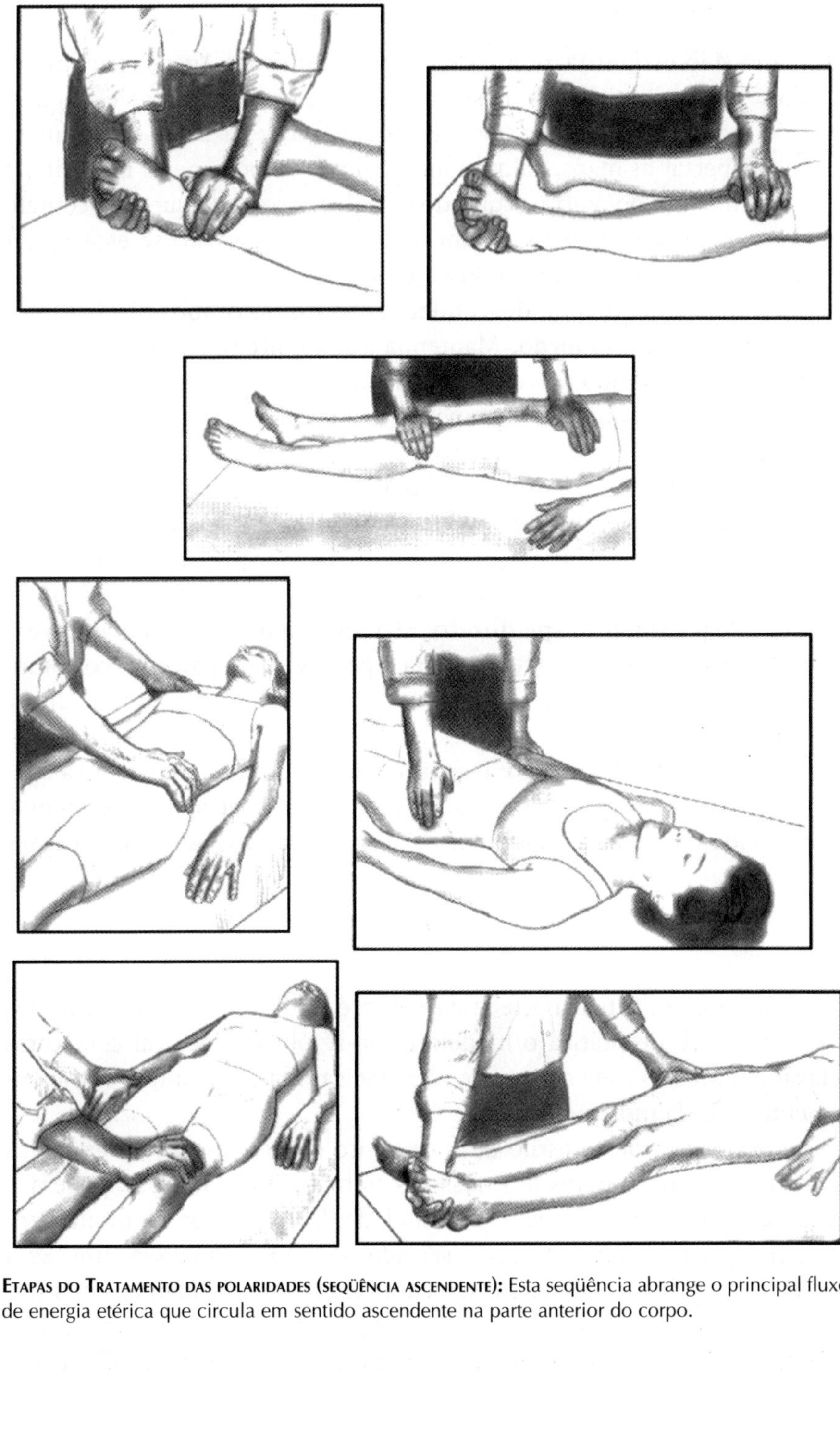

Etapas do Tratamento das polaridades (seqüência ascendente): Esta seqüência abrange o principal fluxo de energia etérica que circula em sentido ascendente na parte anterior do corpo.

Seqüência Descendente

1. **Mão esquerda/ponto do ombro esquerdo:** Agora aproxime-se do seu parceiro e posicione-se ao lado da mão esquerda dele. Pegue a mão esquerda dele com a sua mão esquerda na posição do cumprimento de apertar as mãos, palma contra palma. Coloque a sua mão direita sobre o ponto do ombro esquerdo dele. Lembre-se de que esse contato usa seu chakra da mão. Dê um tempo para o contato se estabelecer antes de passar para a posição seguinte.
2. **Posição cruzada descendente: ponto do ombro direito/ponto do quadril esquerdo:** Mantenha a mão direita sobre o ponto do ombro esquerdo do parceiro e, passando a mão esquerda por cima do corpo dele, coloque-a sobre o ponto do quadril direito. Mantenha este contato por cerca de um minuto.
3. **Chakra da mão esquerda/joelho direito:** Libere ambas as mãos e ponha a mão direita sobre o chakra da mão esquerda do parceiro, a sua mão esquerda sobre o joelho direito. Demore-se um minuto nessa posição para que o contato se estabeleça.
4. **Mão esquerda/pé direito:** Mantenha a mão direita onde se encontra e mova a mão esquerda para o pé direito do parceiro, concluindo a segunda circulação. De novo, demore-se por um minuto neste contato.
5. **Fim do tratamento:** Depois de dar algum tempo para essa ligação, libere-a e dê algum tempo ao parceiro para que sinta seus efeitos, voltando devagar ao estado normal e se levantando também devagar.

❧

A única coisa difícil neste tratamento é lembrar-se das etapas, mas com um pouco de prática o modelo torna-se óbvio. Você vai começar a relaxar em relação a ele assim que não precisar mais consultar seus apontamentos a cada movimento.

Os benefícios deste estilo de tratamento é que ele permite as trocas energéticas entre os pólos dos nossos sistemas. Em cada troca, podemos tratar de muitas doenças relativas a um lado do corpo. Por ser muito bom e genérico, este tratamento pode ser administrado a qualquer um. Se a pessoa estiver doente ou ferida, sua cura será acelerada quando seu sistema estiver equilibrado energeticamente. Com as exceções que mencionei no início, você pode aplicar este tratamento tão logo se sinta confiante em fazê-lo.

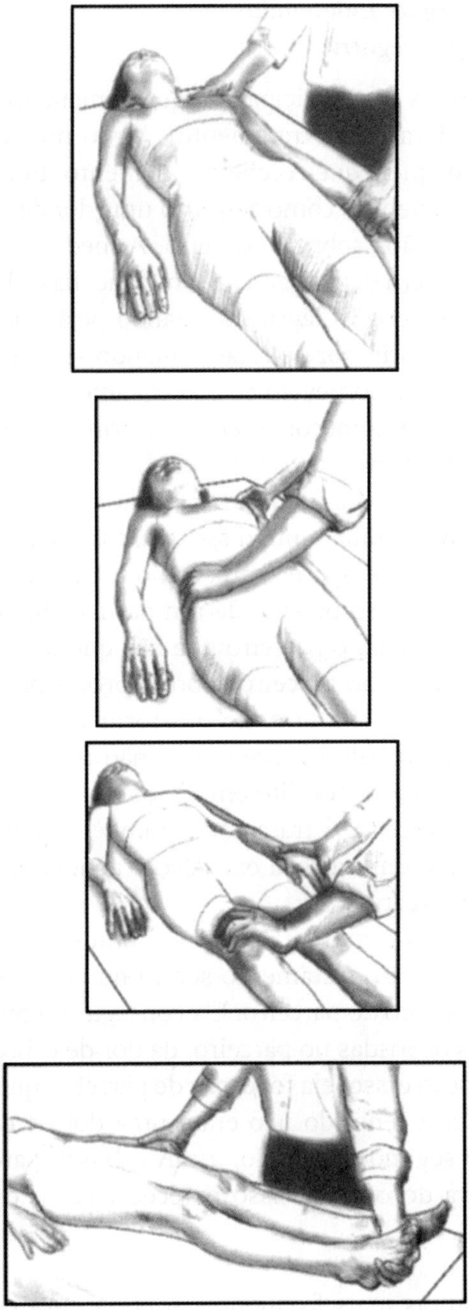

Etapas do Tratamento das Polaridades (seqüência descendente): Esta seqüência abrange o principal fluxo de energia etérica que circula em sentido descendente pela parte anterior do corpo.

Transmissão de Energias Indesejadas e o Mito da "Energia Negativa"

Em *workshops*, peço aos participantes que comentem uns com os outros o que sentem durante os tratamentos, tanto no papel daquele que administra quanto daquele que recebe o tratamento. Em um *workshop* recente, uma mulher comentou como adquiriu uma dor de cabeça no instante em que impôs as mãos sobre o parceiro. À medida que o tratamento progredia, a dor de cabeça deu lugar a uma melancolia e ela passou praticamente o resto da sessão com lágrimas rolando pelas faces. Seu parceiro relatou que também sentiu dor de cabeça quando se deitou sobre a mesa, mas no relaxamento que sobreveio com o tratamento das polaridades as dores se suavizaram e ele começou a sentir o sofrimento que havia por trás da dor. Essa pessoa viera para o *workshop* do hospital onde seu pai morria lentamente e ela sentia-se impotente para ajudá-lo. O mais interessante é que a mulher que dava o tratamento disse que, assim que este terminou, a dor de cabeça e a tristeza desapareceram, como se nunca tivessem existido.

Numa outra ocasião, lembro-me de um participante de *workshop* que pulou da mesa e gritou com o parceiro que não queria suas "vibrações de raiva". Quando perguntei ao parceiro sobre o problema, um rapaz de 22 anos, descobri que ele estava vivendo um tormento pessoal, indignado com uma situação no trabalho sobre a qual não tinha controle, e estava muito preocupado com esse conflito em relação ao chefe. Conforme ficou claro, a mulher que recebia o tratamento também admitiu estar muito indignada em sua vida, em especial em relação ao namorado, que não parava em nenhum emprego.

Essas duas situações têm muita coisa em comum. No primeiro caso, a mulher que administrava o tratamento sentiu no próprio corpo as coisas que se passavam no corpo do parceiro. Ela conseguiu acompanhar precisamente as mudanças ocorridas no parceiro, da dor de cabeça à tristeza e às lágrimas. Como reflexo disso, ela foi capaz de perceber que a dor de cabeça e a tristeza que estava sentindo não eram uma dor de cabeça nem uma tristeza "dela". No segundo exemplo, a raiva de um parceiro encontrou ressonância na raiva do outro, e isso pareceu colocar o tratamento em curto-circuito.

Duas das perguntas mais freqüentes sobre a cura pela energia são: "Como é que eu faço, no momento em que estou administrando o tratamento, para evitar pegar as "energias negativas" do meu parceiro?" e "É verdade que, se eu estiver deprimido, com raiva ou com qualquer outra característica negativa quando estiver administrando o tratamento, poderei prejudicar meu parceiro?" Considero essas perguntas como duas versões da mesma pergunta básica, porque ambas têm a ver com uma possível transferência de energia negativa entre você e a pessoa a quem está administrando tratamento. São perguntas importantes, e devem mesmo ser feitas.

Nunca vamos conseguir nos privar da transferência de energia entre nós. Nossos campos de energia interagem constantemente, embora não tenhamos consciência disso na maior parte do tempo. Quando nos envolvemos ao dar e receber tratamentos, de repente nos tornamos conscientes de pelo menos parte dessa interação. Um dos paradoxos da cura pela energia é que, por um lado, no processo de sentir e tratar outra pessoa, fazemos coisas que nos fundem, ou misturam, com o nosso parceiro e, por outro lado, precisamos ter bons limites para proteger a ambos de uma troca nociva que possa ocorrer. Como resolvemos o problema?

Em primeiro lugar, eu gostaria de tratar de uma das suposições que essas questões levantam sobre como a energia funciona. Acredito que o termo "energia negativa" deriva de uma noção errada sobre a natureza da energia. Na verdade, a energia é neutra, nem "boa" nem "má". Assim como a eletricidade que faz uma lâmpada se acender, ela pode ter uma *carga* positiva ou negativa, que são necessárias para acender a lâmpada, mas isso não tem nada a ver com julgamentos de valor.

Simbolicamente, quando falamos sobre "energia negativa", estamos nos referindo à energia que está vinculada a um padrão emocional como medo, raiva ou depressão. Ajuda se pensarmos num lago de água parada, a qual se torna estagnada, mas que se renova quando pode fluir outra vez e misturar-se à água corrente. Então quem sabe ela se evapore e se junte às nuvens e depois volte a cair sobre a terra, quem sabe dessa vez chovendo sobre as colheitas que vão nos alimentar. A água muda ao passar por seus vários ciclos, mas continua sendo água. Com a energia acontece praticamente a mesma coisa.

Na cura pela energia, trabalhamos com técnicas que lidam com o movimento e a transformação da energia. Isso envolve tanto a liberação do que estava represado quanto, à medida que a cura progride, a cura final do problema. Assim como a água se renova e se torna vital outra vez quando retorna ao seu ciclo natural livre, a energia que flui por nosso corpo e nossa alma também passa por muitas transformações quando se livra dos bloqueios e pode circular de maneira natural.

Tendo dito isso, ainda temos diante de nós a pergunta: "O que podemos fazer para impedir as transferências indesejadas entre nós e a pessoa a quem administramos tratamento?" Acredito que precisamos de uma estratégia de longo prazo e outra imediata.

A estratégia de longo prazo é o trabalho contínuo que você faz para a cura de si mesmo. Qualquer pessoa que trabalhe com a cura pela energia aprende, cedo ou tarde, que essa questão de transferência é uma das razões pelas quais é importante atuar sobre si mesma. Se você tem problemas emocionais inconscientes, mas altamente carregados e não tratados em sua vida, eles realmente podem interferir quando você for tratar de outra pessoa. Os participantes de *workshops* cujo tratamento foi prejudicado ou se desviou do caminho certo por causa da raiva que ativaram em si e no parceiro são um bom exemplo disso. Problemas mal resolvidos como esses agem literalmente como um ímã em relação a problemas e energias semelhantes que seu parceiro de tratamento possa carregar dentro de si. O lado bom da questão é que à medida que você resolve esses problemas dentro de si mesmo, eles perdem sua capacidade de atração e você descobre que pode trabalhar com as pessoas com todos os tipos de problemas emocionais sem ser afetado.

Isso não quer dizer que você precise ser perfeito, ou "completamente curado", para administrar tratamentos energéticos. Se fosse assim, ninguém daria esses tratamentos. De qualquer maneira, é importante entender essa dinâmica.

A estratégia mais imediata tem a ver com a maneira como você se orienta quando administra um tratamento. Você precisa ser capaz de classificar o que vem do seu parceiro e o que vem de você, e se alinhar com o que lhe dá força e clareza.

Obviamente, você sabe quem é quem, quando tem seus olhos abertos, mas, quando começa a misturar seu campo de energia com a pessoa com quem está trabalhando, todos os tipos de imagens, sensações e impressões começam a fluir entre você e o seu parceiro. Isso poderá ser confuso se você não tiver um meio de discernir de onde vêm essas impressões, se são imagens que vêm de você ou do campo de energia da outra pessoa. Eis aqui uma dica simples, mas eficaz:

Ao aplicar uma massagem ou um tratamento energético, em vez de manter contato de imediato com o seu parceiro, tente primeiro *desligar-se* dele. Antes de tocar o parceiro, concentre-se e faça uma espécie de "radiografia" de si mesmo. Pergunte-se:

- Como estou sentindo o meu corpo? Sinto áreas doloridas, veladas, desconfortáveis?
- O que está se passando com o meu sistema energético?
- Como estou emocionalmente? Estou calmo, centrado, ou perturbado? Estou alinhado e concentrado, aberto a receber orientação?
- Quais são minhas atitudes e intenções neste momento?

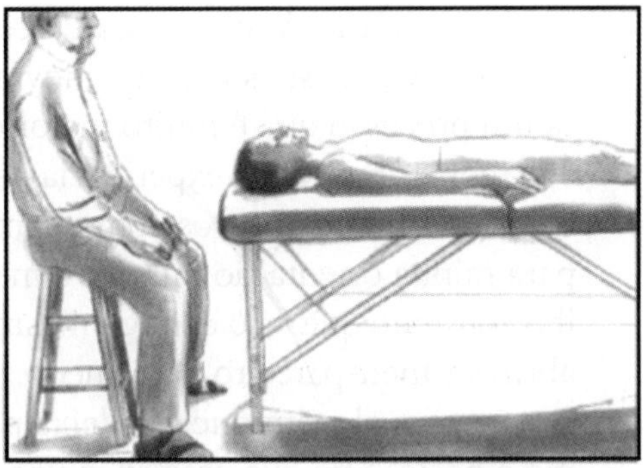

Ao aplicar uma massagem ou um tratamento energético, em vez de manter contato de imediato com o seu parceiro, tente primeiro *desligar-se* dele.

Uma simples "radiografia" é o bastante. Ela lhe dará uma base para distinguir entre suas próprias projeções, por um lado, e as imagens que podem lhe ocorrer como informações úteis para atuar sobre o parceiro, por outro lado, quando você finalmente estabelece contato com ele. Mudando sua consciência dessa maneira, você cria um limite semipermeável que servirá tanto para você quanto para o parceiro.

Depois de ter-se desligado do parceiro, outra parte importante dessa preparação para o tratamento é sua sintonia com a consciência ou inteligência superior. Lembre-se de que a energia segue as suas intenções. Essa é a ocasião em que muitos praticantes rezam, pedindo a bênção e a orientação para a sessão de cura. Enquanto uma pessoa pode unir-se com a Luz ou com Cristo, outra pode invocar seus guias ou anjos, ou os da pessoa que vai receber o tratamento. Ou, então, você pode simplesmente fazer contato com as suas melhores intenções de cura em relação à pessoa com que vai trabalhar. Qualquer que seja a sua orientação espiritual, é importante mudar a sua consciência para o que considera como sendo a fonte de cura.

E o que dizer sobre administrar tratamentos energéticos quando você não está bem? Será que isso pode prejudicar o parceiro? Desde que obviamente você não dê tratamentos se estiver fora do seu estado de controle emocional, ainda mais se for trabalhar tendo uma doença contagiosa, você ainda pode dar tratamentos muito eficazes mesmo quando estiver deprimido, triste ou num "espaço negativo". O motivo para isso — e tenho inúmeras experiências a respeito — é que se você puder sujeitar o seu ego, abrir-se ao poder superior e sentir compaixão pela pessoa a quem irá tratar, e trabalhar dentro dos verdadeiros princípios energéticos, tais como o princípio das polaridades, você criará uma situação em que a cura não só irá atuar sobre o parceiro, como também sobre si mesmo. Se não puder fazer isso, então obviamente será melhor não realizar a sessão de cura. Em última análise, você é quem deve julgar.

A energia de cura que você dirige para o seu parceiro passa primeiro pelo seu sistema. Muitas vezes fui dar tratamento sentindo-me péssimo, e saí me sentindo ótimo, com o parceiro sentindo-se ótimo também. E isso não teve nada a ver com "surripiar" a energia do parceiro. Trata-se de um processo mútuo. Você e o seu parceiro se fundem e formam uma unidade energética que está sujeita ao movimento da energia de cura. Você desperta um processo que é muito maior que você.

Tenho uma sólida experiência de que essas técnicas simples de primeiro me desligar da pessoa com quem estou prestes a trabalhar e voltar-me para minha orientação interior à medida que prossigo, junto com o trabalho contínuo que faço comigo mesmo, me dão a confiança que permite me abrir ao meu parceiro sem medo. Nas raras ocasiões em que faço uma sessão com alguém que me deixa pouco à vontade ou na defensiva, assumo a posição de que esse encontro desperta dentro de mim alguma coisa que precisava de atenção, assim eu ganho com a experiência. Nesses poucos casos, encaminhei essas pessoas a um profissional que achei que poderia fazer o melhor por elas. Se você vai se envolver com o trabalho de cura, não caia na armadilha de tentar ser todas as coisas para todas as pessoas. Uma coisa é certa, porém: quanto mais você desenvolve suas habilidades e aumenta sua experiência como agente de cura, mais vai atrair pessoas que precisam exatamente do que você tem a oferecer, e mais as suas sessões transcorrerão numa atmosfera de amor e abertura. Você vai superar até mesmo as sessões mais estranhas e desafiadoras novinho em folha.

O Protocolo das Polaridades Elementares NUM RELANCE

Etapas do Tratamento

1. **Occipício**
2. **Medula/Testa**
3. **Medula/Ombros/Chakra do Coração**
4. **Ombros**
5. **Quadris**
6. **Joelhos**
7. **Tornozelos**

Produzindo a Grande Circulação das Polaridades

Seqüência Ascendente: Como a pessoa que administra o tratamento, você se posiciona junto ao pé direito do seu parceiro (veja a ilustração).

1. **Chakra do pé esquerdo/tornozelo esquerdo**
2. **Chakra do pé esquerdo/joelho esquerdo**
3. **Joelho esquerdo/ponto do quadril esquerdo**
4. **Posição cruzada ascendente: ponto do quadril esquerdo/ponto do ombro direito**
5. **Ponto do quadril esquerdo/mão direita**
6. **Chakra da mão direita/joelho esquerdo**
7. **Mão direita/pé esquerdo**

Seqüência Descendente: Como a pessoa que administra o tratamento, você se posiciona junto à mão esquerda do seu parceiro (veja a ilustração).

1. **Mão esquerda/ponto do ombro esquerdo**
2. **Posição cruzada descendente: ponto do ombro direito/ponto do quadril esquerdo**
3. **Chakra da mão esquerda/joelho direito**
4. **Mão esquerda/pé direito**
5. **Fim do tratamento**

TERCEIRO LABORATÓRIO ETÉRICO:

O Kiva de Energia: Como Criar um Ambiente de Cura Energética

"A maior responsabilidade que o terapeuta tem é a de proteger o espírito, o sentimento de esperança e a força vital."

— Ron Kurtz

Mudança Parassimpática: Como Sair da Fisiologia Defensiva

Durante uma sessão de cura energética não é incomum que a pessoa acabe adormecendo num tipo de estado como o de sonhar acordado, que muitas vezes é conhecido como "viagem". Esse é um fenômeno com que todos temos alguma familiaridade. É parecido com um devaneio, em que podemos reviver um momento do passado, imaginando passar por uma experiência de prazer ou tristeza. Ou podemos até mesmo nos imaginar viajando mentalmente para encontrar novas pessoas ou lugares que são inteiramente novos para nós. É um estado mental em que podem ocorrer idéias e que parece fazer parte do processo de cura e do crescimento espiritual. Quando se estabelece o cenário, a viagem é um acontecimento completamente natural e espontâneo. Algumas tradições de cura afirmam que adoecemos se perdemos nossa capacidade de entrar e sair desses estados semelhantes ao sonho. Uma das coisas mais úteis que podemos fazer como agentes de cura é oferecer aos nossos parceiros de tratamento um ambiente energético em que possam viajar livremente dessa maneira, depois voltar ao presente e examinar os significados dessas viagens em relação à sua vida diária.

Um exemplo pode ser um executivo tenso que entra num profundo estado de relaxamento durante uma sessão de massagem ou de cura e durante esse processo imagina, para surpresa dele, que é transportado para um agradável lago de montanha. Ele se vê nadando nas águas límpidas, nu e livre. Depois da sessão ele pode discutir essa viagem em termos do que precisa na vida — fugir das pressões desnecessárias. Ele pode refletir sobre o caminho que vem trilhando, talvez descobrindo que em seu dia-a-dia no trabalho tem de assumir um papel que não está realmente exigindo todo o seu potencial ou que pode estar em conflito com a sua verdadeira natureza. Só isso pode ser uma grande fonte de tensão.

O executivo no exemplo acima pode ter considerado a tensão cotidiana que sente como a sua "norma". Passar dessa norma para um estado de relaxamento profundo, no qual possa viajar livremente e depois retornar a um estado em que se sinta muito presente e estável, é uma descoberta de liberação e cura para ele.

Para ajudar uma pessoa a passar para outro estado de consciência, como no exemplo acima, precisamos contar com a cooperação do corpo, do sistema nervoso e do inconsciente. Essa cooperação consiste em mais do que assegurar verbalmente a seus parceiros que eles estão em segurança no momento para baixar a guarda e ingressar num estado de consciência expandida. Mas para entender plenamente por que é tão importante criar um ambiente em que tudo isso possa acontecer, precisamos estar cientes do que impede que isso aconteça na vida diária.

Conforme disse Stan Grof, os primeiros dois níveis de resistência a ingressar nos estados alterados de consciência são o físico e o filosófico. Os capítulos iniciais trataram do aspecto filosófico. Agora vamos estudar o lado fisiológico, em especial o papel desempenhado pelo sistema nervoso autônomo — aquela parte de nosso sistema nervoso que regula as funções fisiológicas automáticas que estão geralmente, embora não exclusivamente, fora do nosso controle voluntário. Há dois aspectos desse sistema: o sistema nervoso simpático, que é o mecanismo da resposta "lutar, fugir ou congelar", e o sistema nervoso parassimpático, que nos permite retornar ao funcionamento normal depois de um episódio de excitação ou perigo. Esses dois lados do sistema nervoso autônomo funcionam em tandem, ou seja, alinhados um atrás do outro, para regular funções involuntárias como a respiração, a temperatura do corpo, a circulação e a digestão, assim como a atividade hormonal. Ao lado da sua regulação de setores específicos do funcionamento fisiológico, o sistema nervoso autônomo também figura poderosamente na nossa capacidade de mudar o foco de nossa consciência de questões exteriores, como realizar uma tarefa ou trabalho, para a atividade interior, como refletir sobre o que você deve fazer com a sua vida.

Uma das diferenças mais marcantes entre os sistemas simpático e parassimpático é a função sub-renal, ou seja, a secreção de hormônios como a epinefrina e a norepinefrina, que fluem pela corrente sanguínea em resposta à tensão muscular, ou relaxamento e tensão, que sentimos mentalmente. Se você estiver andando por uma floresta e um animal selvagem saltar agressivamente em sua direção, com as garras prontas para rasgá-lo e os dentes afiados à mostra, seu sistema nervoso parassimpático vai reagir numa fração de segundo, muito antes de você pensar numa resposta para a situação. A glândula pituitária, localizada no centro da sua cabeça, e as glândulas supra-renais, situadas acima dos seus rins, disparam toda uma série de reações de sobrecarga em seu corpo e em sua mente: as pupilas dos seus olhos se dilatam, enquanto o seu campo de visão se estreita; seu tônus muscular aumenta, enquanto seus órgãos da digestão param; sua respiração se acelera, sua taxa de batimentos cardíacos e a pressão sanguínea aumentam, assim como a irrigação sanguínea para os músculos maiores do corpo, de que você deve precisar para lutar e/ou fugir. Vamos chamar todas essas respostas de "fisiologia defensiva". Na fração de segundo depois que você vê o animal cruzar o ar na sua direção, a fisiologia defensiva responde para deixá-lo o mais apto possível a brigar ou escapar — lutar ou fugir.

Digamos que você escolha a segunda opção. Você vai correr sem parar até conseguir escapar. Depois de encontrar a segurança da sua casa, o sistema nervoso parassimpático é que vai começar a normalizar os seus batimentos cardíacos; a sua pressão sanguínea cai, a sua descarga de adrenalina acaba diminuindo. Você volta a ter apetite. Ou os seus órgãos digestivos podem reagir de maneira exagerada, causando-lhe acessos de vômito, diarréia ou micção freqüente. Pouco a pouco, porém, você vai relaxando e sendo capaz de descansar. É claro que quando você conta a seus amigos sobre a fuga tumultuada do animal, seu sistema nervoso simpático tem um novo sobressalto, e todos aqueles efeitos se manifestam ainda que numa versão mais branda do que a experiência original. Dessa vez, no entanto, as respostas do seu sistema nervoso autônomo não são provocadas pelo animal selvagem, mas pela sua *lembrança* do animal.

O sistema nervoso autônomo não sabe a diferença entre os acontecimentos reais e os acontecimentos lembrados ou imaginados. Isso explica por que o nosso corpo fica tenso e sentimos todas as reações de descarga de adrenalina no nosso organismo quando assistimos a um filme de suspense ou nos lembramos de uma experiência assustadora por que passamos em outra ocasião. Isso também explica por que ficamos tão tensos às vezes, quando não há nenhuma ameaça física, como quando nos sentimos pressionados por um prazo apertado ou ficamos com raiva do chefe no trabalho.

Quando nosso sistema nervoso simpático é surpreendido no estado psicofisiológico (mente-corpo) de fisiologia defensiva elevada, são estabelecidas prioridades específicas, todas elas voltadas para a nossa *sobrevivência.* A cura e a expansão da consciência não se incluem entre essas prioridades. As funções normais de cura são suspensas quando o sistema nervoso simpático encontra-se em alerta máximo; não ocorre uma expansão de consciência desnecessária quando o organismo está rigidamente concentrado na sobrevivência. Ao contrário, todos os nossos sentidos e respostas musculares focalizam-se no perigo que nos ameaça e nas ações que poderemos praticar para evitar qualquer dano ao nosso organismo. O conhecido desfecho dessa situação é que aqueles de nós que sofreram constantes ameaças quando crianças, ou passaram por alguma experiência traumatizante, podem, ao crescer, viver num estado de hipervigilância e permanecer nesse mesmo estado defensivo o tempo todo. Em vez da ativação rara e intensa do sistema nervoso simpático, que nos ajuda momentaneamente quando deparamos com um perigo verdadeiro, uma versão de baixa ou média intensidade dessa reação torna-se um estado permanente que entendemos como sendo "normal".

Embora a maioria de nós não viva com medo de um ataque iminente de um animal selvagem, todos precisamos, em maior ou menor grau, sair de um estado de hipervigilância ou de defesa psicofisiológica para crescer mais saudáveis. É por isso que para muitas pessoas o primeiro passo no processo de cura é ensinar o corpo e a mente a fazerem o que eu chamo de "mudança parassimpática", ou seja, uma mudança que lhes permita sair da fisiologia defensiva caracterizada pela atividade dominante do sistema nervoso parassimpático.

Uma das tragédias dos maus-tratos na infância é que eles imprimem uma marca profunda na pessoa imatura, sobrecarregando-a com situações que ela não tem como enfrentar. Uma situação semelhante pode manifestar-se numa pessoa que passa por um violento acidente de automóvel; a maioria das pessoas não consegue passar pela experiência conscientemente. Nosso primeiro reflexo é apagar completamente a experiência. O trauma resultante se manifesta quando o corpo perde a consciência (uma versão da porção de fuga da fisiologia defensiva). Esse tipo de ferimento pode levar muito tempo para ser curado. As lembranças de acontecimentos traumáticos podem surgir mais tarde na vida e essa "repetição" pode "aprisionar" o sistema nervoso autônomo no modo lutar-ou-fugir, deixando-o incapaz de sair desse estado. Geralmente essas lembranças estão guardadas nos tecidos do corpo. Quando a consciência reingressa em setores em que essas lembranças estão guardadas, a memória — e possivelmente a resposta original de lutar ou fugir — pode ser reativada. Em casos extremos, os traumas não resolvidos podem deixar a pessoa quase incapaz de atingir um estado de repouso e sanidade. Essa capacidade de mudar para o modo de cura da consciência geralmente requer tanta cura quanto os ferimentos que a pessoa acumule.

A cura pela energia pode despertar lembranças guardadas no corpo. Lembre-se de que a camada etérica do campo de energia, que é entrelaçada com o corpo físico, é um meio de transmissão para a memória, e é da natureza do etérico trazer à superfície da consciência os nossos aspectos não-resolvidos e não-sanados. Um dos desafios propostos a você em seu papel de agente de cura é criar para o seu parceiro um meio de sair do estado hipervigilante ou traumatizado, abrindo espaço para a entrada da energia consciente e de cura em setores que estavam lesados, tanto física quanto emocionalmente, e fazê-lo *sem* provocar uma resposta de fuga. Com "resposta de fuga" quero dizer nossa tendência natural a negar ou tentar afastar as verdades que são dolorosas demais para enfrentarmos. Criar um ambiente acolhedor e propício à cura onde tudo isso pode ocorrer requer o estabelecimento de um relacionamento seguro e confiável que consiste em muito mais do que palavras de encorajamento. Eu costumo considerar esse tipo de relacionamento como o "estabelecimento de um kiva de energia".

Construção do Kiva de Energia

A primeira vez que vi os kivas, recintos côncavos cavados profundamente na terra, foi em Chaco Canyon, no Novo México, no local das escavações das ruínas dos antigos nativos Anasazi. Alguns kivas serviam como local de reunião e quiosques, ou mercados, ao passo que outros ainda eram usados simplesmente com finalidade iniciática ou cerimonial. A primeira vez que vi um kiva cerimonial pensei: "É exatamente isso que a cura pela energia pretende: dar aos parceiros em tratamento um *kiva* (uma unidade energética) para o seu processo de cura!"

A idéia é criar um recinto cerimonial, um ambiente protegido e santificado dedicado a uma atividade sagrada, como a iniciação e a cura. Rennard Strickland, autor de *Tonto's Revenge: Reflections on American Indian Culture and Policy,* reforça essa idéia: "Os kivas, com suas paredes de murais míticos, são como vasos cosmológicos em que passado, presente e futuro combinam-se osmoticamente, revitalizando o ciclo cerimonial que harmoniza o mundo."

Idealmente, todos os exercícios e tratamentos energéticos deveriam criar um "kiva de energia". Obviamente, isso não quer dizer que você precise ir para o quintal cavar um poço em que vá fazer os tratamentos. Ainda assim, precisamos aplicar o princípio de recinto onde são contidos os processos sagrados — tão vivos no kiva cerimonial tradicional — para o ambiente de cura energética em que vamos trabalhar. Assim como sua contrapartida terrena, o kiva de energia é um recinto para um processo sagrado. É um ambiente em que podemos encontrar nosso *centro* real, aquele lugar dentro de nós onde as forças que nos influenciam entram em equilíbrio, um lugar do qual a nossa consciência possa naturalmente se expandir. Ver um kiva cerimonial me fez enxergar as coisas que tendem a acontecer na cura pela energia sob uma nova luz. Isso também me fez repensar a minha crença em que os processos sagrados requerem uma contenção adequada, e quando acontecem os tratamentos energéticos, é o papel do agente de cura providenciá-la. Eis a seguir algumas observações feitas a partir da minha experiência.

Quando uma pessoa entra num estado de profundo relaxamento, como geralmente acontece nos tratamentos, seu campo energético se expande. Essa expansão de energia adquire uma forma ovalada ao redor do seu corpo. Esse parece ser um dos principais modos de movimento da energia: para dentro em direção ao centro e depois para fora em todas as direções a partir do centro. Chegamos mesmo a falar de "centrar" numa grande variedade de práticas, como a meditação e a yoga, como um prelúdio para entrar em estados de consciência mais profundos que essas práticas podem nos proporcionar. E isso é especialmente importante, é claro, no trabalho com a energia.

Durante os períodos de expansão energética seu parceiro pode parecer estar "fora do corpo", isto é, ele entra num estado parecido com o do sonho. Às vezes as pessoas devaneiam nessas ocasiões, viajando por mundos que são invisíveis aos outros. Às vezes elas entram em estados em que descansam profundamente num tipo de sono terapêutico. Ou então elas têm vislumbres ou vivenciam algo importante para o seu processo de cura e de crescimento.

Para resumir essa idéia, o "kiva de energia" é um recipiente de experiências, um lugar de iniciação. Tanto é um lugar de refúgio quanto o ponto de partida de onde você pode começar sua viagem. No kiva de energia, a cura começa ao se estabelecerem as condições certas para fazermos a viagem para fora da nossa consciência corporal normal e para a contenção do que trazemos para a nossa consciência quando retornamos desse estado expandido de consciência. Essa expansão ou viagem, e depois o retorno ao estado de consciência mais comum, são eventos que parecem acontecer por si mesmos depois que o ambiente é preparado em termos de segurança e alinhamento energético. Quando isso acontece, eu me vejo não tanto como agente de cura mas como uma espécie de guardião do processo que se desenrola no momento. Minha concentração tem muito mais a ver com manter de maneira consciente e amorosa esse espaço sagrado para o meu parceiro enquanto ele está fazendo algum importante trabalho espiritual.

"Tratamento de Primeiros Socorros": Um Kiva de Energia Terapêutico

Levando em conta o exposto, vamos passar ao que considero uma forma de tratamento extremamente conveniente para ter em sua caixa de ferramentas de agente de cura. O "Tratamento de Primeiros Socorros" tem várias aplicações, porque estabelece um ambiente de cura seguro e estável, e porque preenche, simples e eficazmente, todos os requisitos de um kiva de energia. Ele combina alguns dos elementos mais essenciais dos tratamentos de cura: geometria, a maneira como o etérico conduz a energia e, muito importante, sua sensibilidade em relação à pessoa de que está tratando. Esse kiva de energia de cura não só é maravilhoso para ajudar crianças pequenas a dormir, como também é eficaz como uma espécie de "primeiros socorros" energéticos, caso seu parceiro se encontre em estado de desequilíbrio, perturbação emocional ou até mesmo em trauma ou choque.

É assim que eu administro o tratamento:

Posição: Peça para o seu parceiro se deitar sobre seu *lado direito,* curvado numa posição fetal relaxada. Muitas pessoas acham essa posição "confortável". Sente-se de frente para o parceiro de modo que a sua mão esquerda esteja próxima da cabeça dele e a sua mão direita próxima dos pés dele. Estenda os braços para ver se sua "envergadura" é ampla o suficiente para tocar com facilidade a cabeça do parceiro com a mão esquerda e os pés dele com a mão direita. Se não puder atingir com facilidade, peça ao parceiro para se encolher um pouco mais. Você vai pousar a mão na nuca do parceiro e deixá-la nessa posição. A menos que você seja uma pessoa muito pequena, ou esteja trabalhando com uma pessoa grande demais, ou tentando trabalhar sobre uma mesa muito alta, a distância que o seu braço esquerdo alcança não deverá ser maior do que 45 centímetros a contar do bolso da sua calça, se você estiver de pé. Se estiver sentado, a mesa não deve estar muito alta.

Lembre-se de que todos esses contatos são com posições energéticas associadas a essas partes do corpo. Observe as ilustrações relativas a este tratamento e, se precisar, reveja a localização dessas posições energéticas antes de começar. Elas se encontram no Segundo Laboratório Etérico: Posições Energéticas do Corpo.

Etapas do Tratamento:

1. **Contato com a medula:** Coloque a palma da sua mão esquerda sobre a nuca do seu parceiro (medula).

2. **Medula/articulações:** Lembrando que é a troca energética natural entre as suas mãos que faz o trabalho, com a mão esquerda sobre a medula do parceiro, use a mão direita para ligar, uma de cada vez, as posições a seguir. Demore de um a dois minutos em cada posição para que o contato se estabeleça:

a) **Medula/tornozelo esquerdo:** Com a mão direita, forme uma "sela" sobre o tornozelo, ou seja, descanse suavemente a mão, com a palma voltada para baixo, sobre a parte de cima do tornozelo do parceiro, o polegar de um lado e os dedos do outro. Cerca de dois minutos.

b) **Medula/tornozelo direito:** Repita as instruções acima com o tornozelo direito. Cerca de dois minutos.

c) **Medula/joelho esquerdo:** Coloque a palma da mão direita sobre a escápula do joelho. Cerca de dois minutos.

d) **Medula/joelho direito:** Repita a operação acima no joelho direito. Cerca de dois minutos.

e) **Medula/quadril esquerdo:** Coloque a palma da mão de modo a cobrir a parte interna da crista do quadril na parte anterior do corpo (veja a ilustração). Se estiver sentado de frente para o parceiro conforme sugerido, essa posição será como se estiver empurrando delicadamente a parte anterior da pelve do parceiro. Mantenha o contato por cerca de dois minutos.

OBSERVAÇÃO: Uma vez que o seu parceiro está deitado sobre o lado direito, você não poderá atingir nem o seu quadril nem o seu ombro direito. Não se preocupe com isso. Apenas continue para a próxima posição possível no lado esquerdo do corpo do parceiro.

f) **Medula/ombro esquerdo:** Coloque a mão direita sobre o ombro do parceiro de modo a cobrir o ponto do ombro com a palma da mão. Cerca de dois minutos.

g) **Medula/punho esquerdo:** Simplesmente circule o punho do parceiro com o polegar e os outros dedos. Mantenha este contato por cerca de dois minutos.

h) **Medula/punho direito:** Repita a operação acima no punho direito.

i) **Medula/osso sacro (parte posterior da bacia):** O que você faz aqui é carregar a coluna espinhal com energia. Esta é uma boa conclusão para o tratamento. A menos que você tenha braços com-

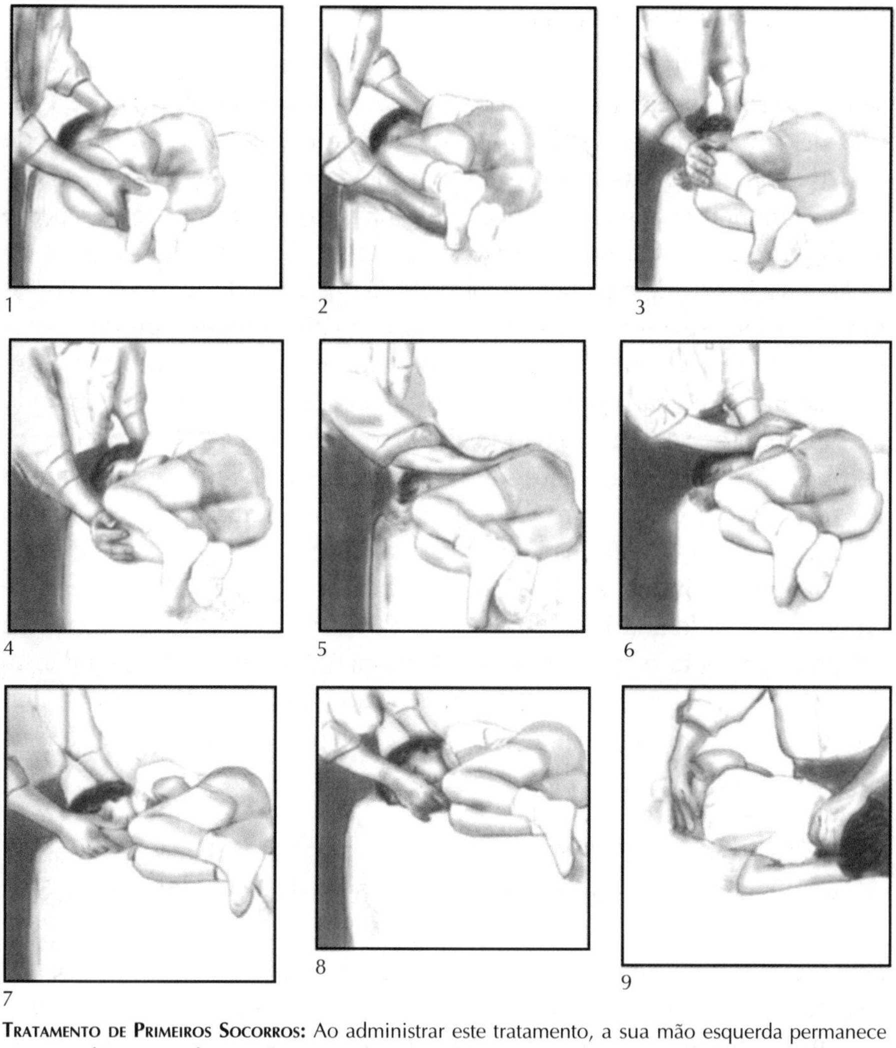

Tratamento de Primeiros Socorros: Ao administrar este tratamento, a sua mão esquerda permanece estacionada na nuca do parceiro enquanto a mão direita move-se de uma posição a outra conforme indicado.

pridos, pode passar para uma posição atrás do parceiro e colocar a palma da mão direita em sua medula e a palma da mão esquerda sobre o sacro. Mantenha o contato por cerca de dois minutos.

j) **Fim do tratamento:** Para concluir, peça ao parceiro para descansar um pouco na posição que achar mais confortável antes de se levantar. Sugira que ele deve se levantar o mais lentamente possível, para não sentir tontura. Fique perto para o caso de ele precisar de alguma ajuda "para retornar". Pode ser que ele queira conversar sobre a experiência, então já reserve algum tempo para isso. Da mesma maneira, ele pode sentir vontade de ir para casa descansar.

Como Funciona Este Tratamento?

O "Tratamento de Primeiros Socorros" é uma maneira fácil de ajudar o seu parceiro a chegar a um estado de repouso e de centralização, seja depois de um dia difícil no trabalho, seja durante uma crise ou depois de outros acontecimentos aborrecidos. Eis algumas explicações para entender o tratamento: a posição da medula na parte posterior do pescoço é geralmente muito carregada emocionalmente. Ela se localiza atrás do Chakra da Garganta, o painel de controle da nossa via de acesso da expressão. Se o seu parceiro estiver perturbado emocionalmente, ou desequilibrado, quando você lhe administrar este tratamento, talvez você sinta essa posição um tanto carregada; pode ser que ela esteja até mesmo vibrando ou pulsando por causa da energia. Quando se faz uma ligação energética entre essa posição geralmente sobrecarregada do campo de energia e uma das articulações do parceiro, o resultado é uma dissipação da energia ao redor da medula. Ela flui na direção da articulação, que é capaz de descarregar a energia muito mais facilmente do que a medula. Isso é fácil de entender considerando que, quando uma região de alta concentração é colocada em contato com uma outra de baixa concentração, há a tendência de as duas regiões se igualarem. Assim como a água que busca se nivelar, a energia presa numa região altamente concentrada flui para regiões de menor concentração.

Observando a Geometria da Cura

Vamos considerar também o tipo de geometria que usamos neste tratamento. Você reparou que produz um círculo com o seu parceiro quando faz o seu primeiro contato com a mão esquerda na nuca e a mão direita nos pés dele? Acho que há alguma coisa com essa posição de abertura que comunica uma sensação de aconchego e apoio para a pessoa com que estou trabalhando. Tudo o que você precisa fazer é criar um círculo à sua frente com seus braços para sentir a força dessa forma geométrica. É quase impossível assumir alguma dessas posições e não vê-las como um tipo de "gesto energético". Quando você cria esse círculo de aconchego com outra pessoa é difícil não abrir seu coração para ela e senti-la abrir seu coração para você. Lembre-se da última vez que recebeu um abraço sincero de um amigo e como isso o fez sentir-se bem. Esse, claramente, é um exemplo comum da característica de aconchego do círculo.

Outra forma geométrica, ou gesto energético, que desempenha um papel fundamental neste tratamento é o triângulo. Pense na posição da medula na nuca do seu parceiro como o ápice e as posições nos lados esquerdo e direito do corpo dele como a base de um triângulo. Muitas vezes, no trabalho com a energia, criamos triângulos que interligam posições de ambos os lados do corpo com posições na linha mediana. Isso acontece porque o triângulo é o principal gesto energético para promover o equilíbrio. Quando criamos um triângulo no campo de energia, influenciamos a região dentro do triângulo de modo a promover o equilíbrio.

O "Tratamento de Primeiros Socorros" é um bom remédio porque faz bom uso dos gestos energéticos de aconchego, centralização e equilíbrio, todos eles elementos importantes para todos aqueles que precisem se recompor. Além de ser um bom tratamento geral para pessoas que estejam perturbadas, feridas ou insones, também percebi que ele é indicado para pessoas que estejam sofrendo de indigestão, azia, cãibras menstruais e dores de cabeça. Não sei de contra-indicações para este tratamento, que tem um efeito muito harmonizador e relaxante. Costumo utilizá-lo integralmente, ou partes dele, o tempo todo.

Outro Aspecto da Criação de um Ambiente de Cura

Você nunca sabe quando alguém irá lhe ensinar alguma coisa sobre a cura. Depois de tudo o que foi falado sobre os requisitos energéticos para a cura, é importante levar em conta que essas são orientações apenas para o agente de cura, coisas que têm a ver com o promover o processo de cura. Às vezes, porém, acontecem coisas que fazem você se lembrar de que a cura não depende de você estabelecer um ambiente perfeito.

Um cliente de massagem meu, Jack, é um paciente de derrame, internado em tempo integral numa clínica de repouso. Ex-combatente da Guerra da Coréia, da qual participou como piloto de bombardeiro, Jack tem o braço esquerdo completamente retorcido, com a mão contraída no formato de uma bola. Incapaz de movimentar-se ao ar livre, ele vive em sua cama hospitalar num quarto insípido, com aquecimento e refrigeração artificial, as paredes forradas de estantes repletas de vídeos sobre aviões de guerra e todas as guerras modernas. Ele tem vídeos de todos os filmes de John Wayne.

Durante a massagem, a televisão permanece ligada no History Channel, que geralmente passa documentários sobre as guerras. A seleção do dia era *Ofensiva do Tet*, no Vietnã.

— Jack, será que precisamos disto durante a massagem?

— É o que eu quero.

— Só se você fizer muita questão.

— Eu faço questão.

— Certo. Mas, se você dormir, vou desligar essa droga.

— Combinado.

Começamos. Massageio ambas as pernas, em seguida passo para o peito e para o braço esquerdo atrofiado. O cotovelo me lembra uma asa de frango, rígido, com a pele toda enrugada, totalmente contraído.

Os bombardeios da Guerra do Vietnã estrondeiam no quarto. Jack e eu conversamos enquanto massageio seu braço. Nossa conversa é sobre filmes de guerra, obviamente do interesse dele. Eu lhe disse que tinha acabado de ver *O Resgate do Soldado Ryan*. Comentei sobre o realismo da cena de combate da abertura, o ruído das balas zunindo por todos os lados na sala do cinema enquanto as Forças Aliadas avançavam pela praia de Omaha sob bombardeio maciço.

De repente Jack me interrompeu.

— É... e durante o treinamento da infantaria eles lhe dizem que, se seu companheiro for ferido ao seu lado, é para continuar em frente... — Ele deixa escapar um suspiro que é quase um soluço. — ...e eu não consegui fazer isso!

Nesse momento ele começa a soluçar e seu braço esquerdo relaxa, torna-se macio e reto. Completamente perplexos, nos entreolhamos, olhamos para o braço e de novo nos entreolhamos.

Pouco a pouco, o braço esquerdo de Jack vai se contraindo para a posição em que ficara por diversos anos. Ao concluir a massagem, porém, Jack estava num tipo de paz e relaxamento em que nunca o vira antes. Saí com uma nova opinião sobre o que o espírito humano pode fazer por si mesmo para se curar.

Eu não tinha como saber exatamente que experiência se processara dentro dele naquele momento em que seu braço relaxou. No entanto, entendi que Jack inconscientemente se cercou com o que precisava para encontrar o caminho *dele* para a cura. As memórias de guerra que lotavam aquele quarto certamente não combinavam com a *minha* idéia de um kiva de energia ou um "ambiente de cura" ideal, mas quem sou eu para determinar isso para quem quer que seja? Ainda assim, a experiência foi uma forte indicação de que, quando uma pessoa está pronta para dar um passo adiante em seu processo de cura, ele acontece.

Às vezes, o kiva de energia que permite que a pessoa se sinta segura é muito diferente do que podemos imaginar para ela. Na maioria das vezes, porém, é verdade que proporcionar um kiva de energia aconchegante e relaxante é o que funciona melhor. Mesmo que você tenha em mente um modelo semelhante, não deixe de admitir que talvez o seu parceiro de tratamento precise de uma televisão com o volume no máximo como som ambiente, ou alguma outra distração que você talvez considere aborrecida.

Algumas pessoas abrem as defesas devagar, realmente, e elas devem abrir essas defesas antes de ser capazes de entrar no local mais vulnerável e ameno de cura que você oferece. Jack sentia-se seguro com as imagens e os sons da guerra estrondejando ao fundo. Faça o possível para criar um ambiente aconchegante, mas deixe espaço para as pessoas como Jack também.

O "Tratamento de Primeiros Socorros"
NUM RELANCE

POSIÇÃO: Peça para o seu parceiro se deitar sobre seu *lado direito,* curvado numa posição fetal relaxada. Muitas pessoas acham essa posição "confortável".

Etapas do Tratamento:

1. **Contato com a medula**
2. **Medula/articulações**
    a) **Medula/tornozelo esquerdo**
    b) **Medula/tornozelo direito**
    c) **Medula/joelho esquerdo**
    d) **Medula/joelho direito**
    e) **Medula/quadril esquerdo**
    f) **Medula/ombro esquerdo**
    g) **Medula/punho esquerdo**
    h) **Medula/punho direito**
    i) **Medula/osso sacro (parte posterior da bacia)**
    j) **Fim do tratamento**

QUARTO LABORATÓRIO ETÉRICO:
A CURA DO ETÉRICO

I. A NATUREZA DO ETÉRICO

UM DOS TRABALHOS importantes do etérico é a distribuição de energia ao redor e através do físico. O sistema de chakras, os pontos e fluxos energéticos estão situados no etérico e desempenham um papel efetivo nessa rede de distribuição. Quando fazemos contato conscientemente com um chakra — quer dizer, quando fazemos um contato sensorial com o movimento energético do chakra — esse contato tem um efeito imediato sobre todo o etérico. Os chakras estão sempre ativos e carregados de energia (a menos que estejamos mortos), mas a soma da nossa consciência à atividade do chakra intensifica o ritmo no qual o chakra intermedia a energia e a consciência. Pense numa flor abrindo as suas pétalas para sorver a energia do sol. É claro que a energia da luz do sol tem de passar por diversas mudanças no processo de fotossíntese antes de ser usada pelas células vivas da flor. Da mesma maneira, um dos principais papéis desempenhados pelos nossos chakras é a transformação da força vital, ou *prana*, em energia que possa ser absorvida e usada no nosso processo vital.

Numa forma simples, esse é o caminho da força vital dos chakras dentro do nosso corpo: quando um chakra é energizado, ele se alimenta dessa energia por intermédio da rede etérica de trabalho a que chamamos os "nadis" dentro do sistema nervoso. Esses nadis são o correspondente do sistema nervoso no corpo sutil e "abaixam" a freqüência da força vital a um nível aceitável para os nossos nervos físicos. Cada um dos chakras

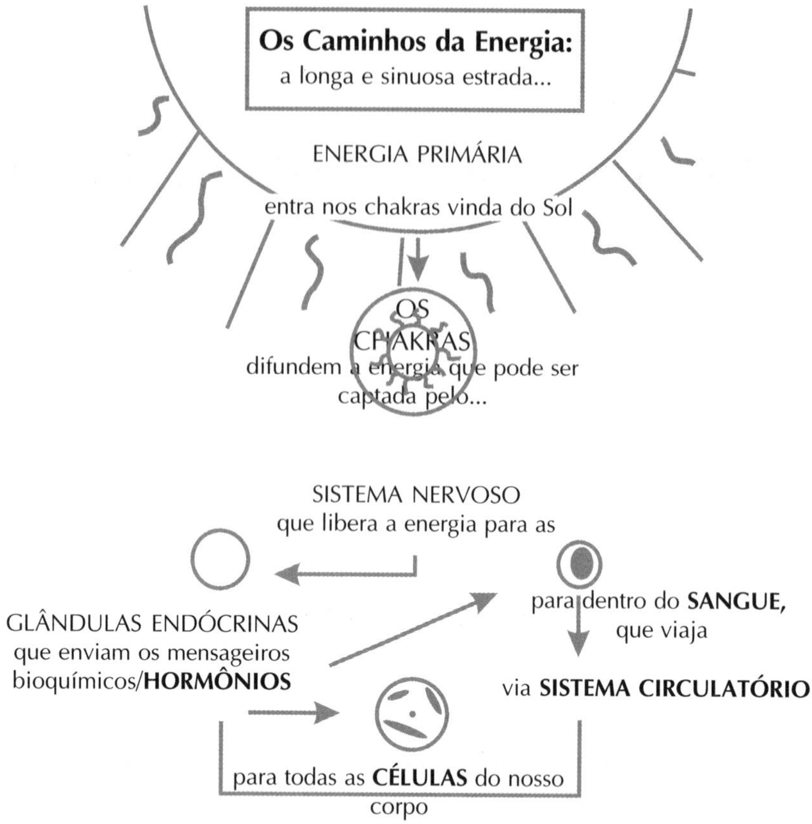

Os Caminhos da Energia: Aqui, você pode acompanhar a transformação da energia da força vital bruta em formas de energia que podem ser usadas pelo nosso corpo físico.

básicos está ligado, por meio dos nadis e dos nervos, a uma glândula endócrina. A energização do chakra envia energia para dentro da sua glândula endócrina respectiva, cuja secreção de hormônios na corrente sanguínea influencia o corpo no nível celular. Embora isso ocorra o tempo todo em nível inconsciente, podemos melhorar esse processo quando trabalhamos com os chakras e o campo energético visando à cura.

Foto: Bonita Yoder

Um corpo cheio de histórias. Cada novo evento na história da tribo é registrado com uma cunha ou marca metálicas cravadas no corpo desta imagem da República do Congo. O contador de histórias da tribo pode apontar para cada "marca da história" e contar a história da tribo.

A Propriedade Holográfica do Etérico

Muitos de nós tendem a considerar o corpo físico como um conjunto de partes e sistemas separados — sistema circulatório, sistema respiratório, sistema reprodutivo etc. Considerando a nossa inclinação cultural para decompor tudo em suas partes componentes, é difícil pensar no ser humano como um todo. Além do mais, nós mesmos nos dividimos em corpo, mente, emoção e espírito, e cada uma dessas divisões tem seu próprio grupo de subdivisões. Eu mesmo concordaria que isso tende a tornar tudo mais fácil de entender se fingirmos que é possível dividir nosso corpo em vários componentes e estudar cada um desses componentes como se fossem partes separadas e autônomas. Mas o etérico não nos permite seguir esse tipo de pensamento. Ele exige que ampliemos nossa consciência e estendamos nossa mente para pensarmos holograficamente.

Um holograma é uma "fotografia" tridimensional que contém a imagem do todo em cada uma das suas partes. A palavra "holograma" deriva da palavra grega *holos*, que significa "todo", e *gramma*, que significa algo escrito ou gravado. No processo fotográfico tridimensional chamado "holografia", um fotograma holográfico qualquer pode ser quebrado em diversos pedaços e ainda assim projetar a imagem do *objeto inteiro* a partir de cada pedaço. Pelo menos teoricamente, pode-se então pegar um desses pedaços, estudá-lo minuciosamente e projetar a imagem total de qualquer uma das suas infinitas partículas. Na fotografia holográfica, a imagem projetada torna-se cada vez menos quebradiça à medida que os pedaços ficam menores, mas ainda assim a imagem inteira está contida em cada ponto no filme.

Na pesquisa sobre a consciência de Karl Pribram, nos anos 1960, ele teorizou que cada partícula da massa cinzenta do cérebro também opera holograficamente. Para produzir uma imagem em nossa mente são postos em ação eventos holográficos em todo o nosso sistema nervoso, ativando a energia de todo o nosso corpo.

William Blake afirmou que viu o mundo todo em um grão de areia, uma expressão holográfica por natureza. O de que mais gosto no trabalho de cura pela energia são os momentos de ligação com o cosmo pela simples ligação com as pessoas. Os seres humanos são os meus grãos de areia. Há momentos em que todo o universo parece se revelar aonde quer que eu dirija a minha atenção. A esse respeito, o trabalho de cura pela energia tem um toque inconfundível de holográfico, sendo o agente de cura uma testemunha do espetáculo como um todo. Embora estejamos ligados a apenas um ponto energético num exercício individual ou num tratamento, podemos visualizar uma imagem de todo o sistema energético da pessoa à nossa frente.

De maneira um tanto limitada, podemos obter, temporariamente, uma abordagem fragmentada (não holográfica) da nossa vida. Afinal de contas, levamos várias "partes" nossas aos especialistas: levamos os dentes ao dentista, os músculos e a pele ao massagista, a mente ao psicanalista e a alma ao representante de Deus. Mas, por mais necessário que seja, esse "loteamento" das nossas partes alimenta a nossa sensação de estarmos fragmentados. Além dessa sensação, entretanto, temos muito mais em comum com a imagem holográfica. Não importa o quanto nos partamos em pequenos pedaços, alguma coisa da nossa unidade pode ser encontrada em cada uma das nossas partes. O trabalho de cura pela energia é uma ligação direta com o nível holográfico da nossa constituição, e o etérico é o seu primeiro nível mais facilmente disponível.

Influências Internas e Externas que Afetam o Etérico

O etérico é essencialmente um *fluido, uma estrutura luminosa palpitante.* Rudolph Steiner, o cientista filósofo que fundou o movimento antroposófico, fez menção às "forças formadoras do etérico" e identificou quatro níveis do corpo etérico. Como uma estrutura luminosa, o corpo etérico tem afinidade com tudo o que se comporta como luz e energia. Entretanto, ele se contrai e se expande, e reage ao som e à cor, ao ritmo e à pulsação. Ele também tem afinidade com as forças formadoras da luz, que se expressam nos padrões geométricos produzidos pela luz. Há outras maneiras de descrever o etérico, mas essa é o suficiente para começarmos.

Para saber alguma coisa sobre o que influencia o etérico, para melhor ou para pior, é preciso reunir os conhecimentos que desvendam os segredos e trabalhar com a energia num sentido terapêutico. Se fizéssemos um exercício de energia pessoal, por exemplo o da "Malha Etérica do Corpo no Exercício Básico de Navegação Etérica Nº 3", todo dia por duas semanas, descobriríamos que há diferenças definidas no etérico dia após dia. Em alguns dias, o exercício pode ser fácil e parecer bom. Em outros dias, podemos nos questionar se temos mesmo um etérico, ou podemos nos sentir como se estivéssemos atolados até a cintura em um brejo lamacento.

O que exerce efeito negativo sobre o etérico?

- *Stress*
- Barulho, ruído imprevisto
- Emoção reprimida/Falta de expressão
- Choque, trauma

Todos esses aspectos podem quebrar o ritmo natural e o fluxo do etérico e criar regiões de bloqueio. O choque e o trauma podem levar a inclusões ou "quistos de energia".

O que exerce efeito positivo sobre o etérico?

- Luz
- Cor
- Água
- Som
- Ritmo
- Toque
- Amor e compaixão
- Contato com a natureza
- Oração
- Respiração
- Geometria harmoniosa

Os elementos abaixo encorajam o corpo etérico a agir de acordo com a sua natureza

Ritmo e Som	encorajam	Pulsação (Expansão e Contração)
Cor e Luz	encorajam	Vibração da Luz
Geometria e Música	encorajam	Ordem e Harmonia
Natureza e Água	encorajam	Fluxo Cíclico
Ritual, Observação da Lua e Ciclos Celestiais, Respiração	encorajam	Interação com o Cosmo

A sensação do etérico varia conforme mudam os nossos estados físico, emocional e mental. A saúde e a resistência do nosso corpo etérico também afetam o modo como o sentimos. Os ciclos da Lua e as estações do ano, o tempo de exposição à luz solar e à água, a comida que ingerimos e outras substâncias que introduzimos no nosso organismo, tudo isso contribui para o estado do etérico.

Os Efeitos de Medicações e Drogas sobre o Corpo Etérico

Aparentemente, infinitos fatores dentro e fora do nosso corpo exercem influência sobre o etérico. Alguns desses são muito sutis, como as cores usadas na decoração de uma loja, ou o fato de estarmos conscientes de um zumbido na sala ao lado que esteja nos irritando. Outros fatores estão longe de ser sutis, como uma perturbação do etérico causada por um acidente de automóvel em que sofremos graves lesões físicas. Embora seja de esperar que esse último fator exerça uma influência mais intensa, muitas vezes nos descuidamos de outras influências importantes apenas porque são consideradas como um aspecto "normal" da vida contemporânea. Um exemplo é o uso de drogas — as prescritas e outras de qualquer natureza. Algumas, como a aspirina, são benignas para a maioria das pessoas, mas podem afetar outras profundamente. Em todo caso, sempre que começamos a atuar no nível etérico, precisamos estar cientes das influências sutis ou mais fortes das drogas.

Não é a minha intenção aqui dar a impressão de que todos os medicamentos e drogas podem causar dano irreparável. Muitos agentes de cura que trabalham no campo energético, entretanto, torcem o nariz quando sabem que um paciente está tomando uma quantidade de medicamentos, sejam receitados por um médico, sejam consumidos por iniciativa própria. Não que lhes seja impossível prestar ajuda como agentes de cura se o parceiro estiver fortemente medicado, mas os terapeutas que trabalham com a energia sabem, por exemplo, que as drogas e as substâncias que introduzimos no nosso corpo, como produtos farmacêuticos fortes, álcool, fumo, anfetaminas ("estimulantes"), tranqüilizantes ("relaxantes"), antidepressivos e alucinógenos, complicam o seu trabalho e quase já não se discute que o uso habitual de certas substâncias químicas produz limitações concretas na capacidade da pessoa de se beneficiar conscientemente do tratamento com a energia.

As drogas que atuam sobre o sistema nervoso, que mudam os ritmos normais como o batimento cardíaco ou as secreções hormonais, ou que alteram a consciência, podem dificultar os exercícios energéticos pessoais e a meditação. Essas drogas tendem ou a dessensibilizar, ou a hipersensibilizar o sistema sensorial sutil da pessoa. A razão para isso é simples. Cada substância que entra no nosso corpo tem seu próprio aspecto energético que altera os ritmos do campo energético. Em geral, os remédios sintetizados, bem como alguns medicamentos naturais, podem interferir nos movimentos do campo energético, reduzindo-os; o aspecto energético dos remédios move-se mais lentamente que o campo energético, que é uma estrutura mais leve. As áreas contrastantes de densidade e os trechos de movimento mais lento do que os das áreas vizinhas manifestam-se então no campo energético.

Os alucinógenos, como o LSD, o peiote, a psilocibina e a mescalina influenciam o etérico de maneiras muito específicas. Eles devem ser levados em conta na cura pela energia porque muitas pessoas que se desenvolveram em nossa cultura, especialmente durante os anos 1960 até 1980, tomaram essas drogas uma vez ou outra. Os alucinógenos eram populares entre dezenas de milhares de pessoas que passaram por estados alterados de consciência.

Os antropólogos nos informam que essas drogas eram usadas em rituais sagrados em algumas das mais antigas religiões do mundo — isto é, as tradições xamânicas mais antigas — e, mais tarde, até entre seitas contemplativas cabalísticas e cristãs. Mas, dentro dessas tradições, o uso das drogas integrava-se no contexto de religiões sofisticadas e rigorosas e com ensinamentos éticos.

Parte do problema relativo ao uso dessas substâncias como "instrumento de lazer" é que as pessoas podem passar por uma mudança radical de consciência sem ter como integrar suas experiências na vida cotidiana. Sem o pano de fundo espiritual para fornecer um contexto positivo para as intuições e as mudanças de consciência provocadas por essas substâncias, as pessoas geralmente ficam mais confusas do que nunca em relação à vida e, em alguns casos, saem profundamente lesadas.

Quase tudo depende do contexto. Existem profundas diferenças entre, digamos, um índio americano que participa de uma cerimônia com o uso do peiote na Native American Church[1], após ter sido preparado para a experiência e observado pelos idosos da tribo no contexto das tradições espirituais antigas, e uma pessoa que toma alucinógenos de maneira excessiva e prejudicial para ter alucinações como atividade de lazer. O uso cerimonial das substâncias alucinógenas no primeiro exemplo não é excessiva nem aleatória, e está contida num ambiente cerimonial, sempre

1. A Native American Church (ou Igreja Nativa Americana) é uma organização religiosa oficial dos Estados Unidos que tem permissão federal para o uso legal de peiote.

dentro de uma comunidade cerimonial, sendo acompanhado de preces que invocam orientação e sabedoria.

O campo energético de uma pessoa pode conter os resíduos do uso de drogas por muito tempo depois da descontinuação do uso. Enquanto muitas drogas farmacêuticas restringem a expansão e os movimentos naturais do etérico pela diminuição e bloqueio das suas atividades, os alucinógenos exercem o efeito de acrescentar mais energia ao etérico do que ele pode processar, acelerando e exagerando alguns dos seus processos. Lembre-se de que o etérico atua como uma ponte entre o corpo físico e outras dimensões de energia que o rodeiam. Ele tem uma "pele" sutil ou uma membrana semipermeável ao seu redor. As camadas de atividades energéticas no interior e ao redor do corpo — que armazenam os diversos níveis do subconsciente — têm como finalidade *interagir e combinar*, mas não passar por cima de uma ou outra indiscriminadamente, como pode acontecer com algumas das assim chamadas drogas de "expansão da consciência". Portanto, embora o corpo etérico seja capaz de se expandir, o acréscimo repentino de grandes quantidades de energia sobre ele pode provocar uma expansão prematura e desequilibrada, levando a uma distorção da forma, desenvolvendo quistos energéticos, lesões, dilaceramentos e rachaduras, até lacunas e orifícios. Terei muito mais a dizer sobre as lesões do etérico à medida que formos analisando outros fatores na seqüência.

A Repressão Emocional e a Constipação Energética

O etérico reage à maneira como nos expressamos ou retemos a expressão. Ao que parece, temos todos os tipos de razões para regular a expressão dos nossos sentimentos — desde "editar" o que realmente sentimos para não machucar outras pessoas, tentando permanecer firmes externamente com as imagens e expectativas que criamos no passado, vestindo nossa máscara sorridente ou nossa fisionomia impassível, até não expressarmos o que vai dentro de nós, negando completamente tudo aquilo que acontece sob a superfície de qualquer modo. Do ponto de vista energético, esses bloqueios à expressão pessoal se manifestam de maneiras diferentes: 1) repressão, ou retenção daquilo que de outro modo seria expresso; e 2) sendo desonesto sobre o que expressamos: expressando externamente alguma coisa que é radicalmente *diferente* do que está se passando dentro de nós. Em ambos os casos, nossas expressões acabam sendo incongruentes com a nossa realidade interior.

Precisamos ter em mente que todos os aspectos da nossa vida interior, sejam pensamentos ou sentimentos, são *basicamente energia.* Embora possam mudar de estado, eles continuam sendo uma forma de energia, assim como a água pode aparecer como gelo em um momento e vapor no seguinte, e ainda assim continua sendo água. Isso quer dizer que, mesmo se reprimirmos alguma coisa até o ponto de esquecê-la totalmente, ela continua existindo em segundo plano como um padrão energético. Ela continua desempenhando um papel em nossa experiência de vida, embora o faça em nível inconsciente. Os padrões energéticos atraem e organizam a energia, o que significa que até nossos segredos mais bem guardados e as coisas que podemos ter esquecido totalmente continuam a interferir no modo como vivemos a vida.

> *A energia não é criada nem destruída.*
>
> Primeira Lei da Termodinâmica

Existe uma enorme diferença entre a emoção que se permite expressar e a emoção que é impedida de se expressar. Estamos usando a palavra "emoção" no seu sentido mais amplo, como o que quer "mover-se para fora" de nós (e-moção = ato de mover[-se] para fora). Quando se trata da cura, os problemas crônicos não decorrem tanto das emoções *em si mesmas* como da *repressão das emoções com base no medo*, o que faz com que aquilo que provavelmente seria expresso (posto para fora) seja suprimido (posto para dentro) no sistema energético.

Cisão Etérica

O etérico suporta as conseqüências energéticas, tanto as grandes quanto as pequenas, do que estamos fazendo, expressando ou não expressando, em suma: do que somos a todo momento. A "coincidência" absoluta entre o que sentimos interna e externamente é praticamente impossível. Até mesmo a mais honesta das pessoas não é totalmente transparente o tempo todo. Talvez não seja nem mesmo sábio tentar manter total coerência entre o interno e o externo. Afinal de contas, há ocasiões em que dizer a verdade pode nos colocar em apuros.

Fazemos tudo o que é preciso para proteger o nosso espírito, especialmente durante momentos vulneráveis, quando estamos em processo de cura ou entrando numa nova fase da nossa vida, como a puberdade ou a menopausa. Como um passarinho camuflando o seu ninho ou atraindo predadores para longe da sua ninhada, nós naturalmente desenvolvemos estratégias para proteger as partes sensíveis recém-nascidas de nós mesmos — enquanto apresentamos ao mundo uma fachada exterior de outra coisa diferente — de modo que elas possam se desenvolver em paz. A adolescência é um exemplo universal de um período de conflitos entre nossos mundos interior e exterior. O adolescente esconde as fotos da *Playboy* dentro da sua Bíblia; assim como a sua fascinação com o desabrochar dos seus sentimentos viris abre caminho para o estudo da religião, ele pode passar por um período fazendo exatamente o oposto: a Bíblia e a *Playboy* podem trocar de lugares. Esse tipo de coisa parece fazer parte do crescimento — necessário, mas não sem suas dificuldades e confusões. O que é interessante é que muitas vezes é a pele, esse limiar de *interface* entre o interior e o exterior de uma pessoa (e geralmente um bom indicador das condições do etérico), que praticamente sofre mais durante esse período pubescente de aprendizado sobre como se relacionar com as outras pessoas e com o mundo exterior.

Embora uma certa duplicidade possa ser um pretexto necessário para a sobrevivência e o crescimento, assim mesmo produzimos conflitos e choques energéticos quando nos convencemos de assuntos importantes para nós, ou quando fazemos coisas que violam as nossas crenças mais profundas. A verdadeira questão no caso é a coerência: sofremos muito quando a deixamos de lado.

Pode-se dizer que todos vivemos uma "vida dupla" até certo ponto, mas o que acontece de fato energeticamente quando se prolonga por muito tempo uma grave discrepância entre o interior e o exterior? Muitos de nós sabemos o que é dizer pequenas mentiras que causam decepções e se transformam aos poucos em uma fantasia que requer muita energia para ser mantida. Por exemplo, talvez continuemos ano após ano nos afundando numa profissão ou num relacionamento ou num estilo de vida que sabemos, no íntimo, não ser compatível com quem realmente somos. Na meia-idade, olhamos ao nosso redor e o que vemos é um mundo de vocações perdidas, paixões e dons espirituais inexplorados: o artista ou agente de cura que se descobre preso num trabalho que mina suas energias mas não satisfaz seus anseios mais profundos; o *gay* que finge ser certinho, ou a pessoa certinha que finge ser *gay*; a pessoa dominada por uma doença ou mudança radical que age como se tudo estivesse maravilhoso; o executivo que não pode se demitir do emprego que odeia porque ele e a sua família apreciam o dinheiro que ele ganha. Todos conhecemos essas incompatibilidades.

Ray era HIV-positivo e regularmente me procurava para fazer terapia energética. Em nossas sessões, eu achava interessante encontrar camadas de intensa atividade energética bem longe do corpo de Ray, e outro foco de intensa atividade energética dentro do corpo dele, que observei logo abaixo da superfície da pele. Entre essas duas regiões de atividade havia uma espécie de lacuna ou "zona vazia". As camadas internas e externas do etérico pareciam ter-se separado.

Ray me contou que nunca deixou os pais saberem que estava na previdência social ou que era *gay*, muito menos que era HIV-positivo ou que cuidava do seu companheiro que estava morrendo de aids. Durante anos ele sustentou para os pais uma história elaborada, apresentando-se como um homem correto e com um trabalho comum. Ray era uma contradição ambulante, apresentando uma aparência rude, com os dentes quebrados, um rosto assustador e palavrões tatuados no corpo, embora a mim ele se revelasse uma pessoa espiritualizada e com um senso estético refinado, que escrevia poesia, pintava e cuidava carinhosamente do parceiro.

Uma vez que o etérico forma os limites entre a nossa consciência interior e exterior, essa camada também reflete a maneira como interagem os nossos mundos interior e exterior. O exemplo de Ray é o caso mais extremo que conheço de "etérico partido" de uma pessoa que também estava muito consciente da sua situação. Ray sabia muito bem dos grandes paradoxos e contradições da sua vida mas sentia-se incapaz de fazer o que quer que fosse em relação a eles. Não é de surpreender que a tensão em que vivia fosse enorme. Por um período de seis meses, Ray apareceu regularmente para os tratamentos energéticos e se empenhou com afinco nos exercícios energéticos que lhe ensinei. No trabalho que fizemos juntos, voltado para o tratamento do etérico, uma série de coisas começaram a acontecer. Primeiro, ele tomou conhecimento do absurdo das suas enormes contradições e o que isso estava lhe custando em termos de saúde e paz. Ele também me contou das suas crenças e compartilhou suas experiências espirituais. Parecia que, ao mesmo tempo que enfrentava o desespero que o envolvia, também procurava invocar suas forças interiores de conforto, orientação e esclarecimento. Conversamos muito sobre como ele poderia viver mais de acordo com as próprias crenças e desenvolver de fato um programa para colocá-las em prática. A certa altura, notei uma mudança na característica do seu etérico. Embora a "lacuna" ainda fosse praticamente palpável, tinha começado a encolher. O espaço entre o seu corpo e a atividade energética ao seu redor não estava tão vazio como antes, o que correspondia a algumas decisões importantes que ele tomara, incluindo compartilhar mais a sua vida com os pais.

A Cura do Etérico

Nossa capacidade de concentrar a atenção é um instrumento importante no trabalho de cura pela energia. A *atenção* desempenha um papel duplo de projeção da energia e da consciência sobre uma região do nosso corpo em que temos problemas ou sobre outras pessoas que nos procuram em busca de tratamento. Embora atraiamos para nós todo tipo de influências energéticas de maneira semiconsciente ou em total inconsciência, podemos também ter o controle do processo da nossa própria cura, expondo deliberadamente o etérico a elementos que promovam a sua saúde. Aquilo em que concentramos a nossa atenção afeta nosso etérico e, conforme demonstram os exercícios apresentados neste livro, quando dirigimos a atenção para o próprio etérico, o processo de cura é posto em movimento.

O etérico está em constante fluxo e mudança. Uma maneira de entender o significado da expressão "*interface* etérico/físico" é considerar que se trata de um campo, ou membrana semipermeável, em que as influências ambientais ou externas encontram-se com a nossa vida interior. Referimo-nos a isso quando dizemos que uma pessoa é extremamente sensível e reage com facilidade ao que se passa ao redor. E o oposto acontece quando dizemos que alguém é "casca-grossa", quando é insensível ao seu ambiente.

Junto com o papel desempenhado pelo sistema nervoso no corpo físico, o etérico é o veículo para o sentido sinestésico das sensações corporais e portanto dos sentidos. Assim como a água conduz a eletricidade, *o etérico conduz a energia e a consciência,* e aí estão incluídas as impressões que recebemos de fontes não-físicas. Essa capacidade do etérico torna possível a "percepção extra-sensorial", muito embora não estejamos falando aqui propriamente da percepção "extra"-sensorial, mas, sim, de uma percepção sensorial *ampliada* ou *expandida.*

O etérico é definitivamente *elástico.* É errado imaginá-lo como um revestimento uniforme de energia a uma distância regular e constante de uns três centímetros mais ou menos da superfície da pele. Em alguns lugares, onde há pouca sensibilidade, ele está colado à pele, ou então atraído pelo corpo, no caso de uma lesão. Em outros lugares, verifica-se uma expansão bem para fora do corpo, algo que acontece entre pessoas que se amam, em estados meditativos e também nos campos energéticos dos agentes de cura quando estão trabalhando.

Vejamos alguns exemplos rotineiros disso. Duas pessoas se encontram, começam a conversar e descobrem que ambas adoram determinados assuntos. Logo elas estão "envolvidas", entretidas num diálogo intenso. Energeticamente, esse período de envolvimento se caracteriza por uma expansão dos campos energéticos das pessoas envolvidas. Por um momento, seus campos energéticos se misturam e parecem criar a sua própria bolha de comunicação particular. Outro exemplo comum é o de duas pessoas apaixonadas. Outro ainda poderia ser o de uma professora que se envolve numa intensa discussão com os seus alunos sobre um assunto que ela aprecia intensamente. Embora ela esteja apenas de pé na frente da classe, aparentemente alcança e toca a todos na sala, assim como o campo energético de cada aluno a quem se dirige diretamente. Em todos esses exemplos, o campo energético, e especialmente o aspecto a que chamamos de etérico, apresenta uma capacidade de expansão considerável.

O oposto desse tipo de movimento, chamado *contração*, também se evidencia no etérico. Imagine as ocasiões em que uma pessoa "se retrai" diante de alguma situação, recua enojada ou sente-se repelida, afasta-se, desvencilha-se ou simplesmente perde o interesse por alguma coisa. Aqui, vemos exemplos de sentimentos que são acompanhados de contração etérica. Da mesma maneira, quando uma pessoa está assustada ou ferida física ou emocionalmente, o etérico tende a ficar colado ao corpo. Quando nos abrimos, ou nos fechamos, fazemos isso no etérico primeiro, mesmo antes de expressarmos as nossas palavras e ações.

O etérico tem camadas que precisam comunicar-se entre si. Essas camadas podem se "descolar", quer dizer, as camadas interna e externa se separam, resultando um tipo de "fenda etérica". Uma situação típica na qual isso ocorre é aquela em que há uma grande discrepância entre a vida interior da pessoa e o que ela exterioriza, como no exemplo que mencionei anteriormente a propósito do meu cliente Ray. O ponto de contato entre as camadas interna e externa do etérico é a superfície da pele, que nos proporciona um excelente meio de influir na *interface* física/etérica.

Ao administrar um tratamento energético, você pode sentir que a principal atividade ocorre dentro do corpo da pessoa. Ou talvez sinta que essa atividade situa-se praticamente na superfície da pele. Se a atividade energética encontrar-se predominantemente dentro do corpo, como pode ser o caso numa pessoa que está amedrontada ou ferida, bloqueada ou num estado de forte repressão, é provável que a força da atividade esteja concentrada nas camadas etéricas que penetram o corpo. Sabendo que essa energia reage à intenção, o que eu faço assim que toco essa área é "convidar" essa atividade a sair da superfície da pele para que ela possa se religar às camadas externas do etérico. Isso é como acenar em silêncio para um amigo do outro lado da sala para vir sentar-se com você. Aqui, faço um pouco de visualização criativa para prosseguir com meu convite silencioso; visualizo os meus dedos desenhando magneticamente aquelas camadas de energia interna na superfície, ou imagino meus dedos cobertos com Velcro, estendidos para o corpo e prendendo essas camadas de modo a poder puxá-las delicadamente para fora.

Se você sentir a atividade energética predominantemente fora do corpo, além da superfície da pele, isso significa que o etérico — e a consciência da pessoa — podem provavelmente passar muito facilmente a um estado expandido. Uma falta de ligação aqui é muito provavelmente um sinal de uma falta de capacidade de aterrar as energias que se encontram disponíveis nesses estados expandidos no corpo. Uma dificuldade típica das pessoas nessa condição é que suas idéias e intuições não se transformam facilmente em ações; a ligação com a vida diária é fraca. Essa pode ser a situação de pessoas que vivem mentalmente ou em suas fantasias e ideais. Aqui, novamente, a idéia é ajudar a religação dessas camadas interna e externa do etérico na superfície da pele. O "convite" feito com as mãos foi para a camada exterior do etérico voltar à superfície da pele. No primeiro caso, expandimos o etérico além do físico; no segundo, estamos aterrando o etérico no corpo.

Sistemas de Crenças Restritivas

Uma vez que a energia segue a sua mente, todas as suas intenções, crenças, atitudes e visões de mundo exercem uma profunda influência sobre o etérico. Para entender como isso funciona, temos de fazer uma distinção entre as opiniões e atitudes superficiais e mutáveis e os sistemas de crenças profundas que constituem a base da nossa realidade. Nossas crenças tendem a mediar nossa experiência; isto é, nosso comportamento quando acreditamos que algo é real é diferente de quando não acreditamos que seja real. Um dos prazeres em assistir a um mágico ou a um prestidigitador é que podemos sentir os limites das nossas crenças sobre a realidade cotidiana. Diante dos nossos olhos, uma mulher parece ser serrada pela metade e, embora saibamos que isso realmente não acontece, ainda assim ficamos um pouco aliviados quando o mágico termina o truque mostrando-nos que ela ainda está, apesar de tudo, intacta.

Seja quando desafiadas por espetáculos como os do mágico David Copperfield ou pelos efeitos especiais de Hollywood, seja quando abaladas por experiências que mudam radicalmente nossa maneira de ver o mundo, nossas crenças constituem uma parte importante da nossa existência. Quanto mais inconscientes e estabelecidas elas são, mais influência exercem sobre nós.

Um sistema de crenças que seja basicamente rígido, radical, adotado "de acordo como são as coisas" inibe a expansão e flexibilidade do etérico. Alguns hábitos emocionais e mentais podem apresentar esse tipo de rigidez, muitas vezes observado como falta de imaginação, ou como "ismos" tais como fanatismo, pessimismo, determinismo e fatalismo. Acrescentem-se a esses as nossas listas aparentemente intermináveis de obsessões, fixações, julgamentos, autocríticas, culpas e autocensura, e teremos uma grande coleção de sistemas de crenças restritivas. Todos esses sistemas têm pelo menos uma coisa em comum: aparecem no campo energético como padrões de energia e limitam a tendência natural do etérico de se expandir e formar uma ponte para os estados de consciência superiores e progressivos e a vida diária. O agente de cura energética tem condição de ajudar a restaurar o etérico para que este funcione de maneira saudável. Ao fazê-lo, ele encontra energeticamente as coisas que impedem a expansão do etérico.

Trauma, Choque e Lesão

Todos nascemos com a capacidade de nos protegermos quando estamos sobrecarregados. As partes do corpo ou emoções traumatizadas tornam-se dessensibilizadas ou entorpecidas; a pessoa inteira se torna insensível, ensimesmada ou, em casos extremos, em coma. O processo de entrar em choque, como todos os processos presentes de dissociação, pode ser necessário à sobrevivência. Pense em todas as coisas que acontecem que são praticamente impossíveis de enfrentarmos ou ficarmos conscientes durante o processo. Muitos eventos, desde um impacto inesperado e uma dor súbita, um ruído alto, a ameaça de perigo, até todos os tipos de maus-tratos, todos disparam a reação de "lutar ou fugir" no sistema nervoso simpático, e muitas vezes é impossível para o corpo e suas sensações fugirem. Quer passemos por essa fuga forçada da consciência por uma hora ou um instante, ainda assim guardamos um ferimento e o componente energético desse ferimento é mantido no etérico. Num processo parecido ao de um ferimento físico, podem-se formar "quistos energéticos" ou inclusões nas regiões afetadas como casulos de proteção até que ocorra a cura.

O "quisto energético" é um termo muito conveniente que minha esposa Ursula começou a usar alguns anos atrás. Ele se refere ao que sentimos como quistos manifestados no nível energético. Na época descobrimos que o termo também fazia parte do jargão usado por John Upledger em sua teoria craniossacral. Upledger afirmou que ouviu a expressão de Elmer Green, o fundador do Departamento de Biofeedback da Fundação Menninger.

Os quistos de energia são zonas localizadas, embutidas, de energia "caótica". Tipicamente, um quisto de energia se forma no campo de energia humano quando ocorre um trauma ou uma lesão. Isso pode acontecer de várias maneiras, por causa de: um impacto e dano real aos tecidos; trauma emocional; uso excessivo; doença; procedimentos cirúrgicos; e choque emocional inesperado. Todos passamos por essas experiências na vida. O quisto de energia segue os mesmos padrões básicos de um ferimento comum. Ele representa uma região do corpo por onde entrou energia demais no sistema. O sistema não consegue dissipar a energia de maneira normal, de modo que a restringe ali para impedir que se dissemine e comprometa todo o sistema.

Às vezes, no processo de atuar sobre outra pessoa, você se sente atraído para uma região específica do corpo, notando uma variação nas vibrações. Muito provavelmente, trata-se de um padrão de perturbação, ou quisto de energia, que aparece em seu "radar". Algumas regiões são mais densas que as circunvizinhas; vibram mais devagar, especialmente em locais em que há um ferimento físico ou emocional de alguma espécie. O metabolismo da energia da região é mais lento e os padrões estão menos ordenados, mais "confusos". Tipicamente, eles ocorrem em regiões do corpo e do campo de energia que, quando visados no tratamento, evidenciam experiências de eventos não-resolvidos do passado. Tenha em mente que essa energia, que circula ao redor e para dentro do corpo, está onde o registro subconsciente das suas experiências está armazenado.

> *Para que uma pessoa se cure, é preciso falar ao corpo/mente em sua própria linguagem, a linguagem de luz, cor, som, arquétipo e sentimento, de modo que possa aprender a vibrar de novo em harmonia com toda a criação.*
>
> — URSULA GILKESON

Não é incomum que intervenções simples como colocar as mãos em uma região dessas do corpo, ou prender a região entre as mãos como num sanduíche e permitir que ocorra a troca de energia entre as suas mãos, possam ajudar a iniciar a liberação do quisto de energia. A liberação pode ocorrer rapidamente ou ao longo de um período de tempo. Se o trauma original foi grave e emocional, tratamentos breves e repetidos podem ajudar bastante, permitindo que a liberação ocorra pouco a pouco, de modo que a pessoa vá incorporando as mudanças gradualmente. O montículo desorganizado de energia pode assim voltar, em seu próprio ritmo e da maneira que lhe convier, ao fluxo normal de energia através e em torno do corpo.

É importante reconhecer que uma liberação também pode ser monumental, adquirindo uma variedade de formas. Em pessoas com um trauma forte e não-resolvido, ou com sentimentos reprimidos há muito tempo, a cura pela energia pode revelar recordações há muito reprimidas. Se você estiver começando no trabalho com a energia e tiver pouca experiência com a liberação profunda, gaste o tempo que for preciso para se familiarizar o máximo possível com os exercícios e tratamentos energéticos antes de atuar sobre outra pessoa. Para agir com responsabilidade sobre as outras pessoas, é imperativo que você esteja à vontade com a liberação emocional, e que comece praticando em si mesmo. Existem atualmente diversos programas para conselheiros e terapeutas corporais que oferecem treinamento na liberação das emoções. No capítulo sobre "Exercícios com uma Fase de Liberação", vou tratar um pouco mais profundamente desse assunto tão importante.

A ativação do etérico tende a nos fazer encontrar tudo o que esteja não resolvido em termos energéticos. Pode ser um ferimento não tratado, uma decisão que você não realizou, um conflito, um ressentimento, um trauma de nascimento, qualquer processo que por alguma razão não se completou. É típico ouvir uma pessoa que está trabalhando em seu desenvolvimento interior dizer: "Pensei que já havia superado isso." Com isso a pessoa quer dizer que provavelmente já havia entendido a questão no nível racional, talvez tenha feito um trabalho emocional a respeito e ficado em paz com o problema. Então, como ainda existe um padrão de energia por trás, ela depara de novo com aquilo em seu campo energético durante a terapia corporal ou na terapia energética. É inevitável. O lado bom disso é que, quando o padrão energético enfim desaparece — normalmente depois de diversas liberações do que se acumulou ao redor dele —, então um novo padrão verdadeiro se manifesta.

Respiração em Conjunto: Minha Conspiração com um Lama Tibetano

Agora é o momento para uma historinha sobre como aprendi uma coisa que passei a usar regularmente na terapia energética. Eu a chamo de minha "conspiração" por causa da interessante derivação latina dessa palavra. O verbo "conspirar" deriva da palavra latina *conspirare,* que é composta de *com* –, junto, + *spirare,* respirar.

Em 1980, visitei uma amiga na Suécia que havia sido escolhida pelo Templo Budista Tibetano de Estocolmo para ser a médica oficial durante um retiro de três anos, três meses, três semanas e três dias que começaria em breve. Embora minha amiga, Meri, não fosse fazer parte do retiro, ela teria de ser iniciada nas práticas de modo a poder ficar entre os poucos escolhidos do mundo exterior que receberiam permissão para freqüentar a ermida enquanto permanecesse fechada.

Eu fui convidado a visitar o templo na companhia dela. Enquanto meditava na sala do *puja,* com sua estranha série de rostos benevolentes e severos na parede, um residente do templo deu-me um tapinha no ombro e perguntou se eu gostaria de conhecer o Lama Nawang. Respondi imediatamente que sim.

O pequeno lama me levou por uma escada para um andar onde se encontravam os aposentos dele. Não tínhamos um idioma comum. Eu não falava tibetano e ele não sabia mais do que algumas palavras em qualquer idioma ocidental que eu conhecia. Assim nos sentamos, eu numa cadeira desconjuntada, ele na posição de lótus sobre sua cama de campanha; entre nós, uma minúscula mesinha de café do Exército de Salvação com uma chaleira de chá e uns biscoitos. Examinamos um ao outro até que ele rompeu o silêncio.

— Beba o chá tibetano!

Eu o fiz. O chá era misturado com manteiga e exalava um cheiro de bode. Mais tarde me disseram que a manteiga era de iaque, um bovino tibetano. Quando parei, ele repetiu o convite em voz ainda mais alta: "BEBA O CHÁ TIBETANO!" Ele repetiu a frase diversas vezes. A cada vez que a pronunciava, eu dava um pulo, assustado com a sua voz penetrante.

"BEBA O CHÁ TIBETANO!!" A maneira como ele falava parecia não ter nada a ver com beber o chá.

Então paramos de beber o chá tibetano e olhamos um para o outro. Eu não fazia a menor idéia do que aconteceria em seguida. Os olhos do lama Nawang tornaram-se intensos. De repente, ele inspirou profundamente pelo nariz e prendeu a respiração. Por reflexo, fiz o mesmo. Ele soltou o ar pela boca e eu o acompanhei. Outra inspiração, profunda e intensa, e em seguida mais uma. As inspirações seguintes foram ora ruidosas, ora liberadas com um sopro de ar. Todas as vezes eu o imitei.

Aquilo continuou. A certa altura, parei de imitá-lo. Parecia que ele ainda estava iniciando a respiração a cada vez, mas não havia mais intervalo entre a respiração dele e a minha. Essa respiração simultânea e idêntica foi de repente uma comunicação intensa entre nós. No início, o lama Nawang estava me "respirando", por assim dizer, mas à medida que a experiência progredia, foi como se os dois estivéssemos sendo "respirados".

Hoje eu uso essa idéia de "respirar" a outra pessoa na terapia corporal. Geralmente, na terapia, ao se religar conscientemente a uma lesão ou trauma no corpo, a pessoa pára de respirar. Assim, literalmente, uma parte do corpo dela torna-se "assustada". A resposta, quase universalmente, é a mesma de quando qualquer um de nós leva um susto: nós — neste caso, uma parte do nosso corpo — prendemos a respiração. A liberação do padrão inclui uma liberação da resposta padronizada de parar de respirar. O que eu faço é encorajar a pessoa que estou tratando a continuar respirando. Geralmente a pessoa nem está consciente de que parou. Eu destaco o novo padrão respirando de maneira ligeiramente audível com a pessoa, seguindo a aula que tive com o lama Nawang em Estocolmo. Assim como as mulheres que vivem juntas tendem a apresentar o mesmo ciclo menstrual, o efeito da minha "modelagem" é que meu parceiro acompanha espontaneamente o meu ritmo e passa para outro padrão de respiração.

Reocupação do Corpo

Idealmente, o processo de cura promove a reocupação do corpo, ou seja, a gradual reentrada em regiões lesionadas que a pessoa pode ter deixado de lado. O que acontece à consciência das pessoas que sofrem acidentes de automóvel, crianças que recebem maus-tratos, pessoas que são sobrecarregadas física, emocional ou sexualmente, pessoas que participam de uma guerra ou são vitimadas por calamidades? No seu ensaio *The Wound, the Wall, and the Mask*, a homeopata Ananda Zaren descreve o seguinte processo:

> Uma *lesão* física é um estado de medo grave que sucede ao indivíduo confrontado com uma *experiência traumática que é súbita, inesperada e potencialmente mortal.* [Grifos meus.] É uma experiência na qual a pessoa não tem controle e à qual é incapaz de reagir de modo eficaz para repelir o evento. Entre os exemplos desse tipo de trauma incluem-se ter a casa destruída por um incêndio ou desastre natural, sofrer uma lesão permanente como resultado de um acidente de automóvel, ou sofrer maus-tratos físicos ou sexuais por parte dos pais. As pessoas também podem sair *lesionadas* ao testemunhar atos de violência. Durante o acontecimento, os sistemas de resposta fisiológica de emergência são ativados: coração, pulmões e músculos funcionam no limite da sua eficiência. A atenção, a concentração e a memória tornam-se agudas, para permitir que a pessoa se concentre em enfrentar a ameaça e preservar a vida. *Nesse processo, ocorre um distanciamento da realidade normal; microssegundos de experiência levam a associações alteradas e o sentido da vida tem sua importância ameaçada.* [Grifos meus.] Essas são reações normais a acontecimentos estressantes. Dentro de poucas semanas, o medo e a confusão desaparecem e a experiência pode ser digerida e compreendida. Se a experiência não puder ser processada num ambiente calmo e acolhedor, ou se a experiência se repetir, a *lesão* não será sanada e o organismo começará, portanto, a fazer mudanças adaptativas, criando uma *parede* ao redor da *lesão.*

A Geometria, o Som e a Cor da Cura pela Energia

Entre as muitas influências sobre o etérico encontram-se algumas muito sutis, das quais necessariamente não suspeitamos. Entre essas estão a geometria, o som e a cor. Essas influências também nos fornecem as chaves para trabalhar com o etérico.

O etérico reage à *forma* e à *geometria*. Considere o efeito que as formas da nossa arquitetura exercem sobre nós. Depois de passar a vida toda em casas em formato de caixa e salas cheias de ângulos retos, não é de admirar que tenhamos uma sensação diferente — e viajemos a lugares diferentes em nossa consciência — embaixo das abóbadas e arcadas de uma catedral ou mesquita, ou sob a imensidão azul da abóbada celeste. Por esse motivo, é interessante visitar casas construídas intencionalmente sem ângulos retos, como aquelas erigidas de acordo com os princípios antroposóficos. Elas produzem uma "sensação" completamente diferente.

Os símbolos que fazem uso de formas geométricas — especialmente o quadrado, o círculo, o triângulo e o semicírculo — exercem um efeito profundo quando colocados pela visualização em locais específicos no campo de energia. Essas são as formas rudimentares da geometria luminosa. Cada uma delas desempenha um papel estrutural na constituição do etérico e ilustra as maneiras pelas quais a energia se move entre as dimensões. Elas guiam o movimento da energia e estruturam as formas dinâmicas em que a energia se congela quando se torna sólida.

Os símbolos geométricos acabam sendo, portanto, instrumentos específicos para tratar o etérico, e para trabalhar com o campo energético em geral. Por exemplo, um triângulo visualizado em posições específicas no campo energético tende a restabelecer o equilíbrio do que estiver dentro dele. Um triângulo apontando para cima (para a cabeça) tende a ativar os processos energéticos dentro dela; um triângulo apontando para baixo (para os pés) tende a acalmar aqueles mesmos processos, produzindo um efeito de aterramento que permite atrair elementos de dimensões superiores da consciência. A interpenetração de um triângulo apontando para baixo com outro apontando para cima, a Estrela de Davi, produz um forte efeito quando colocada especificamente no campo energético, uma vez que configura uma combinação interdimensional equilibrada.

Um círculo com um ponto no meio exerce um efeito diferente sobre a consciência; ele ilustra outro aspecto do movimento energético. Por exemplo, um círculo ou uma esfera ilustram — quer dizer, mostram um mapa ou imagem — do movimento da energia na sua expansão a partir do centro e depois de volta ao mesmo centro. Esse é um ambiente energético em que uma pessoa pode se centrar, acalmar-se, abrir-se, desenvolver uma sensação de segurança para fazer uma passagem para um modo mais expansivo de consciência. O processo de centragem é especialmente bem acomodado pelo círculo ou a esfera.

Encontramos nosso próprio centro quando ligamos nossa atenção à energia e à consciência que se afasta do nosso centro e depois volta para ele. A respiração consciente — uma atividade circular porque se repete num ciclo — é um exemplo muito antigo desse tipo de prática.

Outra categoria de influência etérica é constituída por *som e ritmo*. Talvez seja intuitivamente óbvio até ao mais casual observador que, se passarmos o dia entoando o AUM com o nosso grupo de meditação e depois sairmos à noite para assistir a um concerto de *rock*, nosso sistema energético vai precisar de algum tempo para passar pela mudança radical de um conjunto de vibrações para outro. Isso acontece porque o etérico reage fortemente ao som. A música, os mantras, os sons e as palavras são bem conhecidos por seus efeitos sobre o campo energético. Muitas vezes usamos gongos, orins e sinos tibetanos em *workshops* na Alemanha, onde alguns participantes imediatamente são acometidos de lembranças súbitas e vívidas da infância na Segunda Guerra Mundial. O impacto dos ataques aéreos, o lamento das sirenes e o choque provocado pelas explosões a distância ainda se encontravam em seu campo energético.

Cor e luz constituem outra categoria das influências etéricas. Os esquemas de cores em lugares públicos são uma boa referência sobre as atividades e intenções do lugar. O vermelho e o laranja, cores estimulantes, predominantes em uma cadeia de lojas de liquidação pareceriam deslocados num velório, não é mesmo? Há muitas tradições sobre o "significado" das cores, mas estamos mais interessados aqui em considerar as cores em termos do que acontece quando uma cor é colocada especificamente no campo energético, ou seja, uma vibração de cor é introduzida num chakra ou nalguma outra posição energética. Cada cor influencia o campo energético de uma maneira diferente; o comprimento de onda e o padrão vibracional de cada cor têm propriedades que podem ou estimular, acalmar, "destacar" a atividade interior na consciência e na expressão, ou mudar a consciência para outra dimensão. Alguns dos exercícios apresentados neste livro utilizam as cores dessa maneira. Veja, por exemplo, os exercícios da "Dona Chakra".

As cores são extremamente úteis no trabalho com a energia sutil porque elas conseguem atacar o ego e escapar dele; ou seja, não podem realmente ser manipuladas. Uma vez introduzidas no campo de energia, elas fazem o que têm de fazer, mas porque são luz, elas produzem efeitos de cura, seja atraindo as regiões de primeiro plano da consciência que estavam "escondidas", seja proporcionando um veículo para o movimento da consciência.

Circulação Etérica: À Espera das Batatas

Muitas pessoas fazem a idéia de que, para trabalhar de maneira eficaz com o campo energético, devem considerá-lo e à energia em movimento de maneira objetiva, mas isso não é necessariamente verdadeiro. Considerando todas as maneiras pelas quais as impressões chegam até nós — por meio dos nossos sentidos, pela observação do humor do nosso parceiro e da tensão nas diversas regiões do corpo dele, e até mesmo mediante a nossa percepção psíquica ou clarividência — não deveríamos nos limitar a uma abordagem formal. Por exemplo, não se apresse a chegar à conclusão de que a pessoa está com raiva só porque encontrou vermelho no campo energético dela. Pode haver diversas razões para o vermelho aparecer ali. Antes de mais nada, o que importa é *juntar aquelas impressões em algo mais útil*. Em vez de chegar a conclusões sobre o que suas impressões podem significar, espere que elas falem por si mesmas. Isso vai acontecer se você tiver paciência e esperar que todas as partes das suas impressões formem um quadro maior.

Não pretendo aqui mistificar o processo. Mas é essencial não impormos esquemas ou interpretações preconcebidos sobre as outras pessoas. Você deve ter lido num livro que o vermelho simboliza a raiva, mas tenha sempre em mente que os seres humanos são seres complexos. Especialmente no que se refere ao etérico, é melhor deixar que as mensagens do campo energético se revelem por si mesmas a você na sua própria linguagem e ao seu próprio tempo. Essa consciência e capacidade de intuir o que está acontecendo vem com a experiência e, conforme todo agente de cura pela energia irá lhe dizer, interpretações "pré-embaladas" dessas mensagens raramente revelam as verdades profundas que estamos buscando.

Quando trabalhamos com o campo energético, encorajamos o movimento da energia dentro e ao redor da pessoa com quem estamos trabalhando, quando administramos um tratamento. Ou, se estamos fazendo um exercício pessoal, influenciamos o movimento da energia dentro e ao redor de nós mesmos. Uma vez que esse movimento de energia é muito rápido, pode ser difícil senti-lo diretamente em movimento. Não obstante, ele é poderoso e produz efeitos que precisam ser compreendidos. Portanto, é importante aprender a captar o movimento da energia *indiretamente* ao notar as coisas que acontecem na esteira de um tratamento ou exercício. Uma variedade de coisas relacionadas ao tratamento — normalmente sutis, mas nem sempre — pode acontecer durante o período de 36 horas, aproximadamente o tempo necessário para que o movimento alterado de energia provocado por um tratamento energético passe para o nível da consciência corporal. Esse é o momento em que pedimos à pessoa que está se submetendo ao tratamento para ficar atenta e tomar nota do que está lhe acontecendo, sabendo que o tratamento irá contribuir para o que ela sente. A pessoa é encorajada a anotar reações físicas, sonhos, lembranças e associações, e a dedicar-se pelo tempo necessário à liberação emocional, mental e física, o que geralmente também faz parte do quadro. Não é difícil que a pessoa queira dormir ou passar algum tempo sozinha depois do tratamento, e é bom que possa ser atendida. Às vezes, mesmo eventos externos podem se relacionar de maneira significativa com o processo pessoal, geralmente na forma das assim chamadas coincidências.

Lembro-me agora da classificação feita pelo homeopata alemão Jürgen Becker dos chamados "sintomas" — no sentido mais amplo da palavra — em cinco níveis. Becker relacionou os sintomas que se manifestam na prática homeopática, mas o mesmo se aplica muito bem ao trabalho com a energia. Seus cinco níveis são:

1. *sintomas agudos,* digamos uma dor de cabeça ou um acesso de coriza que se manifestam localmente (isto é, numa determinada região do corpo) e surgem e desaparecem dentro de um período de tempo circunscrito;

2. uma mudança numa *condição crônica* que tem afetado a pessoa por um período de tempo maior;

3. *sonhos* que aparecem durante o tratamento;

4. ocorrências externas que parecem *coincidências,* eventos externos que de outra maneira não poderiam absolutamente ser relacionados aos processos de cura. Um exemplo seria o de um homem que tem dor nas juntas e está cogitando se deve procurar o médico ou não para fazer um exame. Ele dirige o carro pela estrada e, à medida que vai se aproximando de um trecho em obras na rodovia, começa a ver placas em que lê: "Conserto de Juntas Adiante". Essas placas, que nada têm a ver com juntas humanas, assim mesmo estão ligadas ao processo de decisão daquele homem, e ele acaba marcando a consulta com o médico. C. G. Jung chamava a esse fenômeno de "sincronicidade", que ele definiu como uma "relação acausal". No seu livro *Memories, Dreams, Reflections,* o exemplo que ele dá é o de acordar de repente no meio da noite com dor de cabeça e depois descobrir que, naquele exato momento, um paciente seu, a centenas de quilômetros dali, encostou uma arma na cabeça e cometeu suicídio.

5. Então existe o nível da dimensão coletiva ou arquetípica, que transcende o indivíduo. É a dimensão em que tomamos parte na vida da humanidade; entendemos que fazemos parte do conjunto maior. As lendas européias, por exemplo, têm um interesse universal porque essas histórias antigas fazem eco às histórias arquetípicas da existência humana.

O uso culto de qualquer um desses elementos que influenciam o etérico — som, cor, geometria — pode provocar respostas como essas. É relativamente simples na terapia com a energia sutil, por exemplo, criar uma situação em que uma pessoa se centre — ou seja, mude momentaneamente para um ponto de equilíbrio físico, emocional, mental — e passe para um estado de consciência expandida. Isso pode ser experimentado como uma breve incursão, ou uma jornada estendida, por um estado de sonho — variando amplamente em grau e intensidade de pessoa a pessoa e de sessão a sessão. Quando isso acontece, o material de outras dimensões tende a entrar na consciência dessas pessoas. As "outras dimensões" podem ser qualquer dimensão que não seja a da nossa consciência desperta normal. Às vezes, as pessoas saem do tratamento comentando que "conversaram" com o seu corpo, a sua consciência superior ou com um anjo ou guia. Um dos meus clientes, especialista em computadores, costuma me dizer que entra num estado em que pode "fazer o *download*" de material destinado a ele, como um *e-mail*. Muitos de nós nos referimos a isso como um processo de ter uma visão, uma palavra que a meu ver usamos muito literalmente. Essa visão pode ser um vislumbre de algo que acontece em nossas profundezas. Geralmente, temos de estar num estado elevado de equilíbrio energético, que é o que o tratamento oferece, para ter essas visões.

> *Nosso maior medo não é o de sermos inadequados. Nosso maior medo é o de termos poderes ilimitados.*
>
> — Marianne Williamson

Ironicamente, alguns dos conteúdos do inconsciente literalmente *não podem* chegar ao nível consciente sem aquele grau extra de equilíbrio. O medo de algo que possa acontecer pode, na verdade, às vezes se tornar um motivo subconsciente para permanecer *fora* de equilíbrio, e isso nunca se aplica apenas ao medo que tipicamente temos do nosso "lado obscuro". Estamos acostumados a pensar em termos de "negar" todas as coisas negativas que suspeitamos que jazem sob a superfície. Se temos medo de que haja uma lula gigante ou um Moby Dick lá, certamente não vamos fazer nada que diminua a tensão da água à superfície. Mas nem sempre existe a "negatividade reprimida" nas profundezas. O uso consciente da terapia energética, por exemplo, pode despertar não só nossos demônios e contradições, mas também visões de ligações sutis e esclarecimentos sobre a vida, e o sentido de uma orientação superior que se manifesta quando estamos em contato com os nossos atributos espirituais. Tudo isso — tanto os nossos demônios quanto os nossos atributos espirituais, sombras e dons — pode produzir resistência, até mesmo em pessoas que estão "se aprimorando".

Ao introduzirmos os elementos de cura como o equilíbrio, a harmonia, o som, a cor e o ritmo em nossa consciência, avivamos o que é chamado de *interface* física/etérica. Ao ativar essa *interface*, estamos provando um aumento da comunicação entre as diversas partes de nós mesmos e entre o inconsciente e o consciente. As sensações e percepções que nos ocorrem por esse limiar, às vezes de maneira inesperada e surpreendente, atestam a variedade e a riqueza infinitas que há dentro de nós.

No estado de relaxamento e abertura que advém do tratamento com a energia, o equilíbrio resultante é curiosamente de não-julgamento. O material previamente submerso vem à mente, sensações e lembranças retornam, não mais contidas pelo cenho franzido da nossa mente censora. Quando uma pessoa experimenta essa sensação de equilíbrio — seja por meio de um tratamento, seja por um exercício ou qualquer outro meio — a sua consciência é levada a um estado não-polarizado, quer dizer, um estado que não está preso aos conflitos que normalmente acompanham nossos pensamentos comuns. Nesse momento nos ligamos à consciência espiritual, em que não existe começo, meio nem fim. Não só as categorias de bem e mal deixam de existir como também todos os outros paradigmas polarizados que conhecemos. Isso permite o acesso a estados de consciência completamente livres de polaridades. Esses estados não polarizados costumam ser associados a sabedoria, compaixão, amor (pense no que entendemos por "amor incondicional"), bênção e quietude. Se podemos aprender a entrar nesses estados, podemos fazer muito para aliviar o sofrimento decorrente de estar preso ao que chamamos de "Ciclo de Sintoma/Sofrimento/Estupidez" (veja a "Conversa Final: Cura Progressiva", quase no fim do livro).

Grão de Areia

Reflita:
Quando você desloca
um grão de areia,
a duna inteira muda
de lugar

Quando você tem uma
percepção,
a sua vida inteira
muda

— Anita Birnberger

A cura e a evolução da consciência estão interligadas inextricavelmente. Não há cura sem algum tipo de evolução da consciência. E não há expansão da consciência sem algum tipo de cura. Uma vez que a cura está enredada na insistência da natureza para crescermos e evoluirmos, isso pode fazer surgir o "duplo mau-olhado" da terapia com a energia sutil: o material represado pode aparecer e ao mesmo tempo pode ocorrer a invasão de dimensões superiores da consciência em nossa vida diária. Quando essa invasão se manifesta, ocorre a mudança.

No processo de promover a cura pela energia, a maioria das pessoas começa a notar que seus sonhos estão mudando. As pessoas que "não sonham", ou que dizem que não se lembram dos seus sonhos, começam a sonhar de novo. E lembram-se melhor dos sonhos. Freud chamava os sonhos de "a estrada real para o inconsciente". Eles podem chamar a nossa atenção para assuntos que estávamos ignorando. Podem destacar os problemas de maneira que podemos vê-los com maior clareza do que nunca. Podem nos mostrar padrões bloqueados de comportamento na nossa vida de modo que podemos nos livrar deles. Eles podem nos mostrar o que precisamos fazer para mudar e nos curar. Lembranças e recordações podem vir à superfície. Eventos há muito tempo esquecidos podem vir à mente com maior clareza e produzir um impacto inesperado. Da mesma maneira, eventos externos podem ocorrer ao mesmo tempo que alimentamos o processo da nossa cura e a evolução da nossa consciência sobre nossa vida e sobre nosso relacionamento com o mundo em que vivemos.

O material inconsciente no etérico entra em ação durante o tratamento e permanece nesse estado de ativação aumentada por um período de um dia e meio. Ele atrai nossa atenção para o fato de que o conteúdo do inconsciente está em constante circulação. Isso significa que, enquanto determinados temas, idéias dominantes, bloqueios, problemas vão para o primeiro plano da nossa consciência, outros se retraem para o plano de fundo.

A oportunidade é tudo e nem sempre é o momento certo para trabalhar no que pensamos ser nossos "problemas". Não faz sentido entrar em setores da consciência que estão em retiro; ou seja, quando estão se movendo com a circulação natural do etérico no fundo da consciência. Estaremos nos prejudicando ao tentar nos forçar a fazer uma mudança. Isso não quer dizer que não precisamos cultivar uma disciplina saudável, que sempre faz parte de preparar o terreno para a mudança. Entretanto, a mudança em si ocorre no momento e na hora certa e desde que não tentemos forçar nem negar o processo.

Existe algo como um zelo excessivo em relação ao desenvolvimento pessoal e espiritual, como também um tipo de fanatismo em torno da nossa psique que podem ser muito perturbadores caso se tornem um meio de ignorar o que está ocorrendo no momento no primeiro plano. Às vezes, é como num filme de Woody Allen. Quase sempre, as pessoas psicanalisadas que se ocupam "seriamente do seu desenvolvimento espiritual" querem dizer que estão "negando algo" quando na verdade tudo o que parece que estão "negando" apenas passou do momento presente para o passado da sua consciência, enquanto todo o resto se revela espontaneamente, por conta própria, sem ter de ser forçado. Isso significa apenas que está na hora de encarar as coisas a serem consideradas ou enfrentadas, em vez de vê-las como "problemas".

O etérico, como a vida, está sempre em movimento. Ele vive segundo o ditado: "Tudo o que vai volta." É como uma sopa com tudo dentro. Mas temos de aceitar que às vezes são as cenouras que estão boiando, às vezes são os alhos-porros. Temos de esperar pelas batatas. Se podemos cuidar da cenoura e do alho-porro quando esses bóiam, tudo indica que estaremos em condições de encarar as batatas quando chegar a hora. Elas boiarão logo, logo.

II. Fluxo Etérico

O trabalho de cura consciente no nosso próprio campo energético envolve desenvolver a nossa capacidade de ligar a nossa consciência com o movimento de energia ao redor do nosso corpo. Por exemplo, quando "contatamos" um ponto energético, como o ponto do ombro, nós o fazemos dirigindo a atenção para a região física onde o ponto está localizado e então permitindo que a atenção seja atraída para o movimento de energia que esse ponto cria. Quando fazemos isso, o ponto pode se tornar uma espécie de "portal intrapsíquico", ou seja, podemos entrar em dimensões mais profundas da consciência através dele. Conforme já começamos a ver nos capítulos anteriores, a cura pela energia inclui ajudar essas dimensões a ganhar vida por nós, uma vez que estão relacionadas ao nosso ser mais profundo. Os Exercícios Sensoriais e de Navegação Etérica Básica do Primeiro Laboratório Etérico e os tratamentos subseqüentes no segundo e no terceiro Laboratórios Etéricos nos proporcionaram várias boas oportunidades de sentir o etérico diretamente. Neste capítulo, vamos aumentar a experiência que você obteve com aquelas técnicas.

Esses pontos energéticos não existem isoladamente. São aspectos constantes de um campo contínuo de energia pulsante em movimento. Eles são pontos de referência, por assim dizer, ao longo de um rio vivo de energia que corre ao redor e através do nosso corpo. Pense num rio de verdade que corre para o mar. Com todas as plantas e espécies animais que dependem dele, o rio é uma artéria de vida, seu hábitat e fonte de sustento. A saúde do rio é a sua saúde. Entre os seres humanos não é diferente; além disso, o rio também pode ser um meio de transporte, de comunicação e até mesmo uma fonte de inspiração. Em resumo, um rio é uma parte integrante da ecologia pela qual vai passando.

Nosso trabalho aqui envolve aprender a navegar pelo rio de vida energético que envolve o nosso corpo e isso significa familiarizar-se com a sua natureza e as suas características. Nenhum barqueiro responsável faria uma longa viagem pelo rio Mississippi, por exemplo, sem primeiro consultar mapas e relatos de outras pessoas que fizeram a viagem antes dele. Da mesma forma, você precisa reunir todas as informações que puder sobre o etérico antes de começar a navegá-lo.

Neste capítulo, serão apresentados alguns exercícios simples que ajudarão você a entender como o etérico circula ao redor do seu corpo. É sempre bom aprender as características desse meio etérico uma vez que grande parte do nosso trabalho de cura pela energia ocorre ali. Fizemos um bom começo nos capítulos anteriores, assim, antes de prosseguir, vamos rever o que já sabemos sobre o etérico:

1. O etérico é uma camada de energia que *envolve e penetra nosso corpo* e se estende por cerca de dois a cinco centímetros a partir da superfície da pele.
2. O etérico é uma *ponte vibracional* entre o nosso corpo físico e todas as outras dimensões de movimento de energia e consciência que nos envolvem, incluindo aspectos de nós mesmos que estão fora do tempo e do espaço.
3. O etérico é um *meio de armazenagem* do subconsciente e da memória.
4. O etérico tem *características holográficas,* o que significa que seja onde for que se ligue a ele, você estará se ligando ao sistema como um todo.
5. O etérico é *elástico;* você pode sentir que ele está grudado ao nosso corpo em alguns lugares e que se expande para além da superfície da pele em outros.
6. O etérico *conduz energia e consciência* e fornece o *meio cinestésico para os nossos sentidos.*
7. O etérico *reage à cor, ao som, ao ritmo e aos símbolos.*

Dito isso, quero acrescentar uma nova propriedade do etérico, a saber: que ele tem *padrões de movimento característicos.* A direção dominante ou básica do fluxo do etérico é no sentido ascendente na parte anterior esquerda do corpo, e no sentido descendente na parte posterior esquerda do corpo; no sentido ascendente na parte posterior direita do corpo e no sentido descendente na parte anterior direita do corpo. (É mais fácil olhar a figura!) Isso não significa que não haja movimento na direção oposta, mas, neste caso, estamos falando sobre o fluxo *dominante*. O motivo mais importante para aprender a se mover de acordo com a direção do etérico é que, quando o fazemos, podemos apoiar e às vezes acelerar os processos de cura, ao passo que ir contra o fluxo pode exacerbar os bloqueios ou mesmo criar novos bloqueios.

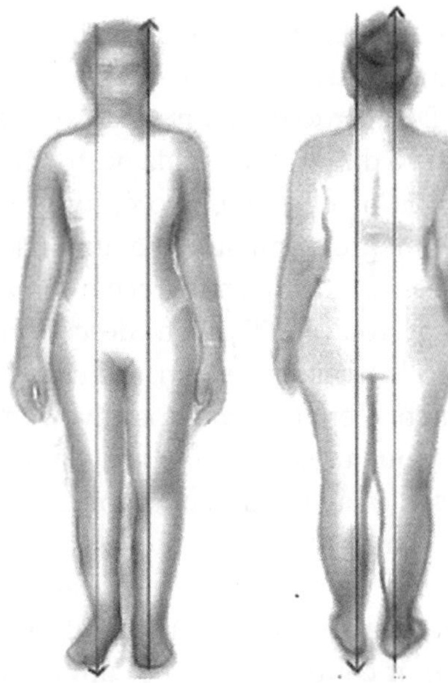

As Direções Dominantes do Fluxo Etérico — Frente e Costas

Quando observamos essa situação no etérico, é fácil ver por que a rotação dos chakras se comporta da mesma maneira que o nível etérico. Os chakras são estruturas etéricas, de modo que rotacionam de acordo com o fluxo etérico naquele nível; ou seja, para cima pelo lado esquerdo e para baixo no direito.

Uma das confusões que surgem quando se comparam diferentes ensinamentos relaciona-se com as maneiras conflitantes pelas quais esse movimento de energia é entendido. A direção da rotação dos chakras é um exemplo disso. No conhecido livro de Rosalyn Bruyere, *Wheels of Light: A Study of the Chakras* (Bon Productions, Arcadia, CA, 1989), a rotação dos chakras é indicada no sentido dos ponteiros do relógio, isto é, na direção oposta da ensinada aqui. Acredito que, no mínimo, dois fatores contribuem para essas discrepâncias. Um tem a ver com o fato de que, quando passamos de uma camada da aura para outra, passamos para a polaridade oposta. Isso significa, entre outras coisas, que uma situação energética mostrada no lado esquerdo da estrutura da aura, por exemplo, pode refletir-se no lado direito do corpo. O outro tem a ver com o ponto de vista: muitos clarividentes relatam que os cha-

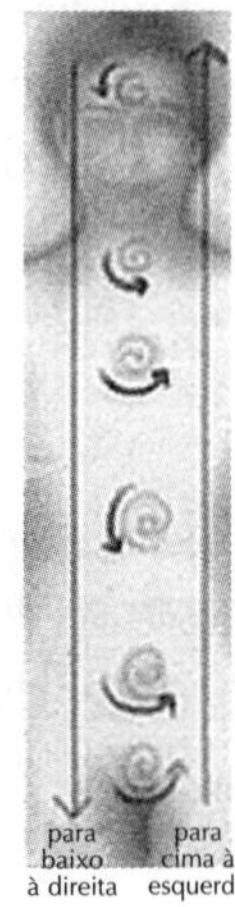

A Rotação dos Chakras segue a direção dominante do movimento etérico próximo ao corpo; quer dizer, do lado direito desce pela frente do corpo e sobe pelas costas, e do lado esquerdo do corpo sobe pelas costas e desce pela frente.

kras aparecem de uma maneira quando vistos num nível de energia e de uma maneira diferente quando vistos em outro.

De acordo com a minha experiência e os meus conhecimentos, tenho usado a direção mostrada neste capítulo. Por experiência própria, ao trabalhar no nível *etérico,* isto é, junto à superfície do corpo, atuamos sobre o movimento dominante da aura naquele nível. Os chakras, sendo estruturas etéricas, também parecem tomar parte — no nível *etérico* — dessa direção de rotação. Também descobrimos que mover-se contra essa direção, tanto internamente, em exercícios pessoais com a energia, quanto externamente, em tratamentos envolvendo o uso das mãos, é comparável a permitir que uma corrente de água passe pela palma da sua mão aberta. "Represar" a água aumenta a pressão; quando é finalmente liberada, a água flui com força maior. Mover-se brevemente contra o fluxo etérico dominante pode ser conveniente para interromper e dissolver um bloqueio de energia, mas, de maneira geral, recomendo mover-se a favor do fluxo. De novo, ir contra o fluxo por um período maior pode resultar na acentuação de um bloqueio ou mesmo na criação de um novo bloqueio.

Esse é apenas um dos muitos exemplos, na terapia energética, da necessidade de seguir em frente e ter a sua própria experiência. Experimente os exercícios da maneira como são apresentados e veja o que sente. A seguir, você vai encontrar três exercícios que enfatizam a direção do fluxo etérico juntamente com algumas oportunidades de refletir sobre a sua própria experiência.

Exercício com o Fluxo Etérico nº 1
Seguindo o Fluxo

Com este exercício simples você vai aprender a dirigir a sua atenção para o rio vagaroso de energia em movimento ao redor do seu corpo. Esta é uma grande oportunidade para obter mais experiência direta com os diversos atributos do etérico e para descobrir onde você tem bloqueios e liberdade no movimento de energia.

Etapas do Exercício:

1. **Comece pelos dedos do seu pé esquerdo:** Para começar este exercício, dirija a sua consciência para a ponta dos dedos do seu pé esquerdo. Esse é, antes de mais nada, um contato *sensorial,* pois essa é a maneira mais fácil de ligar a sua consciência ao etérico. À medida que o contato se intensifica, você pode sentir uma mudança na sensação nos seus dedos do pé. Pode parecer que eles vibram ou mudam de temperatura. Acompanhe todas

as mudanças de sensação que possam se manifestar e deixe que o contato se estabeleça por um minuto mais ou menos antes de sair desta posição.

2. **Suba pelo lado esquerdo do seu corpo:** Agora mova a sua consciência *pela superfície da pele* subindo pela frente da sua perna esquerda e continue subindo pelo lado esquerdo do seu corpo. Você pode imaginar que a sua consciência é uma brisa fresca ou uma mão delicada pairando suavemente acima da parte frontal da sua perna esquerda e continuando a subir pelo lado esquerdo da parte frontal do seu corpo. *Lembre-se de que esse é um movimento lento e constante.* Continue subindo pelo lado esquerdo do seu rosto e da cabeça, passando sobre a orelha esquerda, em seguida descendo pela parte de trás da cabeça e pelas costas, sempre do lado esquerdo, descendo até o pé e terminando na ponta dos dedos.

3. **Repita essa circulação.** Siga vagarosamente, mas sem perder tempo.

4. **Termine nos dedos do pé.**

5. **Passe para o outro lado do corpo:** Desligue a sua consciência do lado esquerdo e agora mova-a para o seu calcanhar direito.

6. **Suba por trás do corpo pelo lado direito:** Desta vez, suba com a brisa fresca ou a mão suave da sua consciência pela parte de trás da perna direita e do resto do corpo. Chegue até a parte de trás à direita da cabeça e passe pela orelha direita, em seguida descendo lentamente pela parte frontal direita do corpo até os dedos do pé, passando pela sola do pé direito até o calcanhar.

7. **Repita essa circulação.** Lembre-se de fazer movimentos lentos e conscientes.

8. **Conclua o exercício.** Ao retornar ao tornozelo direito, demore-se ali por um instante e então desligue-se do exercício.

PERGUNTAS:

1. Seu movimento lento no etérico foi constante e consistente ou houve "tropeços" — lugares onde você emperrou? Em caso afirmativo, onde?
2. Houve posições em que você sentiu que era atraído para dentro ou para fora do seu corpo?
3. O que aconteceu, se é que aconteceu, quando você passou da frente para as costas (ou das costas para a frente) do seu corpo?

PROJETO: Desenhe ou pinte um "mapa" do seu etérico com base no que encontrou durante o exercício. Essa é uma boa maneira de se conscientizar das impressões que colheu no processo de se mover dessa maneira com o etérico. Você pode usar quaisquer materiais que tiver à mão, desde lápis de cor e uma folha de papel de rascunho até pintura a óleo sobre tela, para desenhar o mapa do seu etérico. Se você encontrou bloqueios ou manchas de diferentes sensações de energia, onde eles se situavam e como você os descreveria? Algumas pessoas simplesmente colorem essas regiões com uma cor diferente. Outras descobrem todos os tipos de cores e símbolos imagináveis para representá-los: uma faca preta enterrada nas costas, um cadeado dourado na garganta, ou uma nuvem azul-escura ao redor do ovário esquerdo.

Uma vez que o etérico encontra-se em constante fluxo e mudança, esse processo é como uma fotografia do momento em que você fez o exercício, portanto pode ser interessante tentar de novo dentro de uma semana ou duas, de modo que poderá notar as diferenças.

O que acontece se eu "sair" do exercício?

Não é incomum, ao se deslocar pelo etérico dessa maneira, sentir-se "apagar" por um instante, ou se encontrar de repente mergulhado em pensamentos sobre assuntos estranhos ao exercício. Isso tende a acontecer quando você desloca a sua consciência por regiões do etérico que contêm bloqueios. A sua atenção, lembre-se, é um foco de energia e consciência, e assim ela estimula o etérico, o depósito do seu subconsciente, à medida que passa por ali. Esse estímulo pode despertar lembranças de experiências passadas. Às vezes, quando passamos por regiões do etérico em que estão guardadas lembranças problemáticas, é fácil sentir um "branco" ou mesmo adormecer. Esse estímulo do etérico também pode provocar a liberação da energia que estava aprisionada no corpo ou no campo energético e isso também pode provocar um repentino desligamento da estrutura do exercício. Essas coisas acontecem de tempos em tempos, e quando acontecerem não se preocupe. São efeitos perfeitamente naturais de deslocar a sua atenção lenta e conscientemente pelo etérico. Seu etérico usa esse estímulo energético como uma oportunidade de autotratamento pela liberação do excesso de energia do seu corpo e do campo energético e por trazer à mente o que requer a sua atenção.

Exercício com o Fluxo Etérico nº 2
Exercício dos Dez Pontos: Uma Maneira de se Aprofundar no Etérico

Aqui, novamente, vamos seguir a circulação geral do etérico e a maneira como ele se move na frente do corpo — para cima na parte dianteira esquerda do corpo e para baixo na parte dianteira direita. Dessa vez, vamos usar algumas posições energéticas que aprendemos, assim como a direção dominante do fluxo etérico. Também vamos descobrir que nossos olhos são posições energéticas.

Neste exercício, vamos "ligar os pontos", movendo-nos entre essas balizas sobre o rio de energia que flui ao redor do nosso corpo. Em cada posição indicada no exercício, vamos parar e permitir que o contato se intensifique. Isso vai nos aprofundar cada vez mais no etérico. Preste muita atenção à passagem do lado esquerdo para o direito do corpo, que neste exercício acontece nos olhos. Aqui vamos nós:

Etapas do Exercício

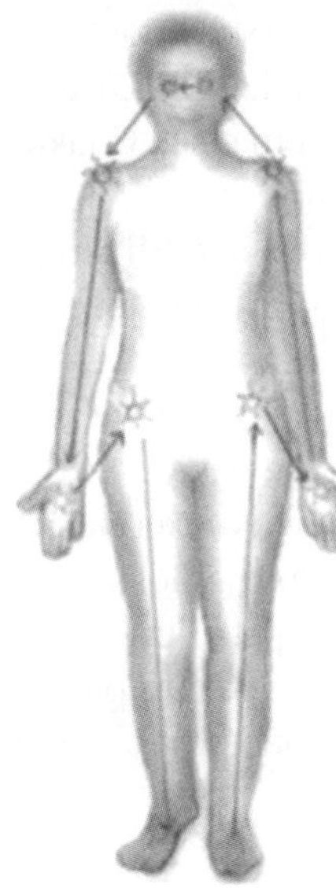

Exercício dos Dez Pontos: Este exercício aprofunda o seu contato com as dez posições energéticas do corpo, e também contribui para o processo aprofundar a sua sensação do etérico.

1. **Chakra do Pé Esquerdo:** Dirija a sua consciência para o seu Chakra do Pé Esquerdo. Esse chakra secundário está localizado no centro da sola do pé. Você faz contato com ele da mesma maneira que faz com qualquer outra posição energética: faça um contato sensorial com a posição na sola do seu pé e permaneça ali por cerca de um minuto mais ou menos para que o contato se intensifique.

2. **Ponto do quadril esquerdo:** Agora eleve devagar a sua consciência pela frente da sua perna, seguindo pela superfície da pele, até chegar ao ponto do quadril esquerdo. De novo, pode ser conveniente imaginar um sopro de ar, ou um toque leve com a mão, passando devagar sobre a superfície da pele. Faça uma pausa no ponto do quadril esquerdo por um minuto, permitindo que o contato se aprofunde.

3. **Chakra da Mão Esquerda:** Depois de ter esperado que o contato se aprofunde, passe "através do ar" para o seu Chakra da Mão Esquerda. Esse chakra secundário está localizado no centro da palma da sua mão. Espere um minuto até que o contato se estabeleça por completo.

4. **Ponto do ombro esquerdo:** Depois de ter estabelecido um bom contato sensorial com essa posição, leve a sua atenção pela superfície da pele, subindo pelo braço até o ponto do ombro esquerdo. De novo, esse contato é como tocar leve e conscientemente a superfície da sua pele com o pincel da sua consciência.

5. **Olho esquerdo:** Depois de ter ativado o ponto do ombro esquerdo por cerca de um minuto de contato sensorial, suba pela superfície da pele do pescoço e a lateral da face até o olho esquerdo. Ali, faça um contato sensorial com todo o seu globo ocular esquerdo. Mantenha esse contato por cerca de um minuto.

6. **Olho direito:** Agora passe para o olho direito e faça seu contato sensorial com todo o globo ocular direito. Permaneça nesse contato por cerca de um minuto.

7. **Ponto do ombro direito:** Agora desça com a sua consciência pelo lado direito da face e pelo pescoço até o ponto do ombro direito. Lembre-se de não "pular", mas, sim, deslizar pela superfície da pele. Mantenha o contato sensorial com o ponto do ombro direito por cerca de um minuto.

8. **Chakra da Mão Direita:** Agora desça pelo seu braço e faça um contato sensorial com o seu Chakra da Mão Direita. Permaneça aí por um minuto mais ou menos.

9. **Ponto do quadril direito:** Desloque-se "através do ar" dessa vez, até o ponto do quadril direito. Permaneça nesse contato sensorial por cerca de um minuto.

10. **Chakra do Pé Direito:** Agora desça com a sua consciência pela superfície da pele na parte anterior da perna até o Chakra do Pé Direito.

11. **Conclua o exercício:** Depois de ter demorado um minuto no contato sensorial com a posição anterior, então simplesmente libere a sua concentração de qualquer posição do corpo ou do seu etérico. Espere mais um minuto mais ou menos para retornar ao seu estado mental normal. Essa será uma boa ocasião para fazer algumas anotações sobre suas sensações durante o exercício.

Eis algumas perguntas para ajudar você a refletir sobre o que sentiu:

1. Em quais posições teve mais facilidade de fazer contato?
2. Em quais posições teve mais dificuldade de fazer contato?
3. Quais diferenças, se é que houve alguma, você sentiu entre os movimentos ascendentes e descendentes?
4. O que aconteceu, se é que aconteceu, quando você passou do lado esquerdo para o direito do corpo na posição dos olhos?

Exercício com o Fluxo Etérico nº 3
Amarração

Você consegue equilibrar a sua força vital
e abraçar o Uno
sem distanciamento?

— *Tao Te Ching,*
Lao-tsé

Eis aqui outra maneira de "ligar os pontos" e deslocar a sua consciência por seu campo energético. Desta vez você vai fazê-lo de maneira a permitir que os lados direito e esquerdo do seu corpo etérico interajam mais intensamente. O objetivo deste exercício é equilibrar as energias que passam por você e conduzi-lo a um estado de calma e meditação profunda.

Procure sentar-se de maneira confortável, com o corpo ereto. Este exercício demora cerca de 25 minutos para ser executado.

Etapas do Exercício:

Primeira Parte: Passando de um lado para o outro

1. **Chakra do Pé Esquerdo:** A exemplo do exercício anterior, você começa este exercício dirigindo sua consciência para o seu Chakra do Pé Esquerdo e mantendo por um minuto mais ou menos um contato sensorial com essa posição.
2. **Joelho direito:** Depois de fazer um bom contato com o seu Chakra do Pé Esquerdo, leve a sua consciência para o joelho direito. Faça o seu contato sensorial com toda a superfície do joelho. Demore um minuto para que o contato se estabeleça.

OBSERVAÇÃO: Neste exercício, você vai notar que nem sempre estará movendo a sua consciência pela superfície da pele como fez na maioria das etapas dos dois exercícios anteriores. Ainda que algumas dessas mudanças entre as posições nos lados direito e esquerdo do corpo pareçam "saltos", tente fazer essas transições de maneira lenta e consciente. Tente sentir o que há no espaço entre as posições enquanto se desloca entre elas.

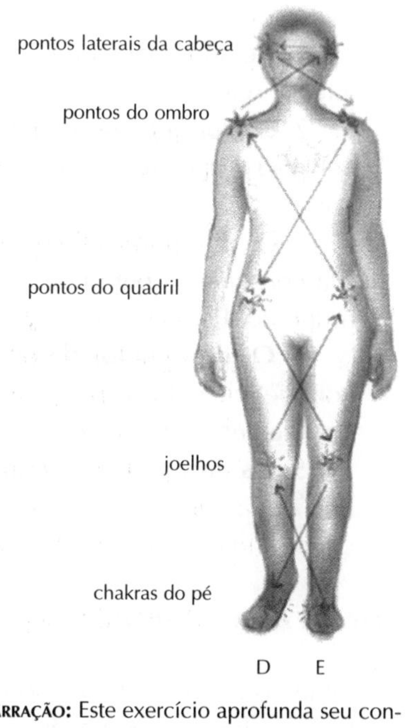

Amarração: Este exercício aprofunda seu contato com o etérico e permite que os lados direito e esquerdo do seu corpo etérico interajam mais intensamente no nível energético.

3. **Ponto do quadril esquerdo:** Agora desloque a sua consciência através do seu corpo para o ponto do quadril esquerdo, e espere que o contato se estabeleça por cerca de um minuto.
4. **Ponto do ombro direito:** Em seguida, mova a sua consciência através do seu tronco até o ponto do ombro direito. Espere que o contato se estabeleça por cerca de um minuto.
5. **Ponto lateral esquerdo da cabeça:** Agora mova a sua consciência "através" da cabeça para

essa posição localizada em seu crânio, dois dedos acima da extremidade superior da orelha esquerda e espere cerca de um minuto para que o contato se estabeleça.

6. **Ponto lateral direito da cabeça:** Em seguida leve a sua consciência "através" do centro da sua cabeça até chegar ao ponto lateral direito da cabeça. Espere que o contato sensorial se estabeleça dentro de um minuto.

7. **Ponto do ombro esquerdo:** De novo, mova a sua consciência através da cabeça e faça um contato sensorial com seu ponto do ombro esquerdo. Um minuto.

8. **Ponto do quadril direito:** Agora atravesse seu corpo com a sua consciência e faça contato com o ponto do quadril direito. Um minuto.

9. **Joelho esquerdo:** Depois de ter feito contato com o ponto do quadril direito, mova a sua consciência para o joelho esquerdo. Lembre-se de que o contato é com toda a superfície do joelho. Um minuto.

10. **Chakra do Pé Direito:** Termine a primeira parte do exercício movendo a sua consciência para o seu Chakra do Pé Direito e permanecendo nesse contato sensorial por um minuto.

Segunda Parte: Os dois lados ao mesmo tempo

1. **Os dois Chakras do Pé ao mesmo tempo:** Agora estabeleça um contato sensorial com os seus dois Chakras do Pé, o Direito e o Esquerdo, ao mesmo tempo. Mantenha o contato por cerca de um minuto e espere que se intensifique.

2. **Os dois joelhos ao mesmo tempo:** Agora suba com a sua consciência pelo seu corpo até para ambos os joelhos. Permaneça neste contato por um minuto.

3. **Os dois pontos do quadril ao mesmo tempo:** Em seguida, suba com a sua consciência pelo corpo até ambos os pontos do quadril, o direito e o esquerdo. Permaneça nesse contato por um minuto.

4. **Os dois pontos do ombro ao mesmo tempo:** Agora suba com a sua consciência pelo corpo até ambos os pontos do ombro, o direito e o esquerdo. Mantenha o contato por um minuto.

5. **Os dois pontos laterais da cabeça ao mesmo tempo:** Por fim, desloque a sua consciência corpo acima para ambos os pontos laterais da cabeça, o direito e o esquerdo. Mantenha o contato por um minuto.

Terceira Parte: Meditação (dez minutos)

Libere o contato com os pontos laterais da cabeça e leve a sua consciência para o seu Chakra do Coração. Esse centro de energia está localizado no centro do peito. Depois de ter feito um contato sensorial com o seu Chakra do Coração, numa meditação de cerca de dez minutos, permita que aflorem impressões na sua consciência livremente. Não tente censurar nem julgar o que aparecer. Não tente fazer nada acontecer, nem tente impedir que aconteça alguma coisa. Depois de dez minutos, volte ao seu estado normal, sentindo o corpo e a mente. Se quiser, estique os dedos dos pés e respire fundo algumas vezes ou se espreguice no fim da meditação.

De novo, esse é um bom momento para tomar notas sobre o que sentiu durante o exercício.

Os Exercícios com o Fluxo Etérico NUM RELANCE

Exercício com o Fluxo Etérico nº 1
Seguindo o Fluxo

Etapas do Exercício:

1. **Comece pelos dedos do seu pé esquerdo**
2. **Suba pelo lado esquerdo do corpo**
3. **Repita essa circulação**
4. **Termine nos dedos do pé**
5. **Passe para o outro lado do corpo**
6. **Suba por trás do corpo pelo lado direito**
7. **Repita essa circulação**
8. **Conclua o exercício**

Exercício com o Fluxo Etérico nº 2
Exercício dos Dez Pontos: Uma Maneira de Se Aprofundar no Etérico

Etapas do Exercício

1. **Chakra do Pé Esquerdo**
2. **Ponto do quadril esquerdo**
3. **Chakra da Mão Esquerda**
4. **Ponto do ombro esquerdo**
5. **Olho esquerdo**
6. **Olho direito**

7. Ponto do ombro direito
8. Chakra da Mão Direita
9. Ponto do quadril direito
10. Chakra do Pé Direito
11. Conclua o exercício

Exercício com o Fluxo Etérico nº 3
Amarração

Etapas do Exercício:

Primeira Parte: Passando de um lado para o outro

1. Chakra do Pé Esquerdo
2. Joelho direito
3. Ponto do quadril esquerdo
4. Ponto do ombro direito
5. Ponto lateral esquerdo da cabeça
6. Ponto lateral direito da cabeça
7. Ponto do ombro esquerdo
8. Ponto do quadril direito
9. Joelho esquerdo
10. Chakra do Pé Direito

Segunda Parte: Os dois lados ao mesmo tempo

1. Os dois Chakras do Pé ao mesmo tempo
2. Os dois joelhos ao mesmo tempo
3. Os dois pontos do quadril ao mesmo tempo
4. Os dois pontos do ombro ao mesmo tempo
5. Os dois pontos laterais da cabeça ao mesmo tempo

Terceira Parte: Meditação (dez minutos)

QUINTO LABORATÓRIO ETÉRICO:
Como Trabalhar com o Sistema de Chakras

I. O Papel da Espiritualidade na Cura pela Energia

Se vinte pessoas se sentassem em uma sala para meditar e lhes dessem a seguinte instrução: "Unam sua consciência à mais elevada fonte de vida e de energia que conhecem", é bem provável que cada pessoa na sala formulasse sua "fonte" de maneira diferente. Enquanto uma pessoa pode ligar-se com a Luz, outras podem ligar-se com Deus, Cristo, Buda, o Universo, o Grande Espírito, a Fonte da Vida e do Amor, ou a Unidade de Todos os Seres. É provável que haja tantas crenças e nomes para essa fonte de vida quanto pessoas na sala.

O fato é que quando elevamos o coração e a mente ao que acreditamos ser universal ou divino, também nos ligamos a algo sagrado dentro de nós mesmos, mesmo que isso não combine com as crenças dos outros. Quando fazemos esse contato, colocamos em questão o melhor de nós mesmos. Essa característica de sacralidade, seja qual for o nome que se dê a ela, é indispensável na cura pela energia.

As técnicas de energia sutil revelam sua natureza mais profunda quando reconhecemos que são práticas espirituais, e as tratamos como tal. Embora pode ser que nunca usemos a palavra "espiritual" para classificar o que estamos fazendo, o fato é que as posições energéticas, como os chakras, são portais interdimensionais para nossa consciência. A ligação de nossa consciência com esses portais nos leva para fora de nosso mundo comum, individual, para o contato com forças muito maiores e mais universais do que nós. Como resultado, uma linguagem que reflete o sagrado ajuda a estabelecer o cenário para trabalhar com os chakras. Não só os chakras representam aspectos de nossa saúde e crescimento no mundo exterior, como também os diversos caminhos interiores que constituem o caminho espiritual universal em que todos nos encontramos. Desse ponto de vista, deixe-me apresentar algumas perspectivas sobre os sete chakras básicos.

Preces para um Peregrino que Trabalha com a Energia[2]

Pode ser conveniente pensar no corpo como um templo com muitas portas. Cada porta é um portal para o mistério da vida. O corpo é vivo por causa do espírito que o habita. A consciência de cada parte leva à consciência do todo. A consciência do todo leva à nossa consciência do mistério maior.

Cada entrada do templo guarda seu próprio mistério. Às vezes, não conheço uma prece ou invocação para abrir a porta, e ainda assim sou admitido no templo de qualquer maneira. Só posso imaginar que um determinado estado mental e de coração é a base de todas as preces, a chave-mestra para abrir todas as portas.

Como ser consciente, você entra no templo todo por meio de cada uma das portas. Como agente de cura você pode querer entrar pelas suas mãos, uma vez que elas são a extensão, por assim dizer, do seu coração. Eu gosto de começar as sessões de cura com uma prece interior mais ou menos assim:

> ***Prece:***
> Deus, enquanto meu coração é tocado pelo teu espírito onipresente, permite que estas mãos sejam abençoadas ao se estenderem para tocar o mundo. Permite que estas mãos se abram. Assim como minha garganta se esforça para expressar o que me inunda o coração, permite que minhas mãos sejam instrumentos do teu amor.

Pode-se entrar no templo do corpo pelos chakras. Ao lado de uma breve perspectiva sobre as chaves e os temas de cada chakra, apresento uma prece que você como terapeuta energético pode querer usar antes de entrar. Sinta-se à vontade, é claro, para criar suas próprias preces ou invocações.

---

2. Esta seção foi escrita enquanto eu me encontrava em retiro em Shantivanam, próximo a Easton, Kansas, portanto talvez eu possa ser perdoado pelo fato de o título desta seção ter uma semelhança mais do que óbvia com o título do livro *Prayers for a Planetary Pilgrim*, Easton, KS, Forest of Peace Books, 1989, de Fr. Ed Hayes, ex-diretor espiritual de Shantivanam.

Chakra do Sacro

Prece:
Criador, guia-me ao terreno original do meu ser. Ajuda-me a descobrir minha essência por trás de motivos, meu ser além de propósitos, meu significado antes de teres pensado em mim.

Temas do Chakra do Sacro: O Chakra do Sacro é onde obtemos acesso à nossa "posição de raiz". Biologicamente, nossa existência num corpo, nossa ligação com a Terra e nossos instintos de sobrevivência e viabilidade passam por esse ponto. Em termos de desenvolvimento de nossa criação de uma plataforma para a nossa vida espiritual, o Chakra do Sacro reflete a fundação na vida diária, nos aspectos como nosso sentido do local geográfico em que vivemos, lar, existência, estabilidade e sentido de direção neste mundo, assim como nossa relação com a "gravidade", tanto literalmente, no sentido da maneira como nosso planeta nos encoraja a nos situarmos, como em nosso sentido de encontrar nosso próprio "centro de gravidade" dentro de nós mesmos.

O Chakra do Sacro reflete o modo como nos posicionamos em relação a estar vivos e num corpo físico. O Chakra do Sacro facilita nossa troca energética com o planeta em que vivemos. Isso envolve virtualmente todos os aspectos de nossa vida.

Cada chakra tem seu próprio ritmo. O Chakra do Sacro tem um ritmo relativamente lento quando comparado com o ritmo dos chakras superiores. As pessoas cuja consciência situa-se na maior parte em sua cabeça e na vida mental — seja analítica ou intuitiva — geralmente têm dificuldade de entrar em contato com seu corpo e o Chakra do Sacro. Uma das razões para isso é que seu ritmo e suas seqüências de tempo deste chakra são relativamente lentos. Acrescente-se a isso um preconceito mantido por algumas pessoas de que a vida "terrena" é "inferior" à vida da mente e do espírito, e é possível que a consciência do Chakra do Sacro possa recuar ao ponto em que suas funções sejam completamente inconscientes. Como resultado, o que podemos chamar de "emissões do Chakra do Sacro" são geralmente abaixo do limite da consciência.

O Chakra do Sacro é, assim como o Chakra da Garganta, crucial para a expressão pessoal. Parece que estar vinculado à vida e à expressão — especialmente de nossos atributos espirituais — estão intimamente ligados. Uma grande quantidade de depressão retorna ao que poderia ser chamado de "situação raiz" da pessoa. Para manifestações concretas disso, apenas precisamos observar as doenças espirituais e psicológicas que surgem quando as pessoas perdem sua casa e suas condições de vida. O finado Viktor

Frankl foi o pioneiro no desenvolvimento da logoterapia (literalmente, uma terapia orientada para o restabelecimento do sentido na vida das pessoas) a partir de suas experiências entre os sobreviventes de campos de concentração da Segunda Guerra Mundial, pessoas cuja situação básica — não só de casa e condições de vida, mas também família, nacionalidade e identidade — havia sido brutalizada e destroçada das piores maneiras imagináveis.

A cura desses problemas significa obter uma ligação consciente com a importância do que é mundano, da vida diária, da vida do corpo e — o que é extremamente importante para a cura e o desenvolvimento — a expressão pessoal. O Chakra do Sacro está relacionado a muitos aspectos da vida, variando de nossa capacidade de sobreviver fisicamente e ao ponto de sentirmo-nos autorizados a estar aqui, a nossa situação de vida física e emocional e fontes de segurança e nosso senso de autoconfiança. Os problemas de identidade básica são problemas do Chakra do Sacro. Antes que questões como "Quem sou eu?" possam ser formuladas adequadamente, a pessoa tem de já estar convencida de que existe. Muitas pessoas passam anos sem ter certeza absoluta de que realmente existem. Elas podem lhe dizer que passaram por períodos de sua vida em que se sentiam invisíveis, incorpóreas. Não é tão estranho como pode parecer.

Polaridades do Chakra do Sacro: Nos níveis emocional e psicológico, o Chakra do Sacro reflete temas que se organizam em torno de polaridades como *sucesso/fracasso, superioridade /inferioridade, importância/insignificância.* Numa extremidade do espectro, a sobrevivência pode ser considerada como "sucesso biológico". Na outra extremidade, se essa polaridade for levada a um contexto mais profundo, mais espiritual, pode se relacionar mais com a questão de significado e realização em nossa vida, o aspecto mais profundo do sucesso.

Chakra Hara

Prece:
Espírito do Deus Vivo, inflama a minha paixão para produzir criações vivas, concebidas na escuridão da noite, que possam acolher a luz do dia.

Temas do Chakra Hara: Pense numa tigela, um vaso que contém coisas, se não vazar. Uma tigela de sopa, uma cuia de esmolas, um caldeirão de alquimista, todos essas variedades são úteis porque podem conter alguma coisa ou algum processo. Por intermédio do Chakra Hara temos acesso a processos de criação que se abrigam na tigela de nosso abdome. O Chakra Hara tem o conhecimento sobre a criação e a sexualidade, seja na procriação de um filho, seja na recriação de nós mesmos e no nosso relacionamento com um ente querido. Ele sabe sobre como "engravidamos" com criações de todas as espécies, sabe sobre seduzir a semente da inspiração e sobre proteger as criações embrionárias que ainda são incapazes de sobreviver por conta própria.

O Chakra Hara faz parte, juntamente com o Chakra Pineal (falaremos sobre ele em seguida), da circulação de *controle;* ele se relaciona ao controle emocional, especialmente o controle da raiva. Se o Chakra Hara se encontrar em boas condições, o controle poderá ser natural e fácil ou, se estiver em más condições, o "controle" será um ato de vontade e manipulação de nós mesmos e provavelmente dos outros também.

Polaridades do Chakra Hara: Emocional e psicologicamente, o Chakra Hara vai e vem, oscilando entre estar *"no controle"* e *"fora do controle"*. Como resultado, as polaridades podem ser expressas como *"iradas"* e *"calmas"*.

CHAKRA DO PLEXO SOLAR

Prece:
Ensina-me a enfrentar o que eu temo e depois a me abrir de amor.

Temas do Chakra do Plexo Solar: Um chakra saudável, como uma flor, é capaz de se abrir e fechar. Os problemas ocorrem quando o chakra "emperra" e não pode se abrir, ou não pode se fechar. O Plexo Solar parece sintetizar essa situação por causa dos tipos de bloqueios que pode produzir. Esses bloqueios são tipicamente o resultado do *medo,* o qual — se sair de controle — é o grande podador de todos os tipos de processos de desenvolvimento interior, o grande inibidor da expressão de nossas qualidades.

Não há exagero em se enfatizar a importância do Chakra do Plexo Solar na cura. O Plexo Solar enfermo pode impedir a conjunção de Céu e Terra dentro de nós. Muitas vezes uma pessoa pode ter uma vida interior abundante, mas por causa dos medos passa por momentos terríveis para trazer essa abundância para a terra e *aproveitá-la.* Os medos inibem a passagem da orientação para a ação, e isso sempre aparece no Chakra do Plexo Solar. No exemplo extremo de um ataque de pânico, por causa do bloqueio (isto é, medo) no Plexo Solar, ficamos completamente "embolados" no centro do corpo. Chegamos ao ponto de ser eliminados tanto do Céu quanto da Terra, por assim dizer. Isso é mesmo que dizer que somos eliminados da orientação disponível proveniente das dimensões superiores da consciência. Ao mesmo tempo, "perdemos terreno" e nos tornamos incapazes de ter contato estável com a terra, o que normalmente nos ajudaria a atrair aquela orientação para nós.

O Plexo Solar é o primeiro chakra de transmutação, o movimento de energia de um estado para outro. Conforme era de se esperar, o elemento alquímico ativo aqui é o fogo.

O Plexo Solar, assim como o Chakra da Coroa, é a parte da circulação de *equilíbrio*. Nesse sentido, o Plexo Solar é o chakra em que os desequilíbrios de todo tipo podem ser detectados — desequilíbrios de yin e yang, e de nossas estruturas interiores. As perturbações podem se manifestar, por exemplo, como problemas digestivos, insônia, disfunções sexuais, desequilíbrios nos níveis de pH; ou seja, níveis ácido/alcalinos.

Polaridades do Chakra do Plexo Solar: A polaridade que se reflete aqui é *amor e medo*. Isso pode parecer estranho à primeira vista, se estivermos acostumados a associar amor com o coração. Mas essa polaridade do Plexo Solar se refere, em grande parte, à maneira como nos abrimos e nos fechamos para a vida. Jesus falou sobre essa polaridade quando se referiu ao "amor perfeito, que afasta todos os medos". Muitos sistemas psicoespirituais, especialmente *Um Curso em Milagres* e algumas filosofias budistas, dizem que há apenas duas emoções, "amor" e "medo". Todas as outras emoções são simplesmente extensões dessas.

SINAL DE TRÂNSITO

Na dúvida sobre qual deve ser o próximo passo, escolha o que lhe causa mais medo.

— ANITA BIRNBERGER

Muitas pessoas que se tornam envolvidas com o trabalho com a energia e desenvolvimento pessoal gostariam de encontrar um meio de andar na ponta dos pés ao redor do Chakra do Plexo Solar, uma vez que ele costuma se apresentar com nós que passamos um bom tempo tentando desfazer, e buracos negros que querem nos sugar. Independentemente do que denominemos nossa jornada espiritual, há sempre pontos de parada para verificação ao longo do caminho. O Chakra do Plexo Solar — assim como todos os outros papéis que representa — pode nos confrontar com o aterrorizante Morador do Umbral, que nos mata de medo. Mas ele também nos faz o favor necessário de nos forçar a reunir nossas forças — especialmente nossa coragem. Então, o Morador do Umbral torna-se nosso guia.

CHAKRA DO CORAÇÃO

Prece:
Agridoce a saudade de uma gota de água pelo oceano. Alegria e tristeza. Limiar do meu corpo, limiar da minha alma.

Temas do Chakra do Coração: Quando examinamos de perto as cores da luz que passa através de um prisma, vemos que a cor central é o verde, a cor do Chakra do Coração. O Chakra do Coração ocupa essa posição mediana entre os chakras básicos. Olhando ainda mais de perto para o espectro das cores no prisma, vemos que o verde, como outras cores, tem gradações, sete ao todo: três tendendo para o branco, três para o preto, com um verde "puro" equilibrado no meio. Da mesma maneira, o Chakra do Coração é um ponto de equilíbrio entre os chakras superiores e inferiores. Ele parece também ter a capacidade de abarcar a vida em todas as formas de conhecimento que esses chakras representam.

De novo, não é minha intenção reinventar o chakra revendo tudo o que foi escrito sobre o Chakra do Coração e seu papel na espiritualidade. Ainda assim, há algumas questões básicas do Chakra do Coração relacionadas diretamente ao desenvolvimento do agente de cura, ou quem quer que se proponha a tarefa de desenvolver suas capacidades espirituais conscientemente.

O mais importante é que o Chakra do Coração permite que um atributo espiritual se torne um atributo espiritual *expresso*. Seus atributos espirituais não evoluem sem o sentimento mais profundo que chamamos o atributo de compaixão. Quando o Chakra do Coração se abre em compaixão pelo outro — seja esse "outro" uma pessoa, a natureza, o planeta ou você mesmo — então é possível que a energia dos seus atributos espirituais circule através de você.

Polaridades do Chakra do Coração: Há uma estrutura dupla, emocional e psicológica, refletida no Chakra do Coração; ela é *alegria e tristeza*. Embora falemos sobre polaridades sempre que a verdadeira natureza do Chakra do Coração está em questão, há, contudo, também uma sugestão de algo além do que podemos alcançar, algo que não está nas polaridades. Por exemplo, os "Mistérios do Júbilo e da Dor" do Rosário são uma referência a essa característica do Chakra do Coração.

O Chakra do Coração abriga sinais estranhos e diversos e os induz a uma convivência harmoniosa. Com sua capacidade de abarcar o paradoxo, o Coração interliga os opostos e os ajuda a se unirem para a cura. O Coração pode ir a lugares que a mente racional não consegue ir. Não é à toa que falamos de encontrar o "caminho do coração" quando nos referimos a encontrar nosso verdadeiro chamado. Aplicar nosso coração em algo significa que temos um sentimento profundo pelo que estamos fazendo. O desenvolvimento de nossos dons espirituais nos coloca nesse caminho.

Chakra da Garganta

Prece:
Deus, permite que eu aprenda a prosseguir mudo e silencioso, usando o mínimo de palavras, e em todas as minhas atividades imprime o profundo mistério que imprimes em meu coração.

Temas do Chakra da Garganta: O Chakra da Garganta tem a ver com a *expressão* em todos os seus variados aspectos. No capítulo sobre os atributos do etérico, examinamos o dano resultante de quando não se permite a manifestação da expressão, ou quando essa expressão é incoerente com nossa realidade profunda. Tudo isso parece acontecer por intermédio do Chakra da Garganta e a cura desse centro tem uma relação direta com a expressão de nossos verdadeiros pontos fortes e qualidades.

A localização do Chakra da Garganta nos diz muito sobre a sua natureza e o seu funcionamento. Ele está situado como um farol numa intersecção importante, regulando o fluxo do trânsito na ponte entre a cabeça e o corpo. E essa é justamente a direção norte-sul do trânsito. O cruzamento dessa intersecção se desloca para os ombros e para os braços e as mãos. Não confinado à geometria plana, esse trânsito de vida e energia se desloca para fora do corpo e para os mundos interiores da consciência também. Localizado na intersecção em si, é claro, encontra-se o nosso aparelho vocal, esse órgão maravilhosamente versátil que pode evocar, invocar e revogar, expressar e impressionar, além de reprimir.

Minha esposa e eu estávamos fazendo uma tranqüila caminhada ao findar do dia pela região arborizada que circunda a área residencial de Göppingen, na Alemanha. Ela estava me contando sobre a importância de se saber usar o Chakra da Garganta em situações terapêuticas pelo uso da voz para liberar as emoções. Ela também dizia que é uma boa proteção, se você estiver ameaçado, usar a sua voz. Para demonstrar, ela deu um grito de gelar o sangue nas veias. Imediatamente, as luzes das varandas das casas próximas se acenderam, cachorros começaram a latir e os maridos saíram para ver o que tinha acontecido, ainda vestindo seus casacos. Com lanternas nas mãos, eles varreram os espaços entre as árvores, vasculhando a vizinhança em busca de sinais de algum homicídio cometido naquele momento. Sentamo-nos num banco, mordendo a língua e sentindo-nos terrivelmente embaraçados. Escrupulosamente honestos, tudo o que poderíamos dizer, quando perguntados, seria: “Sim, também ouvimos...” Por mais estranho que tenha sido o incidente, ele serviu para demonstrar a força de ao menos um tipo de expressão desse chakra.

Junto com o Chakra do Sacro, o Chakra da Garganta está na circulação de *expressão*. Ele é o mais forte chakra da expressão porque está relacionado ao som. Uma vez que grande parte da comunicação se processa pelo som, o Chakra da Garganta também desempenha um papel central nos relacionamentos. O fluxo da força vital e das informações de um plano para outro dentro de nós é regulado por esse porteiro interdimensional, o painel de controle das comunicações de todos os tipos que ocorrem em nosso interior, desde a distribuição dos hormônios até a intuição (ou "discernimento interior"). Bob Moore, um professor de terapia energética que mora na Dinamarca, chama esse centro de "ponto de encontro entre outras dimensões [superiores] e o que erigimos como aspirações, e como tal é um ponto de canalização da intuição".

Polaridades do Chakra da Garganta: Não surpreende que as estruturas paralelas, psicológicas e emocionais, que se encontram no Chakra da Garganta, nos dizem muito sobre *expressão e repressão, conter e liberar.* Esses temas interpenetram todos os aspectos da cura e do crescimento. Em última análise, a cura nos leva além de *nossa capacidade de expressar características espirituais.* É claro que trabalhar com o Chakra da Garganta e suas polaridades também nos ensina muito sobre o que nos impede de fazê-lo.

Chakra Pineal

> ***Prece:***
> Deus da Criação, fala-me na linguagem da luz. Abre meus olhos nesta casa repleta de tuas incontáveis cores e formas. Seduze minha imaginação com os contornos informes de teu corpo e orienta meus pensamentos, meus sentimentos e meu corpo com a tua Luz.

Temas do Chakra Pineal: O sistema de chakras pode ser ligado às cores que brilham através de um prisma: assim como a luz de uma única fonte de luz é decomposta nas sete cores primárias quando passa através de um prisma, a força vital é dividida em sete chakras quando passa através de um corpo vivo. Se há um único chakra que mais exemplifica essa analogia, é o Chakra Pineal, que *intermedeia nossa experiência de luz em todos os níveis.*

Se invertêssemos o processo prismático e seguíssemos os raios de cores no sentido inverso, para dentro do prisma, chegaríamos a um ponto em que elas convergem para formar a luz pura. Precisamente paralelo a isso, a iluminação espiritual, em que o corpo físico se torna infundido pela luz espiritual, acelerando grandemente o processo de crescimento espiritual, é a experiência direta consciente da essência numinosa por trás de toda a criação. Uma marca registrada da iluminação é nossa percepção de que os zilhões de formas na criação estão unificados nesta essência, mencionada no Gênese quando Deus disse: "Faça-se a luz" (Gen 1:3). Essa é uma experiência possível; em última análise, toda cura e crescimento da consciência apontam na direção da luz.

O Chakra Pineal está relacionado ao nosso potencial para a clareza, e portanto também para o nosso potencial para a falta da mesma. É claro que o Chakra Pineal não atua no vácuo; assim como todas as outras partes de nosso sistema energético sutil, ele é um instrumento numa sinfonia. Seu parceiro entre os chakras inferiores é o Chakra Hara; juntos eles constituem o que pode ser chamado de *circulação de controle.* Os tipos de problemas que temos quando um ou o outro desses chakras encontra-se num estado que requer cuidados são bons exemplos do que isso significa. O Chakra Hara, com sua natureza altamente emocional, por exemplo, é o foco maravilhoso do calor e da paixão de nossa vida criativa, mas sem o "fator controle" oferecido pela ressonância com o Chakra Pineal, podemos nos tornar tão monopolizados por nossas emoções que não sobra espaço para mais nada. Na outra extremidade do espectro, as revelações ou orientações — sem mencionar a vivência da luz — disponíveis no Chakra Pineal não servem para nada, essencialmente, a não ser que possam ser *fundamentadas*. Além do mais, é a ressonância do Chakra Pineal com o corpo inferior saudável e habitado que torna isso possível. Caso contrário, ficamos dilatados, ou dissociados.

Polaridades do Chakra Pineal: Emocionalmente e psicologicamente, o Chakra Pineal é onde processamos as polaridades de *luz e escuridão, leve e pesado.* O fenômeno do Distúrbio Afetivo Sazonal (DAS) é testemunho dos efeitos depressivos de privação de luz em determinadas pessoas. Paradoxalmente, o momento de menor luz ambiente no solstício de inverno é considerado por muitos como o ponto alto do ano espiritual, um momento em que a sensação da luz nos planos ocultos parece ser mais possível a mais pessoas do que em outras ocasiões. A celebração do nascimento de Cristo, o Hanukkah, o Festival de Luzes, a antiga celebração romana da Saturnália, e o Dia da Iluminação de Buda, todos coincidem, aproximadamente, com o solstício de inverno.

> *"Lucina": a antiga deusa romana do nascimento, às vezes associada a Juno ou Diana.*
> [Lat. *lucinus*, relativo à luz.]
>
> — American Heritage Dictionary

LUCINA

Que ritual é este?
O solstício cai
sobre o ponto
de maior escuridão,
o dia mais curto,
a noite mais longa,
o nadir do ano. Após o que,
tudo só se eleva.

É o ponto em que, aos astrônomos antigos,
o sol parecia "parar",
esperando,
por três dias e três noites,
como Jesus no túmulo,
em seu ponto mais baixo.
A morte da luz
neste mundo. Treva tão densa
que poderia norteá-lo
às apalpadelas pelo caminho,
pelos vale das sombras.
Nenhuma luz a seus pés nem mão
para guiá-lo.
Nada a fazer a não ser descer
os degraus trevosos, entrar
no obscurecimento
e sentir o que os cegos sentem.

O tempo desaparece. A morte senta-se
na mesma sala escura comigo
por trás de um verniz quebradiço.
Ouse respirar e a vida retorna
às entranhas,
o coração bate para indicar
que Eu não vejo,
mas ainda assim estou aqui.
Minha consciência toma espaço,
desloca o universo,
tem substância que não se perde
simplesmente porque esqueci de minha existência.

As poucos meus olhos,
ávidos do fótons,
recolhem o fósforo
de alguma vida oculta, projetando imagens
na tela negra. Mas eles também escurecem,
obnubilando-se, oprimidos por se saberem
centelha fugaz. Eles continuam a correr.
Talvez imaginando
o que há além,
quando estiverem acabados.

Segue-se o negror.
Dessa vez intenso. Absorvente,
envolvente e profundo. Um mergulho no ébano,
na escuridão luminosa.
Relaxo e nascem novos sentidos.
Inclino-me para diante.
— JG

Chakra da Coroa

Prece:
Deus do Universo, abre esta coroa e entra neste templo. Concilia-te à Mãe Terra neste coração.

Temas do Chakra da Coroa: À medida que subimos pelo sistema de chakras, mudamos de orientação diversas vezes no que chamamos de "desenvolvimento" uma vez que ele se aplica à cura e ao desdobramento de características espirituais. O desenvolvimento em um chakra certamente significa uma coisa e algo diferente em outro. O desenvolvimento no Chakra do Sacro, entre outras coisas, significa organizar uma identidade pessoal viável, fundamentada, num intercâmbio vital com a Terra e a vida real. No Chakra Hara, o desenvolvimento implica cultivar o controle sem repressão emocional no sentido de produzir um espaço para as criações que produzimos. O desenvolvimento do Chakra do Plexo Solar significa uma capacidade cada vez maior de enfrentar os medos e permitir que esses se tornem passagens transformadoras em novas aberturas para a vida. O desenvolvimento do Chakra do Coração envolve uma capacidade maior de uma relação de compaixão com os outros, o que favorece a circulação da energia de nossos atributos espirituais. À medida que o Chakra da Garganta se desenvolve, descobrimos uma coerência cada vez maior entre nossos mundos interior e exterior, enquanto nossas palavras e ações tornam-se mais sintonizadas com a evolução de nossas crenças. À medida que o Chakra Pineal se desenvolve, aumenta nossa capacidade de entrar em contato com a luz, de receber orientação espiritual e de obter revelações.

Esses seis chakras inferiores podem ser considerados como chakras "de desenvolvimento" porque passam por estágios de cura e desdobramento enquanto crescemos e nos tornamos mais conscientes. As oscilações de suas respectivas polaridades, ou estruturas paralelas, caracterizam seu histórico. Mas e quanto ao Chakra da Coroa? Ele não é um chakra de desenvolvimento no mesmo sentido que os outros. Em vez disso, ele reflete a combinação das atividades dos outros chakras principais e forma uma ponte para a espiritualidade, um ponto de intercâmbio entre nossa consciência como indivíduo e o universo. Ele depende da atividade dos chakras abaixo de si. Isso é típico da inteligência que se manifesta na maneira como os chakras se relacionam entre si: os chakras superiores, com sua capacidade para atrair as energias inexauríveis em grande quantidade no universo — o Chakra da Coroa em particular — esperam pacientemente até que os chakras inferiores estejam preparados para receber e conter tais energias.

O Chakra da Coroa, juntamente com o Chakra do Plexo Solar, faz parte da circulação de *equilíbrio*. Mas enquanto o Plexo Solar reflete o equilíbrio, e a falta deste, entre as miríades de elementos fisiológicos, emocionais e psicológicos que atuam dentro de nós, o Chakra da Coroa representa o potencial que desperta quando esse equilíbrio é bloqueado. Assim como um pássaro branco pairando no alto de uma pirâmide perfeita, o Chakra da Coroa não pertence a nenhum dos lados: o Chakra da Coroa não se envolve de maneira nenhuma na batalha das polaridades.

II. A Cura dos Chakras: Usando Elementos que Falam a Língua do Etérico

Cura versus Manter Contato versus Energizar

Embora raramente estejamos acostumados com a idéia quando começamos nosso estudo da cura pela energia, nossa consciência, nossas intenções e nossa capacidade de compaixão e sentimento são os nossos instrumentos de cura principais. Tudo o que fazemos com agentes de cura começa com isso; a cura pela energia tem a ver com aprender a cultivar essas capacidades e aplicá-las em nosso trabalho, tanto aquele feito em nós mesmos quanto nos outros.

No trabalho de cura energético, muito freqüentemente "sentir" e "tratar" se confundem. A suposição aqui é de que a consciência e a atenção, de si mesmas, desencadeiam um processo que leva à abertura, ao equilíbrio, à comunicação dentro da pessoa como um todo e à cura. Mesmo quando está meramente "fazendo contato", ou localizando um chakra, você está iniciando um processo de cura.

Você energiza um chakra simplesmente pensando nele. Lembre-se de que isso significa um contato *sensorial.* Pense numa criança rejeitada que de repente começa a receber algum tipo de atenção e carinho. Essa criança floresce e viceja. Todos sabemos que não são realmente nossos dons e a confiança que produzem essa mudança; é o fato de que a criança está recebendo atenção de uma pessoa que se preocupa com ela. Pois o mesmo se passa com a cura nos chakras. Podemos expressá-lo como uma equação simples: ATENÇÃO E CARINHO = ENERGIA + CONSCIÊNCIA + SENTIMENTO = POTENCIAL DE CURA.

A meta desta seção do livro é apresentar práticas que promovem a cura dos chakras ao fazer coisas às quais o etérico, e portanto os chakras, gostam de reagir. Entre essas coisas incluem-se consciência, sons, cores, símbolos, expressão, controle e equilíbrio. A idéia nesses exercícios é criar uma estrutura experimental em que esses elementos possam ser usados como instrumentos de cura.

A primeira parte desta seção trata, em um nível, de como encontrar os chakras no seu corpo etérico e produzir um contato consciente com eles. Esse tipo simples de prática consciente convida-o a se inteirar dos chakras como formas de energia específicas. Mas se realizar o exercício fazendo um contato *sensorial* com os chakras, você verá que se trata mais do que obter uma compreensão intelectual de onde estão localizados os chakras.

A segunda parte deste exercício aproveita esse conhecimento como uma técnica de cura, porque conjuga uma região de fraqueza relativa com uma região de força relativa. Na cura pela energia, nós sempre atuamos sobre a *comunicação* entre as diferentes regiões do sistema energético. Quando você direciona sua consciência entre uma região no sistema energético que é forte e uma que é fraca, ou ajuda seu parceiro de tratamento a fazê-lo, você vitaliza a região mais fraca e cria mais comunicação energética ao longo de todo o sistema. Essa é uma parte importante do trabalho de cura.

A Localização dos Chakras

Com esse pano de fundo, vamos passar agora para algumas técnicas que põem você em contato direto com as energias dos chakras. De todas as diversas posições energéticas no corpo etérico, os sete chakras primários são provavelmente os mais bem conhecidos. Esses sete, o Chakra do Sacro, o Hara, o do Plexo Solar, o do Coração, o da Garganta, o Pineal e o da Coroa desempenham um papel importante no modo como processamos a energia. Isso significa que eles figuram na saúde e na vitalidade de nosso corpo físico, são ativos em nossa vida emocional e mental e são essenciais para o desenvolvimento de nossa consciência.

Uma vez que os chakras estão situados no etérico, sua abordagem ao contatá-los conscientemente é exatamente a mesma que para qualquer outra posição energética. É claro que os chakras têm uma sensibilidade diferente dos pontos energéticos, como o ponto dos quadris, e cada um dos chakras tem sua própria sensibilidade distintiva uma vez que você realmente entra em seu movimento energético com sua consciência.

Exercício com os Chakras nº 1
Exercício Básico com os Chakras

O objetivo deste exercício é ajudar você a contatar conscientemente os seus chakras no seu corpo etérico. Lembre-se de que mesmo esse pequeno gesto de tornar-se consciente dos seus chakras ao ligar sua consciência com o movimento energético deles contribui para a cura porque o chakra responde à sua atenção abrindo-se e tentando entrar num maior equilíbrio e comunicação energética com o resto do seu sistema.

Isso também vai fazer com que você sinta o sistema de chakras que será o seu ponto de partida, além de lhe dar uma indicação clara de quais chakras você pode contatar com maior facilidade e quais tem mais dificuldade de sentir. Pode ser que você ache que há alguns chakras que você gosta de visitar com sua consciência, e outros que são exatamente o oposto. Uma vez que cada chakra está relacionado a temas e problemas de saúde, desenvolvimento e consciência, isso pode lhe indicar os setores de sua vida que podem estar requerendo atenção. Cada um desses centros de energia vital é importante, e todos eles merecem atenção e cuidados.

Ligar sua consciência com os diversos chakras é muito parecido com sintonizar uma estação de rádio, depois mudar o *dial* para sintonizar outra. Ao sintonizar uma estação de rádio, você sabe se conseguiu fazê-lo na freqüência correta porque o sinal se torna límpido e claro. À medida que você pratica com o sistema de chakras, vai descobrindo que acontece algo muito parecido com

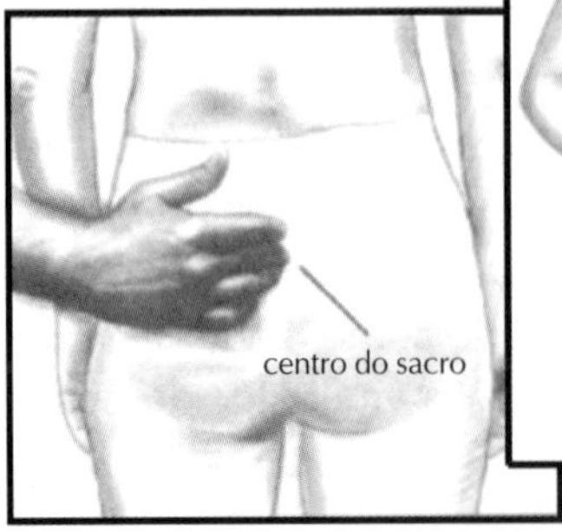

Chakra do Sacro: Uma boa maneira de iniciar o contato com o Chakra do Sacro é dirigir sua consciência para o centro da região do osso sacro.

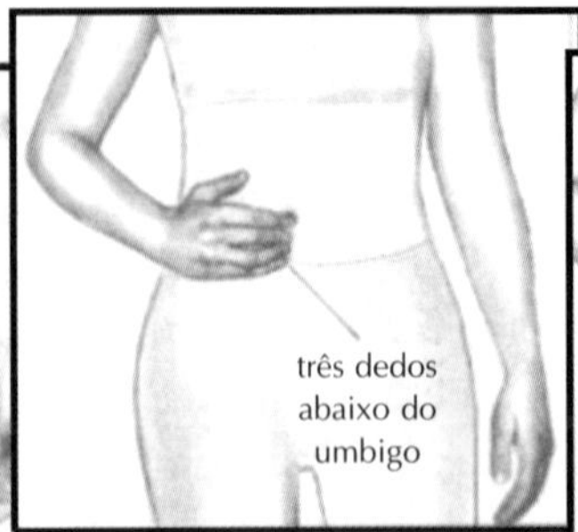

Chakra Hara: Localize o Chakra Hara três dedos abaixo do umbigo.

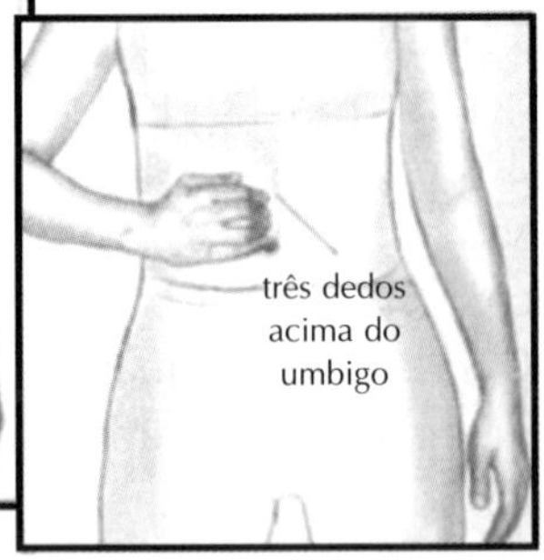

Chakra do Plexo Solar: Localize o Chakra do Plexo Solar três dedos acima do umbigo. Lembre-se, esse não é o plexo solar físico, que fica mais alto no corpo.

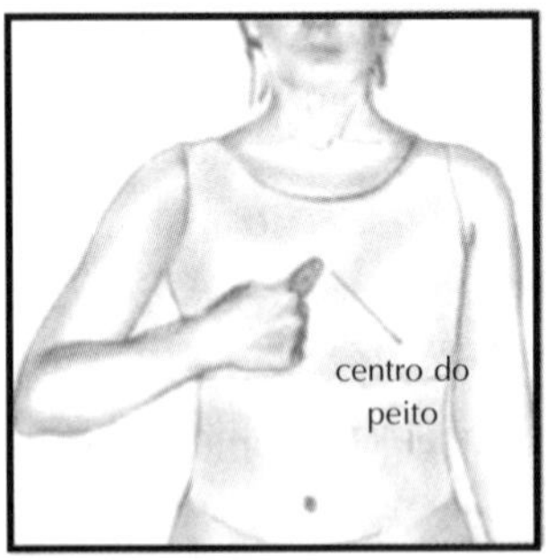

Chakra do Coração: O Chakra do Coração localiza-se no centro do peito.

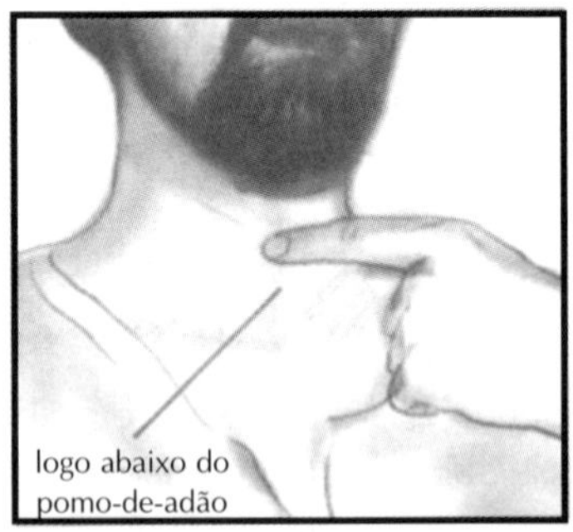

Chakra da Garganta: Localize o Chakra da Garganta na frente de sua garganta, logo abaixo do pomo-de-adão.

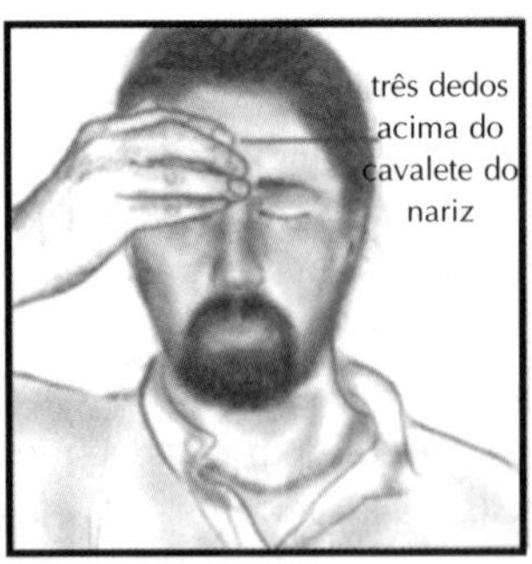

Chakra Pineal: Inicie seu contato com o Chakra Pineal três dedos acima do cavalete do nariz, no meio da testa.

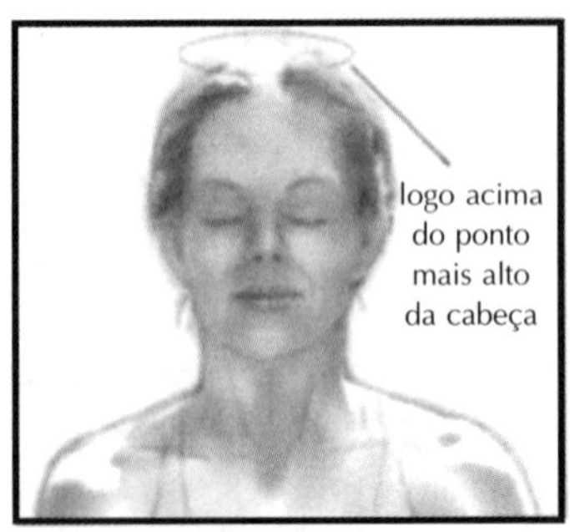

Chakra da Coroa: O Chakra da Coroa pode ser contatado logo acima do ponto mais alto da cabeça.

Localizando os Chakras: Cada chakra tem uma posição central. Ao ligar sua consciência ao chakra, essa posição central é o melhor lugar para começar. É ali que o chakra atrai a energia para o corpo.

isso. No início, pode ser difícil sentir que está obtendo um contato claro, mas com a prática você começa a ter momentos de contato inequívoco.

Parte 1: Subindo e Descendo
(15 minutos = cerca de 1 minuto em cada posição)

Nesta primeira parte, a idéia é localizar o chakra com os seus sentidos e gastar um minuto mais ou menos para que o contato se intensifique antes de passar para o seguinte. Mesmo que você não "sinta" os chakras de maneira clara e distinta em cada posição, não se preocupe. Confie que a presença de sua atenção na vizinhança do chakra irá causar alguma ativação. A prática e a ativação constantes acabarão produzindo uma "abertura" do chakra num nível que seus sentidos poderão captar. Assim como acontece com tudo na vida, a paciência é uma boa virtude a ser cultivada na terapia energética.

Eis aqui um exercício aparentemente simples que compreende ligar sua consciência com os chakras um de cada vez, de baixo para cima e depois voltando no sentido inverso. Minha sugestão é que você leia todas as etapas antes de começar. Você vai encontrar informações sobre como localizar os chakras assim como algumas dicas sobre como fazê-lo. Ao executar o exercício, faça uma pausa em cada chakra para estabelecer o contato. A maneira de fazer isso é a seguinte:

Etapas do Exercício:

Sentido Ascendente:

1. **Chakra do Sacro:** O Chakra do Sacro encontra-se no centro do seu osso sacro (na parte posterior da bacia). Dirija sua atenção para essa posição e sinta essa região do seu corpo. Tente apenas fazer com que sua atenção "permaneça" ao redor dessa posição sem se fixar ou concentrar sua atenção. Isso lhe permite ter a atenção voltada para a circulação de energia no chakra. Espere um minuto para que o contato se realize por completo.
2. **Chakra Hara:** Depois do Chakra do Sacro, mude sua atenção pelo corpo até encontrar a posição do Chakra Hara, localizado três dedos abaixo do umbigo. Para localizá-lo, coloque o dedo indicador sobre o umbigo e em seguida posicione os outros dedos abaixo dele. Onde a ponta do dedo mínimo tocar seu abdome é seu ponto de partida. Agora tire os dedos e procure fazer contato com essa posição. De novo, não fixe sua atenção sobre esse ponto; deixe sua consciência "frouxa" de modo a que a circulação de energia atraia sua atenção. Gaste cerca de um minuto nesse contato.
3. **Chakra do Plexo Solar:** Agora viaje pelo seu corpo pela superfície da pele até um ponto três dedos acima do umbigo. Aqui, você pode pôr a ponta do dedo mínimo no umbigo e depois colocar os outros dedos acima dele. Onde a ponta do dedo indicador tocar o seu abdome você pode co-

meçar a sentir a energia do Chakra do Plexo Solar. Afaste os dedos e com um contato sensorial nessa região espere ser atraído para a atividade do chakra. Um minuto.

4. **Chakra do Coração:** De novo, desloque a atenção pela superfície da pele até chegar ao Chakra do Coração no centro do peito. A superfície da pele é sempre um bom local para começar o contato com o chakra porque é nela que os corpos etérico e físico se encontram. Gaste um minuto aqui no Chakra do Coração e espere que o contato se complete.

5. **Chakra da Garganta:** Do Chakra do Coração, passe pela superfície da pele para o ponto logo abaixo do seu pomo-de-adão (será que nas mulheres ele é chamado de "pomo-de-eva"?). Essa é a região onde é mais fácil para sua consciência entrar em contato com a atividade do Chakra da Garganta. Mantenha o contato sensorial nessa posição por cerca de um minuto.

6. **Chakra Pineal:** Do Chakra da Garganta, desloque sua consciência, sempre sobre a superfície da pele, passando pelo seu rosto até chegar à testa. Energeticamente, essa posição é às vezes chamada de "posição de extensão pineal" porque é um bom lugar para entrar em contato com o movimento do Chakra Pineal. Seu contato sensorial com o Chakra Pineal pode às vezes lhe dar a forte sensação de estar sendo atraído tanto para dentro da sua cabeça quanto para fora do corpo. De qualquer maneira, isso faz parte do movimento típico deste chakra. Tente manter o contato por cerca de um minuto.

7. **Chakra da Coroa:** Do Chakra Pineal, suba então para o Chakra da Coroa. Para fazê-lo, desloque sua consciência sobre a superfície da pele para o ponto mais elevado da sua cabeça, passando para a posição ligeiramente acima da superfície da pele. Isso significa "pairar" com sua consciência ligeiramente acima do topo da cabeça.

Demore-se uns dois minutos nesse contato, permitindo que ele se intensifique.

Sentido Descendente

Agora acabamos de percorrer todos os chakras em sentido ascendente, demorando um pouquinho sobre cada um deles. Independente de você ter experimentado alguma sensação especial ou não, cada um dos seus chakras está ao menos um pouco mais animado com isso. Além do mais, a ativação de cada um dos chakras inferiores transferiu-se para o imediatamente subseqüente à medida que você foi se deslocando. Por exemplo, quando se deslocou para o Chakra do Coração, a nova ativação que você criou nos Chakras da Raiz, Hara e do Plexo Solar fazia parte daquilo que você "levou consigo".

Agora vamos inverter o processo e ver o que acontece quando nos deslocamos dos chakras superiores para os inferiores, todos já ativados. O que faz disso não só uma maneira de ganhar experiência com os chakras, mas também um autotratamento, é que estamos permitindo que os chakras superiores e inferiores interajam e combinem as suas atividades. Os chakras inferiores fornecem seu dom de fundamentação para as vibrações de cura que os chakras superiores atraem, assim todo mundo sai ganhando.

1. **Chakra Pineal:** Agora desloque-se do seu Chakra da Coroa para o "ponto de extensão pineal" sobre a sua testa e restabeleça seu contato sensorial com o Chakra Pineal. Espere que o contato se complete em cerca de um minuto.

2. **Chakra da Garganta:** Agora desça mais um pouco para o Chakra da Garganta, logo abaixo do pomo-de-adão. Depois de chegar a essa posição vindo da posição anterior, a sensação pode ser muito diferente da primeira vez. Mantenha este contato sensorial por um minuto.

3. **Chakra do Coração:** Em seguida passe para o Chakra do Coração, no meio do peito. Espere pelo contato por um minuto.

4. **Chakra do Plexo Solar:** Do Chakra do Coração, passe para esta posição, três dedos acima do umbigo, e faça o contato sensorial. Um minuto.

5. **Chakra Hara:** Do plexo solar, desloque sua consciência pela superfície da pele para a posição de contato com o Chakra Hara, três dedos abaixo do umbigo. Um minuto.

6. **Chakra do Sacro:** Agora você retorna de onde começou o exercício, movendo sua consciência pelo corpo até a posição de contato com o Chakra do Sacro, no centro do osso sacro. Deixe que o contato se estabeleça por cerca de um minuto e em seguida, bem devagar, desfaça o contato com o chakra.

Abra os olhos devagar, sente-se por um momento e retorne ao seu estado normal de consciência.

Agora é um bom momento para fazer algumas anotações sobre suas sensações em relação ao seu sistema de chakras. Geralmente, essa é uma boa maneira de esclarecer o que acabou de acontecer interiormente com você. Eis aqui algumas perguntas a se fazer e tomar nota das respostas:

1. Com quais chakras você teve mais facilidade de contato; ou seja, com quais teve contato imediato?

2. Quais foram os mais difíceis de contatar; quais os que produziram um leve contato ou nenhum contato?

3. O contato com determinados chakras produziu sensações físicas, imagens ou reações emocionais?

4. O contato com determinados chakras fez com que saísse do corpo?

5. Você se sentiu atraído para dentro do corpo em alguns dos contatos com os chakras?

6. Que diferenças você sentiu entre o movimento ascendente e o movimento descendente?

Parte 2: Exercício de Cura dos Chakras

Agora vamos dar um passo adiante em relação ao aspecto de cura deste exercício com os chakras, facilitando um pouco a comunicação com seu sistema de chakras. Se você é como a maioria das pessoas, provavelmente houve um chakra ou dois que você teve mais facilidade de sentir, ao passo que os outros pareceram distantes ou difíceis de encontrar, ficando os restantes entre esses extremos. A questão dessa próxima parte do exercício é estabelecer algum tipo de interação entre um chakra em que você já conseguiu um contato mais forte e um chakra em que o contato foi fraco. Fazendo isso, os dois chakras vão "embarcar"; ou seja, eles vão entrar num alinhamento e numa ressonância mais fortes entre si, com o resultado de que o chakra mais forte irá ajudar o mais fraco a se tornar mais vital. Veja como você pode proceder a respeito:

Etapas do Exercício:

1. **Escolha dois chakras:** Depois de ter feito contato com cada chakra na Parte 1 deste exercício, escolha o chakra com que você teve mais *facilidade* de entrar em contato na primeira parte do exercício e um cujo contato foi o mais *difícil.*
2. **Chakra forte:** Ligue sua consciência primeiro com o chakra cujo contato foi mais fácil. Faça isso exatamente da maneira como procedeu na Parte 1. Deixe que o contato com o chakra se estabeleça por completo. Mantenha esse contato por um minuto inteiro.
3. **Chakra fraco:** Em seguida, dirija sua atenção para o outro, o chakra mais fraco. Pode ser que você sinta que está "carregando" a sensação de contato que manteve com o chakra mais forte para o chakra mais fraco. Permaneça neste chakra por todo um minuto e permita que o contato se intensifique.
4. **Volte para o chakra forte:** Agora volte para o chakra mais forte e espere que o contato aumente e se aprofunde. Esse contato pode parecer diferente dessa vez. Permaneça um minuto no contato com esse chakra.
5. **Volte para o chakra fraco:** Retorne para o chakra mais fraco, permitindo que o contato se mantenha por um minuto.
6. **Vá e volte:** Desloque sua consciência lentamente para um chakra e depois para o outro, indo e voltando, diversas vezes. Em cada chakra, faça uma pausa de um minuto para que o contato se aprofunde.
7. **Meditação breve:** Depois de ir e voltar para esses chakras no mínimo três vezes, sente-se em silêncio com ambos os chakras na consciência e permita que lhe ocorra no pensamento o que quer que seja. Permaneça de cinco a dez minutos nesta parte.
8. **Fim do exercício:** Quando tiver terminado, volte vagarosamente para seu estado normal de consciência e abra os olhos. Faça algumas anotações sobre o que sentiu.

Algumas perguntas que você pode responder:

1. O que aconteceu enquanto esse dois chakras interagiam dessa maneira?
2. Você percebeu mudanças quanto à sensibilidade dos chakras?
3. Você percebeu, enquanto ia de um chakra ao outro, se o contato com o chakra mais fraco ficou mais fácil? Ele se "ofereceu"?
4. O chakra mais forte mudou de alguma forma? Por exemplo, seu contato com ele se aprofundou?
5. O que aconteceu dentro de você durante a breve meditação que acompanhou a combinação dos chakras?

Até aqui, você localizou os chakras no seu corpo etérico e os energizou. Ao notar as diferenças entre os chakras, você escolheu um chakra com que queria fazer um trabalho de cura. Você o fez melhorando a comunicação entre esse chakra "necessitado" e um chakra que já estava forte. Esse processo provavelmente já produziu alguma mudança, mas vamos levar adiante o processo expondo aquele mesmo chakra a elementos de consciência que produzem mudanças positivas no etérico. Eis aqui uma maneira de introduzir, um por um, alguns dos elementos de cura aos quais seus chakras vão reagir:

Exercício com os Chakras nº 2: *Exercício de Cura Variável — Trabalhando com os Chakras Isolados*

Na cura pessoal dos seus chakras, muitas vezes você será alertado para um chakra que precise de sua atenção. Por exemplo, no exercício anterior, pode ser que você tenha descoberto que um dos chakras estava especialmente difícil de sentir, ou foi alertado para ele porque estava de alguma forma diferente dos outros. Mais indiretamente, você pode estar ciente dos temas e problemas em sua vida que requeiram cuidado. Com o conhecimento de que esses temas também se relacionam com aspectos dos seus chakras, você tem meios de produzir a cura para esse aspecto de sua vida atuando sobre o chakra ou chakras a eles relacionados. Por exemplo, se você descobrir que relacionamentos importantes estão sendo prejudicados por causa da falta de comunicação, seria importante atuar sobre o Chakra da Garganta, porque esse centro de energia se relaciona a temas de som e expressão. Também seria adequado atuar sobre o "parceiro de circulação" do Chakra da Garganta, que é o Chakra do Sacro. Vamos tratar do assunto interessante dos pares de chakras, e das circulações de energia entre eles, na próxima seção sobre trabalho com os chakras inferiores.

Para ir além de uma mera compreensão intelectual dos problemas de comunicação que podem ter surgido na sua vida e nos seus relacionamentos, você precisa atuar nos bastidores, digamos assim, no nível energético. É isso que o trabalho com os chakras pretende fazer. É nesse nível que a cura e a mudança podem entrar em cena, algo que apenas a compreensão sozinha não pode proporcionar.

Para dar início ao processo de mudança energética num chakra, e também gradualmente nos temas vitais que esse chakra representa, precisamos introduzir os elementos a que esse chakra irá reagir, de acordo com a sua natureza. O quadro da "Dona Chakra" apresenta os elementos associados à cura e ao desenvolvimento de cada chakra.

O conjunto de exercícios e meditações a seguir foi criado como uma maneira estruturada, ainda que flexível, de atuarmos sobre nós mesmos visando a cada chakra em sua própria linguagem, digamos assim. A linguagem dos chakras é um "dialeto" da linguagem do etérico, usando os componentes básicos de som, cor, símbolo e palavra. Além desses elementos, cada chakra básico, com a exceção do da Coroa, também tem uma estrutura paralela fundamental, ou polaridade, que dá dicas importantes para os temas emocional e psicológico que são acessíveis quando trabalhamos com um determinado chakra. Esse foram discutidos na seção anterior. Aqui é apresentado um esquema sistemático para usar cor, som e símbolo para examinar e tratar dos chakras:

Etapas do Exercício:

1. **Contato com os chakras:** Escolha um chakra com o qual você queira trabalhar. Pode ser um que você sinta que precise de ajuda, ou um que você simplesmente deseja analisar em maior profundidade. Dirija sua consciência para o chakra e aprofunde o contato com esse chakra. Se, por exemplo, você escolher o Chakra da Garganta, deve fazer o contato sensorial com o chakra da mesma maneira que fez contato com ele nos outros exercícios. Dirija sua consciência para a região abaixo do seu pomo-de-adão e mantenha-a ali, com uma atenção folgada e flexível. Dessa vez, dê ao chakra uns dois minutos para reagir à presença de sua atenção e deixe que o contato se aprofunde.

2. **Introduza elementos que influenciam o chakra:** Agora que o chakra está ativado por sua consciência, é hora de introduzir um ou mais elementos que influenciam esse chakra. Esses elementos são introduzidos um de cada vez.

Escolha um ou mais elementos dentre os seguintes:

A. **Cor:** Visualize a cor que corresponde ao chakra e então leve essa cor ao chakra. No caso do Chakra da Garganta, a cor que você deve escolher é o azul-claro. Simplesmente visualize a cor azul-claro e introduza-a no chakra. Você pode criar a imagem de uma bandagem azul-claro na sua mente e imagine essa bandagem ser colocada sobre o Chakra da Garganta. Depois que a cor estiver aplicada, deixe que ela mude à vontade. Não tente forçar a cor a permanecer constante. Faça essa ligação por uns dois minutos.

COR	SOM	ELEMENTO	SENTIDO	POLARIDADES EMOCIONAIS	CHAKRA	LOCALIZAÇÃO
Violeta					Coroa	acima do ponto mais alto da cabeça
Índigo	"U"			Leveza Peso	Pineal	3 dedos acima do cavalete do nariz
Azul	"O"	Éter	Audição	Liberação Repressão	Garganta	acima do pomo-de-adão
Verde	"I"	Ar	Toque	Alegria Tristeza	Coração	centro do peito
Amarelo	"AI"	Fogo	Visão	Amor Medo	Plexo Solar	3 dedos acima do umbigo
Laranja	"Aah"	Água	Paladar	Calma Raiva	Hara	3 dedos abaixo do umbigo
Vermelho	"AAH"	Terra	Olfato	Sucesso Fracasso	Sacro	centro do osso sacro

SÍMBOLO

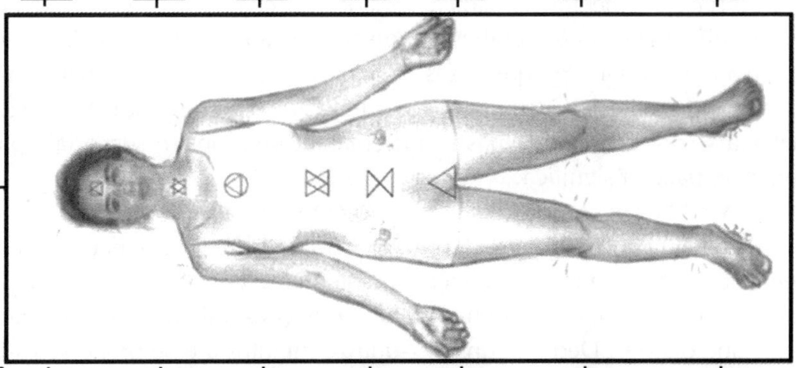

"Dona Chakra"

GUIA VISUAL

Quadro da "Dona Chakra" com os Elementos de Cura dos Chakras: O etérico, e portanto os chakras, reagem a esses elementos.

B. **Som:** Pronuncie o som da vogal que corresponde ao chakra. Você pode, é claro, entoar o som com sua voz interior, mas a melhor maneira é pronunciar a vogal em voz alta. Não precisa ser alto, mas quando a pronunciar, deixe-a ressoar por seu corpo. O som vocálico para o Chakra da Garganta é um "o" longo: "Oooooohhhhh..." Pronuncie este som de maneira vibrante por uns dois minutos. Sinta o efeito que ele exerce sobre você.

C. **Símbolo:** Visualize o símbolo correspondente do chakra e leve esse símbolo para o chakra. Para o Chakra da Garganta, escolha seu símbolo do quadro da Dona Chakra. Dê mais ou menos um minuto para que o chakra responda ao símbolo depois que você o introduzir no chakra.

3. **Introduza uma das polaridades do chakra:** Depois de ter ativado o chakra pela introdução de um ou mais dos elementos acima no chakra, está na hora de introduzir a polaridade emocional do chakra. Escolha uma palavra do par de aspectos opostos associados ao chakra. Em nosso exemplo, isso significa que você escolheria entre "repressão" e "expressão", ou entre "prender" e "soltar", porque essas palavras expressam as polaridades associadas ao Chakra da Garganta. Não se trata aqui de simplesmente repetir a palavra vezes sem conta, mas sim de manter um contato sensorial com o que essa palavra significa.

4. **Meditação:** Depois de ter entrado em contato com o sentimento por trás da palavra que escolheu, deixe a palavra de lado e permaneça com esse sentimento. Numa breve meditação, mantenha-se concentrado no que quer que lhe ocorra; deixe os sentimentos e as emoções fluírem. Não tente analisar o que ocorrer. Dedique uns dez-quinze minutos a esse processo.

5. **Conclusão:** Para finalizar essa meditação e o exercício, sinta vagarosamente seu corpo e sua respiração, podendo mexer os dedos das mãos e dos pés, e então, sempre devagar, abra os olhos. Como em qualquer exercício com energia, espere um pouco para recuperar seus sentidos. Depois de um instante, pode levantar-se e dançar ou andar, de modo que suas energias voltem ao fluxo normal.

Exercício com os Chakras nº 3:
Três Polaridades (15 minutos)

Estamos constantemente atraindo energia do universo e do planeta em que vivemos. Dizendo de outro modo, vivemos em constante tensão entre as polaridades que nos afetam, e uma delas é a tensão que existe entre Céu e Terra. Essas duas forças encontram-se dentro de nós e se expressam por nosso intermédio. Eis aqui três dessas polaridades que nos afetam como resultado dessa tensão:

- O Chakra do Sacro estabelece a polaridade entre nós e a Terra, uma vez que é o nosso principal órgão energético de aterragem.
- O Chakra da Coroa estabelece a polaridade entre nós e o universo.
- O Chakra do Coração estabelece a polaridade entre nós e as outras pessoas. Ele é o centro pelo qual desenvolvemos empatia e compaixão, que abre caminho para as qualidades espirituais que expressamos neste mundo.

Três Polaridades: O equilíbrio consiste de uma combinação de atividades entre as três polaridades representadas pelos Chakras do Sacro, do Coração e da Coroa. Neste exercício, você estabelece uma ligação entre eles.

O equilíbrio consiste de uma combinação de atividades entre as três polaridades. É esse equilíbrio que nos permite atrair, guardar e expressar a consciência superior. A finalidade deste exercício é criar uma forma que estimule uma combinação consciente dessas três polaridades, colocando-as em contato entre si e com uma posição no campo energético chamado de Ponto da Individualidade, que se relaciona aos atributos espirituais que desenvolvemos.

Etapas do Exercício:

1. **Chakra do Sacro:** Este é o mesmo contato que usamos nos exercícios anteriores com os chakras envolvendo o Chakra do Sacro. Faça essa ligação dirigindo sua consciência para o centro do seu osso sacro. Deixe o contato se intensificar por uns dois minutos.

2. **Chakra do Coração:** Agora desloque sua consciência através do corpo para o Chakra do Coração, no centro do peito. Deixe o contato se estabelecer por uns dois minutos.

3. **Chakra da Coroa:** Do Chakra do Coração, passe através do corpo para o Chakra da Coroa, logo acima do topo de sua cabeça. Demore-se uns dois minutos ali para o contato se aprofundar.

4. **Ponto da Individualidade:** Quando sentir que manteve um bom contato com o Chakra da Coroa, mova sua consciência vagarosamente para acima da cabeça. Tente manter um contato sensorial com uma região que você pode sentir a cerca do comprimento de um braço acima da coroa de sua cabeça. Este ponto é chamado de Ponto da Individualidade, ou o Ponto Transpessoal. Para a maioria das pessoas, encontrar essa posição requer um pouco de prática, mas é como encontrar qualquer outra posição energética:

quando você atinge sua proximidade, a atividade vai atrair sua atenção. Uma vez que isso significa mover a sua consciência bem para fora do seu corpo, vá devagar, para não ficar desorientado. Permaneça neste contato por uns dois minutos.

5. **Chakra da Coroa:** Do Ponto da Individualidade, retorne devagar para o Chakra da Coroa. Dois minutos.

6. **Chakra do Coração:** Agora desça devagar pelo seu corpo para encontrar o Chakra do Coração. Dois minutos.

7. **Chakra do Sacro:** Continue descendo pelo seu corpo até chegar ao Chakra do Sacro. Permaneça neste contato por dois minutos.

8. **Fim do Exercício:** Para finalizar o exercício, libere devagar sua consciência do Chakra do Sacro e retorne à sua consciência corporal normal. Tome nota de suas sensações.

III. Glória aos de Baixo: Reocupando os Chakras Inferiores

Num dos seus *workshops,* Sam Keen contou uma historinha sobre Martin Luther, que sofria de constipação crônica. Aparentemente, algumas de suas obras mais importantes foram feitas enquanto ele estava sentado na privada, esperando pelo evento abençoado. De acordo com Keen, uma vez Luther estava terrivelmente constipado e, a despeito de todos os seus intensos esforços para se aliviar, sofria muito. Ao mesmo tempo, estava envolvido com questões fundamentais sobre a redenção. Depois de muito esforço, ocorreu-lhe um átimo de percepção de que "não é por suas obras que o homem se redime, mas pela fé e pela Graça de Deus".

Naquele instante, os esforços de ambas as suas extremidades se conjugaram e seus intestinos se esvaziaram. Glória aos de Baixo!

Em Cima como Embaixo

A história de Martin Luther foi narrada para demonstrar a correspondência entre as nossas partes "de cima" e "de baixo". Embora grande parte da cultura espiritual ocidental tradicional tenda a mantê-las à parte, preferindo glorificar o esforço para "obter o céu" e depreciar a vida terrena, o paradigma emergente de espiritualidade e cura trata da integração entre céu e terra. Cada estudante da espiritualidade e da cura pode se beneficiar de uma dose do pensamento refletido na antiga máxima alquímica, "em cima como embaixo". É um reconhecimento de que os mesmos padrões impregnam todos os elementos da criação, não importa em que escala ou grau de sutileza. Alguns dos corolários de "em cima como embaixo" são:

- "tanto com como sem";
- "tanto no não-manifesto como no manifesto";
- "assim na Terra como no Céu";
- "tanto no macrocosmo quanto no microcosmo".

Essa capacidade de reverenciar todos os seres vivos, não importando quão "altos" ou "baixos", implica uma sensibilidade crescente em relação à vida no cosmos refletida nos diversos aspectos da vida diária. A marca registrada dessa integração pode incluir:

- Conforto por ser tanto espiritual quanto encarnado;
- Conforto por ser tanto espiritual quanto sexual;
- Conforto por ser espiritual e também capaz de usar a força;
- Conforto por ser um "vagabundo anônimo e sem-teto" e ter um endereço na terra, uma vida e responsabilidades;
- Conforto por cultivar a dimensão monástica da vida ao mesmo tempo que vive com relacionamentos.

Mesmo em sistemas de espiritualidade que nos ensinam sobre o sistema energético e os chakras, os chakras inferiores (os chakras do Sacro, Hara e do Plexo Solar) tendem a ser sacrificados, em razão do preconceito tradicional contra "o mundo" e o erro de igualar "o mundo" com a Terra. No nível ambiental, não é preciso ser um observador experiente para ver que o planeta está sofrendo com os efeitos da negligência e dos maus-tratos. Energeticamente, e do ponto de vista da cura individual, geralmente são os chakras inferiores que estão sofrendo, por razões consideravelmente semelhantes.

Esse é um problema comum entre estudantes espirituais sérios. Muitos que se envolvem com o crescimento energético e espiritual tendem a voltar a sua atenção para os chakras superiores. Entre muitos buscadores espirituais, a ativação dos chakras superiores parece coerente com a noção de que a espiritualidade tem a ver apenas com brilho, luz e amor. O problema é que toda essa preocupação com os chakras superiores lança uma sombra sobre os aspectos da vida incorporados nos chakras do Sacro, Hara e do Plexo Solar. Se um sentimento ou imagem associados a essas "outras" coisas surgir, a pessoa em meditação pode afastá-las porque prefere não lhes "dar vida". Ou, se ela tem o pensamento, ou permite que ocorra a imagem, sente-se culpada depois. "Como posso me permitir ter esses pensamentos impuros?"

A tendência, é claro, é reprimir essas coisas como impulsos agressivos, imagens sexuais ou pensamentos possessivos porque eles não parecem coerentes com uma espiritualidade que valoriza apenas o que é "superior". Essas atitudes, especialmente quando conjugadas com a prática espiritual, não facilitam a comunicação dos chakras inferiores, que são então forçados a manifestar sua condição em sonhos de orgias e toaletes transbordantes.

Aterragem e o Corpo Físico no Crescimento Espiritual: A Evolução da Prática Espiritual

Um dos aspectos mais incompreendidos do crescimento espiritual é o papel desempenhado pelo corpo físico. A espiritualidade que não inclui o corpo é, por sua natureza, infundada, carente de expressão no mundo cotidiano. Sem uma relação positiva e consciente com o corpo, não temos meios de expressar a energia e a inteligência de dimensões superiores de maneira equilibrada.

Muitas pessoas da geração de meu pai compartilhavam um vínculo comum no fato de que a maioria deles marchou, navegou ou voou para lutar na Segunda Guerra Mundial. Da mesma maneira, compartilho um vínculo com aquela parte de minha geração que vem se empenhando para "desfazer os laços rudes da Terra". Isso é algo que vimos conseguindo em graus variados de sucesso, é claro, mas temos um grande desejo comum de superar as expectativas e normas da geração de nossos pais e não ser definidos pelas limitações de nosso "condicionamento". A maioria de nós meramente acabou criando novos conjuntos de limitações para nós mesmos e ainda assim temos uma necessidade definida de romper barreiras.

Houve um tempo em que praticamente todo mundo que eu conhecia estava tentando tornar-se um ser espiritual muito depressa, querendo num passe de mágica tornar-se um raio de sol, um anjo ou um mestre ascensionado, e todos se preparavam fazendo o impossível para conseguir isso. Todos entramos para ashrams e mosteiros, nos embrenhamos em montanhas e cavernas, freqüentamos seminários e retiros que garantiam nos "transformar", adotamos e rejeitamos religiões, sempre ansiando pelos vapores da iluminação espiritual. Ingeríamos substâncias secretas, contorcíamo-nos com dervixes e entoávamos notas rituais durante horas e dias, tentando alcançar a velocidade de fuga. Hoje existem muitas pessoas que dedicaram-se a práticas espirituais alternativas por mais da metade da vida e ainda estão esperando que sua vida se transforme. Assim como

Ícaro no mito da Grécia antiga, muitos integrantes da minha geração atiraram-se ao céu com asas feitas de cera. Nossa decolagem inicial foi quase sempre bem-sucedida, mas à medida que nos aproximávamos dos estados que idealizávamos, nossas lindas asas de cera se derreteram, e desabamos sobre a Terra. Para muitos, a lição espiritual não é como chegar ao Céu, mas como se tornar aterrado e enraizado na vida diária.

Essa tentativa persistente de chegar ao Céu deixando a Terra parece ser uma tendência que herdamos das gerações passadas. Ao longo das épocas, muitas tradições espirituais visam à fuga da vida física com o intuito de chegar ao Céu ou alcançar o Nirvana o mais rápido possível, enganando ou contornando o sofrimento da carne. Mais recentemente, no entanto, estamos vendo uma necessidade muito diferente surgir nas pessoas que estão buscando o desenvolvimento espiritual conscientemente, ou seja, a necessidade de *assumir* plenamente seu corpo. Estamos numa época em que o problema para muitos buscadores espirituais não é abandonar o corpo, mas conquistá-lo. Num certo sentido muito significativo, eles *já* abandonaram seu corpo ou, dizendo de outra maneira, eles não estão completamente em seu corpo. Eles, literalmente, não estão plenamente encarnados.

Conforme começamos a ver nestas páginas, o trabalho com a energia nos ajuda a sentir mais plenamente nosso corpo físico. Conforme foi afirmado anteriormente, as práticas com a energia sutil se relacionam com a integração de estados alterados de consciência na vida diária. Elas abrem a possibilidade de ter experiências genuínas de consciência expandida enquanto se permanece no corpo físico. Na evolução da prática espiritual, o antigo modelo "para cima e para fora" de experiência dá lugar a uma abordagem "aterragem, centragem e expansão". Esses conceitos, que agora começam a fazer parte do vocabulário dos meditadores, são em si um processo de evolução.

"Aterragem" não deixa de se referir à necessidade de estar enraizado em nosso contato com a Terra, mas precisamos levar essa idéia além dos efeitos terapêuticos e equilibradores de sair descalço para o jardim! Em termos de energia, aterragem significa estar plenamente no corpo e portanto criar um meio de atrair a energia e a consciência superior para nossa vida diária. Da mesma maneira, precisamos considerar a idéia de "centragem" não só como um estado de equilíbrio e atenção, mas também como o que é necessário para expandir naturalmente nossa consciência em outras dimensões, enquanto ao mesmo tempo nos conservamos presentes e em nosso corpo. As práticas de energia sutil deveriam nos ajudar a nos relacionarmos de maneira mais eficaz em nossa vida diária, a sermos mais felizes vivendo em nosso corpo e mais positivos em nossos relacionamentos e na realização de nossos sonhos aqui na Terra.

As membranas que uma vez separaram os mundos físico e espiritual tornaram-se finas e elásticas; elas também vêm se tornando cada vez mais semipermeáveis. Veremos uma mudança longe de ter o céu como a única prioridade das pessoas espiritualizadas, e uma ênfase colocada no trabalho de reunir Céu e Terra. Uma das percepções decorrentes da terapia corporal é que um bom contato com o nosso corpo — cuidando dele, amando-o, não ficando distante dele, ocupando-o inteiramente — não vai contra o crescimento espiritual. Na verdade, nosso corpo é essencial ao crescimento espiritual. Temos de estar em nosso corpo para conter, num nível consciente, a realidade transcendente com que entramos em contato na meditação. Podemos passar por meditações extremamente profundas, mas para que elas tenham alguma utilidade para nós em nossa vida diária, temos de ser capazes de aterrar essa energia e essa consciência. Nosso desafio como místicos contemporâneos e iniciados espirituais modernos é reunir Céu e Terra dentro de nós mesmos. Isso é feito, na frase de David Abram, ao "aceitarmos o convite da gravidade", no corpo e no prosaico mundo das tarefas, família e comunidade, pagando contas e aprendendo a falar a linguagem do mundo.

Exercício de Aterragem:
Pernas, Pés, os Chakras Inferiores e o Ponto da Terra

A finalidade deste exercício é reunir numa circulação todos os elementos da aterragem. Isso começa com seus chakras inferiores, aqueles órgãos energéticos emocionais, geralmente mal entendidos mas extremamente importantes que, quando saudáveis, mantêm você enraizado como uma árvore no planeta e na vida diária e ainda assim permitem que você atinja o céu com sua consciência. Suas pernas e pés tomam parte deste exercício, uma vez que são, num sentido vital, a extensão do seu Chakra do Sacro.

Neste exercício, também vou apresentar uma nova posição energética, o Ponto da Terra (veja a ilustração do exercício). Talvez você queira pensar nessa posição como o "Pólo Sul" do seu campo energético, ao passo que o Ponto da Individualidade, que foi apresentado no exercício anterior ("Três Polaridades"), pode ser comparado ao seu "Pólo Norte". Serão dadas instruções sobre como contatar o Ponto da Terra no exercício. Durante o processo de melhorar a circulação de energia entre seus chakras inferiores e seus pés e pernas, você pode ter a sensação de que está baixando seu centro de gravidade, ou se aprofundando mais dentro do seu corpo.

A ativação dos chakras inferiores em si desencadeia o processo que costumamos chamar de "aterragem", aumentando sua ligação com o planeta. Especialmente o Chakra do Sacro, que requer as pernas e os pés como parte de sua função de aterragem. Se seu Chakra do Sacro for ativo, ele irá animar a sua ligação com a Terra como um todo, porque parte do que ele faz é criar a polaridade entre você e a Terra. Ao se aventurar "para baixo" por esses domínios inferiores do seu sistema energético, sinta como está em ligação com o sistema energético maravilhosamente vivo deste planeta que é o nosso lar.

Eis como fazê-lo:

Etapas do Exercício

1. **Chakra do Plexo Solar:** Comece o exercício dirigindo sua consciência para o Chakra do Plexo Solar. Faça o contato com ele a três dedos acima do umbigo. Lembre-se de que o "contato com o chakra" significa permitir que sua consciência seja atraída para o chakra, portanto mantenha a atenção leve, solta e flexível. Permaneça nesse contato por uns dois minutos para permitir que ele se concretize.
2. **Chakra Hara:** Agora desloque-se pela superfície da pele para a posição três dedos abaixo do umbigo, que é seu ponto de contato com o Chakra Hara. Deixe o contato se consumar durante uns dois minutos.
3. **Chakra do Sacro:** Em seguida, dirija sua consciência através do corpo para o centro do seu osso sacro, para fazer contato com o seu Chakra do Sacro. Este contato também deve tomar uns dois minutos para que se aprofunde.
4. **Pernas e Pés:** Do Chakra do Sacro, desça vagarosamente com sua consciência para ambas as pernas ao mesmo tempo. Dirija sua atenção por toda a superfície da pele que envolve suas pernas até chegar aos pés. Continue a mover-se pela superfície da pele de ambos os pés e termine nos dois Chakras do Pé, na sola dos seus pés, ao mesmo tempo. Mantenha essa ligação com os Chakras do Pé por um minuto para que ela se intensifique.
5. **Arco por ambos os lados do seu corpo de volta ao Plexo Solar:** Agora, a partir de ambos os Chakras do Pé, ao mesmo tempo, dirija a sua consciência desde a planta dos pés num arco vagaroso e consciente que segue pelos lados de ambas as pernas e a parte inferior do corpo e volta para o tronco, ligando-se ao Chakra do Plexo Solar. (Veja a ilustração.) Depois de refazer a ligação com o Chakra do Plexo Solar, faça uma pausa e permita que o contato se aprofunde.
6. **Repita a circulação:** Repita essa circulação diversas vezes, movendo-se vagarosa, mas conscientemente, entre os Chakras do Plexo Solar, Hara e do Sacro, descendo por ambas as pernas para os Chakras do Pé, em seguida por fora do corpo num arco que se religa com o Chakra do Plexo Solar. Ao repetir esta circulação, faça pausas a cada posição de chakra.

7. **Ponto da Terra:** Sua consciência está agora no seu Chakra do Plexo Solar. O que você deve fazer agora é o seguinte: mova-se com sua consciência lentamente para baixo numa linha reta através do corpo e continue numa linha descendente até o chão abaixo de você. Se estiver de pé, isso significa que você move sua consciência direto para um ponto abaixo da superfície do solo, entre os seus pés. Se estiver sentado, dirija sua consciência para baixo numa linha através do seu corpo e continue a partir do seu osso sacro para um ponto abaixo da superfície do solo. Desloque sua consciência para baixo e visualize que está se ligando com a energia cerca de uns trinta centímetros abaixo da superfície do solo. Chamamos a isso Ponto da Terra.

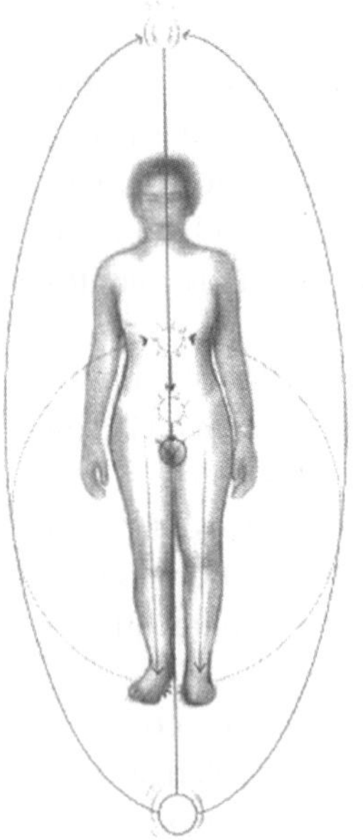

Exercício de Aterragem: A finalidade deste exercício é reunir numa circulação todos os elementos da aterragem.

Continue com sua consciência nessa posição por um minuto para permitir que o contato se complete. Estenda sua consciência para dentro da Terra abaixo dos seus pés.

8. **Ponto da Individualidade:** Agora traga sua consciência para cima do Ponto da Terra, subindo e contornando seu corpo de todos os lados num arco envolvente até atingir o Ponto da Individualidade a cerca do comprimento de um braço acima do topo de sua cabeça. Permaneça aí por um minuto e deixe que o contato se intensifique.

9. **Conclua no Chakra do Sacro:** Agora desça vagarosamente com sua consciência desde o Ponto da Individualidade, passando pelo topo da sua cabeça e continuando a descer pela espinha até fazer contato com o seu Chakra do Sacro. Depois de permitir que o contato com o Chakra do Sacro se aprofunde por cerca de um minuto, desligue o contato e relaxe. Dê um tempo para que se manifestem pensamentos, impressões e sentimentos ou sensações que lhe ocorrerem e então, pouco a pouco, volte ao normal, abrindo os olhos e concluindo o exercício.

Alongamento Interno

Os chakras são órgãos de um sistema de energia unificado. Eles devem trabalhar juntos, portanto se quisermos obter a cura, não podemos fingir que os chakras inferiores não são importantes. Enquanto os chakras superiores estão equipados para atrair energia, impressões e conhecimento das dimensões imateriais da vida, os chakras inferiores, além de tudo o que fazem para estabilizar nossa viabilidade na terra, proporcionam a aterragem necessária para conter o que os chakras superiores atraem.

Exercício de Circulação:
Combinando Chakras Superiores e Inferiores

A finalidade do exercício com os chakras a seguir é produzir um intercâmbio energético mais forte em cada um dos chakras inferiores com seu "parceiro" entre os chakras superiores. Ambos os membros do par se beneficiam desse contato intenso porque ele dá ao chakra superior um meio de aterrar suas energias, enquanto o chakra inferior é tratado para reavivar as energias provenientes das dimensões superiores da consciência. Eis aqui as combinações em pares:

Chakra do Sacro e Chakra da Garganta: A Circulação da Expressão

Chakra Hara e Chakra Pineal: A Circulação do Controle

Chakra do Plexo Solar e Chakra da Coroa: A Circulação do Equilíbrio

(Não se preocupe com o Chakra do Coração; ele será comentado logo adiante.)

Assim como a nota dó central no teclado do piano tem uma ressonância com as outras notas dó acima e abaixo dela (e — quem sabe? — pode até mesmo enviar um tinido por meio daquela nota de $100 em sua carteira), os chakras desses pares têm uma ressonância comum, como duas oitavas da mesma nota musical. Os chakras desses pares também têm temas comuns, amplas referências energéticas tais como expressão, controle e equilíbrio. Uma breve discussão sobre esses temas em relação a cada um dos chakras pode ser encontrada na Parte 1 deste capítulo. Recapitulando rapidamente: o primeiro par, o Chakra do Sacro e o Chakra da Garganta, da circulação da expressão; o Chakra Hara e o Chakra Pineal constituem a circulação do controle; o Chakra do Plexo Solar e o Chakra da Coroa atuam em conjunto para criar a circulação do equilíbrio. Expressão, controle e equilíbrio, além das condições que impedem que esses ocorram, são temas universais na cura pela energia.

As partes deste exercício são apresentadas como uma seqüência, mas também podem ser praticadas separadamente.

Parte 1: Três Circulações dos Chakras

Etapas do Exercício:

Circulação da Expressão: Chakra do Sacro e Chakra da Garganta

1. **Chakra do Sacro:** Dirija sua consciência para o Chakra do Sacro no centro do osso sacro e espere até que o contato se aprofunde por cerca de um minuto.

2. **Chakra da Garganta:** Em seguida dirija sua consciência para fora do corpo. Sinta que está se movendo num arco que se desenvolve ao redor de um lado do seu corpo até o Chakra da Garganta. Outra opção é mover a consciência desde o Chakra do Sacro num arco entre as pernas, girando pela frente do corpo até o Chakra da Garganta. Depois que fizer contato

com o Chakra da Garganta, espere que este se aprofunde por cerca de um minuto.

3. **Chakra do Sacro:** Retorne pelo mesmo caminho para o Chakra do Sacro e restabeleça contato ali. Espere cerca de um minuto para que o contato se aprofunde.

4. **Fortaleça a ligação entre esses dois chakras:** Movimente-se para um e para outro desses chakras algumas vezes, permitindo que o intercâmbio entre eles se intensifique. A cada vez que fizer contato com um dos chakras desse par, faça uma pausa para que o contato se aprofunde.

5. Conclua esta circulação no seu Chakra do Sacro.

6. Conscientemente desligue-se deste par de chakras.

Circulação do Controle: Chakra Hara e Chakra Pineal

1. **Chakra Hara:** Agora dirija a sua consciência para o seu Chakra Hara, três dedos abaixo do umbigo e espere que o contato se aprofunde por cerca de um minuto.

2. **Chakra Pineal:** Em seguida, desloque a sua consciência para fora do corpo, para o seu campo de energia, e se desloque num arco consciente até o Chakra Pineal. Estabeleça o contato na sua testa. Permita que esse contato se mantenha por um minuto.

3. **Fortaleça a ligação:** Retorne em seguida para o Chakra Hara por intermédio do mesmo arco de volta para a posição abaixo do umbigo e espere até que o contato se aprofunde. Repita a operação devagar, movendo-se pelo arco entre os Chakras Hara e da Garganta algumas vezes, fazendo uma breve pausa a cada vez que fizer a ligação de sua consciência com os chakras.

4. Conclua esta circulação no seu Chakra Hara.

5. Conscientemente desligue-se deste par de chakras.

Circulação do Equilíbrio: Chakra do Plexo Solar e Chakra da Coroa

1. **Chakra do Plexo Solar:** Agora passe para o Chakra do Plexo Solar. A posição de contato está localizada três dedos acima do umbigo. Permita que o contato se aprofunde por cerca de um minuto.

2. **Chakra da Coroa:** Uma vez mais, movimente-se num arco para fora do seu corpo em direção ao Chakra da Coroa, logo acima do topo da sua cabeça. Mantenha o contato por cerca de um minuto.

3. **Fortaleça a ligação:** Retorne pelo mesmo caminho para o Plexo Solar e permita que o contato se estabeleça novamente. Repita devagar o percurso pelo arco consciente entre os dois chakras algumas vezes, fazendo uma pausa nos chakras para que o contato se aprofunde.

4. Conclua esta circulação no seu Chakra do Plexo Solar.

5. Conscientemente desligue-se deste par de chakras.

Parte 2: Combinando Três Circulações dos Chakras com o Coração

Agora é a vez de introduzir seu Chakra do Coração na combinação de chakras superiores e inferiores que você criou na Parte 1. Lembre-se de que o Chakra do Coração é um ponto de equilíbrio entre os chakras superiores e inferiores. Ele também introduz o elemento de compaixão, um atributo do Chakra do Coração que é capaz de unir a atividade do campos espirituais com a atividade de nossa vida diária. Eis como fazê-lo:

Etapas do Exercício:

1. **Chakra do Coração:** Em primeiro lugar, dirija sua consciência para o seu Chakra do Coração e espere até que o contato se realize. Espere ao menos um minuto até que o contato se aprofunde.
2. **Chakra do Sacro:** Em seguida, dirija a sua consciência para fora do corpo e desloque-a num arco ao redor do lado do corpo para o contato com o Chakra do Sacro. Espere por um minuto que o contato se estabeleça.
3. **Chakra da Garganta:** Em seguida, movimente-se num arco ao redor do seu corpo para o seu Chakra da Garganta, na frente da sua garganta. Espere um minuto para que o contato se aprofunde.
4. **Chakra Hara:** Desloque sua consciência agora num arco para baixo, até atingir o Chakra Hara. Espere um minuto até que o contato se aprofunde.
5. **Chakra Pineal:** Em seguida desloque sua consciência para fora do corpo num arco na direção do Chakra Pineal. Espere que o contato se efetive por cerca de um minuto.
6. **Chakra do Plexo Solar:** Agora mova-se no mesmo tipo de arco para fora do corpo na direção do Chakra do Plexo Solar. Espere cerca de um minuto para que o contato se intensifique.
7. **Chakra da Coroa:** Em seguida mova-se num arco ascendente na direção do Chakra da Coroa e espere um minuto até que o contato se efetive.
8. **Chakra do Coração:** Por fim, dirija a sua consciência num arco de volta para o Chakra do Coração. Faça com que o contato seja uma breve meditação, demorando-se alguns minutos para liberar suas impressões, percepções e sensações, quaisquer que sejam. Dê uns dez minutos para essa meditação final.
9. Conclua o exercício voltando devagar à sua consciência corporal normal. Também devagar, abra os olhos e mexa o corpo. Se quiser, faça anotações sobre o que sentiu.

Nos exercícios desta seção, você trabalhou com a aterragem de maneira que não só o torna mais estável, mas também de um modo que faz com que seus chakras inferiores entrem em contato com a natureza evolutiva de sua espiritualidade.

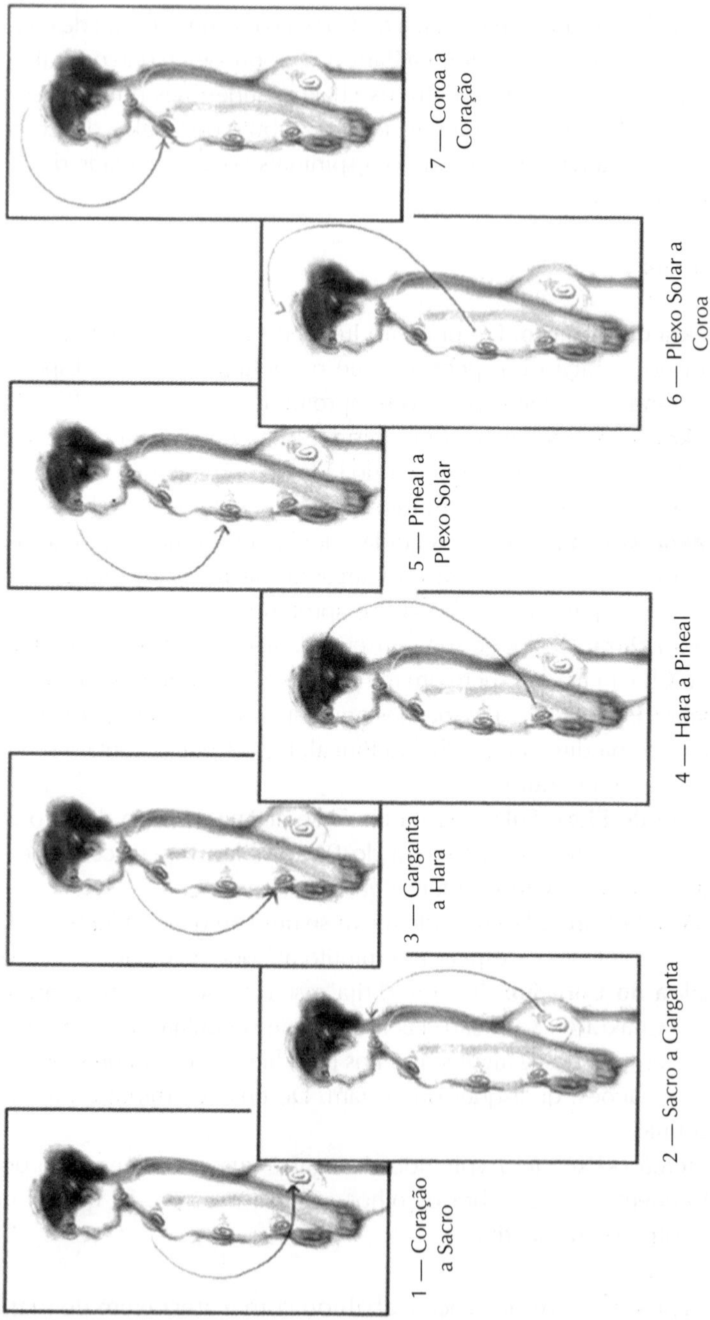

Combinando Três Circulações dos Chakras com o Coração: Estas são etapas individuais deste exercício que combina a atividade das três Circulações dos Chakras.

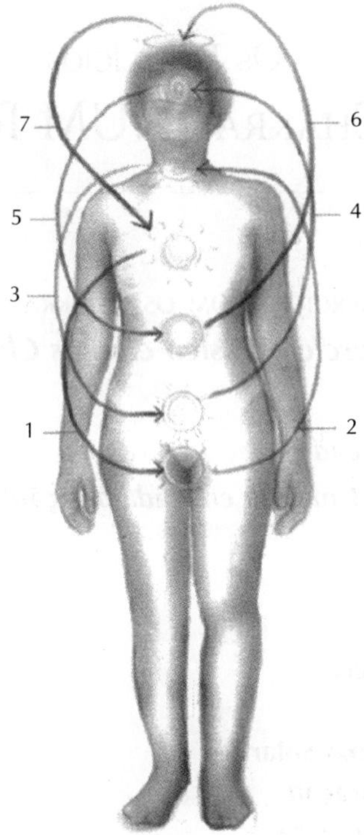

Combinando as Circulações de Três Chakras com o Chakra do Coração — Conjunto do exercício.

Os Exercícios com os Chakras NUM RELANCE

Exercício com os Chakras nº 1
Exercício Básico com os Chakras

Parte 1: Subindo e Descendo
(15 minutos = cerca de 1 minuto em cada posição)

Etapas do Exercício:

Sentido Ascendente:

1. **Chakra do Sacro**
2. **Chakra Hara**
3. **Chakra do Plexo Solar**
4. **Chakra do Coração**
5. **Chakra da Garganta**
6. **Chakra Pineal**
7. **Chakra da Coroa**

Sentido Descendente:

1. **Chakra Pineal**
2. **Chakra da Garganta**
3. **Chakra do Coração**
4. **Chakra do Plexo Solar**
5. **Chakra Hara**
6. **Chakra do Sacro**

Perguntas:

1. Com quais chakras você teve mais facilidade de contato; ou seja, com quais teve contato imediato?
2. Quais foram os mais difíceis de contatar; quais os que produziram um leve contato ou nenhum contato?
3. O contato com determinados chakras produziu sensações físicas, imagens ou reações emocionais?
4. O contato com determinados chakras fez com que saísse do corpo?
5. Você se sentiu atraído para dentro do corpo em alguns dos contatos com os chakras?

6. Que diferenças você sentiu entre o movimento ascendente e o movimento descendente?

❧

Parte 2: Exercício de Cura dos Chakras

Etapas do Exercício:

1. **Escolha dois chakras**
2. **Chakra forte**
3. **Chakra fraco**
4. **Volte para o chakra forte**
5. **Volte para o chakra fraco**
6. **Vá e volte**
7. **Meditação breve**
8. **Fim do exercício**

Exercício com os Chakras nº 2:
Exercício de Cura Variável — Trabalhando com os Chakras Isolados

Etapas do Exercício:

1. **Contato com os chakras**
2. **Introduza elementos que influenciam o chakra**
   Escolha um ou mais elementos dentre os seguintes:
   A. **Cor**
   B. **Som**
   C. **Símbolo**
3. **Introduza uma das polaridades do chakra**
4. **Meditação**
5. **Conclusão**

❧

Exercício com os Chakras nº 3:
Três Polaridades (15 minutos)

Etapas do Exercício:

1. **Chakra do Sacro**
2. **Chakra do Coração**
3. **Chakra da Coroa**

4. Ponto da Individualidade
5. Chakra da Coroa
6. Chakra do Coração
7. Chakra do Sacro
8. Fim do Exercício

❧

Exercício de Aterragem:
Pernas, Pés, os Chakras Inferiores e o Ponto da Terra

Etapas do Exercício

1. Chakra do Plexo Solar
2. Chakra Hara
3. Chakra do Sacro
4. Pernas e Pés
5. Arco por ambos os lados do seu corpo para o Plexo Solar
6. Repita a circulação
7. Ponto da Terra
8. Ponto da Individualidade
9. Conclua no Chakra do Sacro

❧

Exercício de Circulação:
Combinando Chakras Superiores e Inferiores

Parte 1: Três Circulações dos Chakras

Etapas do Exercício:

Circulação da Expressão: Chakra do Sacro e Chakra da Garganta

1. Chakra do Sacro
2. Chakra da Garganta
3. Chakra do Sacro
4. Fortaleça a ligação entre esses dois chakras
5. Conclua esta circulação no seu Chakra do Sacro

Circulação do Controle: Chakra Hara e Chakra Pineal

1. Chakra Hara
2. Chakra Pineal
3. Fortaleça a ligação pela repetição desta circulação algumas vezes
4. Conclua esta circulação no seu Chakra Hara

Circulação do Equilíbrio: Chakra do Plexo Solar e Chakra da Coroa

1. **Chakra do Plexo Solar**
2. **Chakra da Coroa**
3. **Fortaleça a ligação pela repetição desta circulação algumas vezes**
4. **Conclua esta circulação no seu Chakra do Plexo Solar.**

Parte 2: Combinando Três Circulações dos Chakras com o Coração

ETAPAS DO EXERCÍCIO:

1. **Chakra do Coração**
2. **Chakra do Sacro**
3. **Chakra da Garganta**
4. **Chakra Hara**
5. **Chakra Pineal**
6. **Chakra do Plexo Solar**
7. **Chakra da Coroa**
8. **Chakra do Coração**
9. **Conclua o exercício**

SEXTO LABORATÓRIO ETÉRICO:
Exercícios com uma Fase de Liberação

Uma das habilidades mais importantes a serem desenvolvidas no trabalho com a energia sutil é a de atuar conscientemente sobre o movimento da energia sem tentar fazer algo acontecer ou impedir que algo aconteça. Todos os exercícios apresentados neste livro estão estruturados para refletir o caminho espiritual tríplice: 1) sair da consciência cotidiana; 2) passar a um estado alterado e depois 3) retornar "ao mundo". Esses exercícios permitem ingressar num campo de sensibilidade e depois regressar à consciência normal do corpo, integrando o que se experimentou durante o processo.

Alguns exercícios têm uma "fase de liberação" específica que inclui um período de tempo para o alívio físico, mental e emocional, antes do regresso à consciência do corpo físico ou a outra fase do exercício. A liberação pode provocar uma gama de sintomas que variam de tremor dos olhos, suspiros, acessos de calor, pequenos espasmos e mudanças perceptíveis dos padrões respiratórios até movimentos bruscos (nos braços e pernas) e alívio emocional, como choros ou risos. A liberação, seja ela excessiva ou muito sutil, é sempre necessária para alcançar o tipo de equilíbrio requerido para passar aos estados mais profundos de consciência que o exercício possibilita. A capacidade de passar a um estado de liberação e retornar é uma habilidade que aumenta sua confiança no trabalho espiritual. Essa é uma habilidade especialmente necessária para trabalhar com as outras pessoas.

A liberação também abre caminho para o ingresso de novos impulsos. Na linguagem dos chakras, ela é mais ou menos assim: os chakras superiores (do Coração, da Garganta, Pineal e da Coroa) têm a tarefa de nos ajudar em nossa relação com as dimensões não-físicas da vida. Esses chakras dependem do funcionamento saudável dos chakras inferiores para fazer seu trabalho. Eles se relacionam com as dimensões mais elevadas da consciência, mas precisam dos chakras inferiores para a integração do conhecimento dessas dimensões mais elevadas na vida diária. Na circulação da energia entre os chakras superiores e inferiores, é comum os chakras inferiores requererem algum tipo de liberação ou desobstrução antes que essa circulação possa se dar livremente. Isso acontece porque os chakras inferiores (do Sacro, Hara e do Plexo Solar) processam uma atividade emocional muito forte. O desequilíbrio e o controle emocional são provavelmente os elementos que mais contribuem para a falta de inspiração (isto é, afluxo de energia e conhecimento da nossa consciência superior). Inversamente, a liberdade de movimento nos chakras inferiores e na porção inferior do corpo facilita a entrada da energia superior — e de todas as coisas interessantes que dela provêm.

Convém Ser um Pouco Descontraído

O trabalho com a utilização da energia sutil tende a revelar as imagens e fantasias que estão literalmente congeladas na nossa carne — em nosso corpo, nas nossas ações, nos nossos pensamentos e nossas lembranças. Aceitar o trabalho de cura e o crescimento espiritual num nível além do superficial pode contribuir muito para a nossa consciência. É interessante notar que muitos dos mesmos mecanismos de defesa que existem para nos proteger de perigos externos, reais ou imaginários, ativados pelo sistema nervoso simpático na conhecida resposta "lutar, congelar ou fugir", têm o dobro da importância quando a pessoa sente-se subconscientemente ameaçada por aquilo que está *dentro dela*. De novo, fazemos de tudo para perder o equilíbrio de modo que o que está abaixo da superfície *não* apareça.

Os processos de liberação, desobstrução e integração são naturais e contínuos no trabalho de cura. É necessário que nós, em nosso papel de agentes de cura, estejamos à vontade com todos os tipos de liberação — tanto de nossa parte quanto das pessoas com quem estamos trabalhando. É quase impossível, por exemplo, acompanhar outra pessoa que se encontre num processo de liberação emocional se não confiarmos nessa dinâmica e nos sentirmos de bem conosco. Esse é um exemplo clássico da necessidade de ter intimidade com os instrumentos que usamos, o que significa também estar familiarizado com o que acontece quando os usamos. Convém ser um pouco descontraído, portanto, estar familiarizado com o que acontece quando as pessoas com quem trabalhamos fraquejam, têm as suas liberações e passam maus bocados.

Ficar à vontade com a liberação emocional não é a mesma coisa que enfiar dois dedos na garganta emocional para soltar o material reprimido pela força. Existem técnicas para a liberação forçada, mas elas são agressivas e podem causar danos. No início do movimento pela valorização do potencial humano dos anos 1970, desenvolveram-se diversos métodos para provocar a liberação emocional por meios forçados. Invariavelmente, esses métodos vinham acompanhados de uma retórica de "eliminação", isto é, você tinha de "se livrar da sua negatividade reprimida" pondo para fora os "seus problemas" por quaisquer meios possíveis. Eu acho que essa atitude pode ter levado à situação atual, em que muitos terapeutas energéticos sentem-se obrigados a tirar a "energia negativa" do corpo da pessoa com que estão trabalhando e jogar para fora da sala como se estivessem exorcizando demônios. Eu descobri que costuma ser suficiente ajudar a energia a *retomar seu movimento*. A energia sabe para onde ir e as liberações acontecem por si mesmas, e de maneira muito mais suave, posso acrescentar.

Obviamente, se você estiver reprimindo as emoções, como uma bomba prestes a explodir, a solução não é continuar reprimindo, mas é melhor criar uma situação em que a liberação possa acontecer naturalmente. O que está sendo reprimido — como a palavra sugere — está sob *pressão*. Não é nenhuma surpresa que isso restrinja o movimento do resto do campo energético, bem como resulte em um tipo de constipação energética de outros processos. A terapia energética produz um meio para a liberação se processar pelos seus próprios termos, nem reprimindo, nem forçando, o que nos possibilita passar para o que *sucede* à liberação e, assim, completar o processo.

Nossa linguagem não é articulada aleatoriamente. As palavras exprimem idéias energéticas importantes. "Expressão", "impressão", "depressão", "repressão" e "supressão", todas nos dizem alguma coisa sobre o que fazemos com as nossas energias. Essas palavras nos dizem sobre como retemos a expressão (reprimir) ou abafamos aquilo que poderia ser expresso (recalcar), o que pode levar a um estado de retenção, no qual é muito difícil se expressar de qualquer maneira (como em algumas formas de depressão). Todas essas palavras exprimem os estados da energia com muita precisão.

O que acontece na terapia energética é que, quando se restaura um grau de equilíbrio, mesmo temporariamente, ocorre um *movimento* no campo de energia. O etérico *relaxa* e recupera algo da sua característica elástica natural. Ocorre uma expansão. As estruturas de consciência que não se encontravam em equilíbrio são atraídas para a consciência. Lembre-se de que esse era um material reprimido. O prisioneiro confinado há muito tempo tem uma tendência natural a tentar obter a liberdade (que é o que os presidiários fazem). Assim, no instante em que se verifica a existência do mínimo de pré-requisitos — equilíbrio, segurança, relaxamento, abertura —, tem início o processo de transformação e cura.

Libertar-se de algo que está preso no nível energético significa que o que é liberado passa de um estado de compressão para um estado de expansão. Aquilo não está mais sendo comprimido. Essa descompressão significa que o "material" entra em expansão. Passa a ocupar mais espaço. Simbolicamente, a liberação — seja ela física, mental ou emocional — pode acontecer nesse estágio. A liberação física numa sessão de terapia energética pode mostrar-se sutilmente num suspiro ou numa mudança na respiração, em contrações ou espasmos ou outros movimentos espontâneos, ou não tão sutilmente, como num tremor numa convulsão. A espinha pode produzir uma rápida e forte liberação de energia, provocando uma contração ou sacudidela num braço ou numa perna. Para o praticante, essa reação às vezes pode ser parecida com a técnica de "empurrar as mãos" ensinada nas artes marciais em que você aprende, provavelmente depois de ser pego de surpresa algumas vezes, a não oferecer resistência à energia que vem na sua direção.

A liberação mental pode ocorrer como um turbilhão de imagens mentais que não deixam vestígios, como lembranças ou informações. As imagens passam distorcidas pela mente e seguem uma trilha sonora com conotações próprias, entrando por um ouvido da mente e saindo pelo outro, antes de desaparecer. Isso pode ser tratado como "simples liberação". Imagens mentais desse tipo podem ocorrer, por exemplo, quando há uma liberação de energia presa no Chakra do Plexo Solar. Uma mudança nesse chakra é quase sempre acompanhada por alterações na aura mental ao redor da cabeça.

Outras imagens mentais não são definitivamente uma liberação mental; nesse caso são percepções, e têm mais a característica de algo que *entra* na consciência do que algo que sai. O mundo não-físico, incluindo a nossa própria consciência superior, comunica-se com a nossa consciência comum por meio de símbolos, cores, sons, imagens arquetípicas e conhecimento intuitivo, todos veículos de informação ou orientação. Isso pode acontecer em impulsos de frações de segundo que têm sentidos variáveis. Enquanto a primeira etapa ocorre na forma de liberação de estruturas previamente contidas, essas atividades mentais indicam a atividade do Chakra Pineal, que nos libera uma impressão definida e merece atenção.

Compensação do Nível de Stress: *Uma Lição de Energização com a Passagem do Tornado*

Por crescer no Estado americano do Kansas, recebemos um treinamento especial na escola que crianças de outras partes do país não conhecem. Além dos treinamentos contra incêndio e de defesa civil no caso de ataque aéreo, em Wichita, naqueles anos da Guerra Fria, também tínhamos de saber como agir no caso da passagem de um tornado.

Com o correr dos anos, fomos aprendendo sobre a maneira esdrúxula como os tornados se comportam, e como adaptar nosso comportamento ao deles. De maneira convencional, os tornados são conhecidos por seguirem um trajeto caprichoso sobre a terra. Eles se deslocam de sudoeste para nordeste e param educadamente diante dos rios. Eles transformam os carros em bolas de ferro amassado que arremessam sobre a cidade, atiram pedaços de palha das vassouras nas árvores, cortam uma casa pela metade enquanto a poucos centímetros dali deixam completamente intacto um delicado vaso — e sua flor — sobre uma mesinha de café.

Uma coisa que as pessoas em regiões sujeitas a tornados levam a sério é o fato de que esses poderosos redemoinhos de ventos podem causar a explosão de uma casa se as janelas não forem deixadas abertas.[3] Isso porque os tornados geram uma zona de pressão extremamente baixa. Quando uma tamanha concentração de pressão baixa aproxima-se de um sistema de pressão relativamente alta, como o ar dentro de uma casa fechada, as duas zonas de pressão se equalizam de repente e podem resultar na explosão da casa.

DICA PARA O TERAPEUTA ENERGÉTICO: Quando administrar um tratamento, tome nota do que acontece quando seu parceiro manifesta uma liberação, seja ela física ou emocional. Procure também anotar o que ocorre com você durante o tratamento no momento em que a liberação acontece. Diversas coisas interessantes estão interagindo. Um tipo característico de liberação física ocorre — tanto na terapia energética quanto na terapia corporal —, como uma sacudidela ou contração de um braço ou perna do seu parceiro. Isso também pode acontecer nos lábios ou na mandíbula, ou em forma de um tremor muscular. Esses são sinais de que a tensão está sendo descarregada para fora do corpo. A energia que até então estava presa agora pode participar do movimento geral da energia por todo o corpo.

---

3. No princípio, era isso que se *supunha* que acontecesse, mas, no caso do tornado, as variações de pressão e força costumam ser tão bruscas e extremas que abrir as janelas nem sempre é o bastante para evitar a destruição da casa.

Um padrão observável é o seguinte: o nível de tensão do terapeuta cai (isto é, você está administrando um tratamento e quase "adormece"), enquanto o nível de tensão do seu parceiro aumenta. Lembre-se de que, na fusão dos campos de energia que ocorre entre você e o seu parceiro quando você está administrando o tratamento, os dois campos formam uma única unidade energética. Isso significa que vocês tendem a equilibrar os estados energéticos um do outro. Eis um exemplo comum: digamos que uma área de bloqueio existente no seu parceiro está procurando se liberar. A zona de baixa pressão do relaxamento do terapeuta cria uma situação na qual a pressão relativamente alta dentro do parceiro desejará sair no sentido de uma equalização. De repente você é atingido por uma sacudidela do corpo do seu parceiro. Quando isso acontece, o nível de tensão do terapeuta aumenta bruscamente, enquanto o do parceiro cai.

Exercício de Cura com uma Fase de Liberação: *Exercício com Dois Triângulos*

Este exercício reúne muitos dos elementos que você aprendeu no decorrer da leitura deste livro, em especial habilidades que você desenvolveu para trabalhar no etérico com os pontos energéticos e os chakras, as cores e as polaridades dos chakras. A finalidade específica deste exercício é oferecer um ambiente seguro para a liberação física e emocional e, por conseguinte, um meio de incorporar o que se apresenta a você após a fase de liberação. A liberação neste contexto permite a cura pela energia e até percepções e a vinda de orientação das dimensões superiores da consciência para o seu sistema. Isso é o que faz deste um exercício de *cura.*

IMPORTANTE: Nada de correria! Procure manter o tempo máximo da fase de liberação do exercício. Essa é uma parte importante do exercício, porque significa praticar a habilidade tanto de entrar como de sair da fase de liberação com algum grau de controle. Sua confiança e a sensação de segurança aumentam à medida que você ingressa naquilo que de outra maneira poderia considerar como setores problemáticos, permitindo-lhe realizar aí algum trabalho de cura.

Veja como praticar o exercício:

FASE A: Criando o Triângulo Inferior

1. **Ponto do quadril esquerdo:** Sente-se confortavelmente, dirija sua atenção para o seu ponto do quadril esquerdo, localizado exatamente dentro da curvatura da sua pelve, na parte anterior do seu corpo. Sente-se em silêncio

e sinta esse ponto com a sua mente. Permita que o contato se intensifique por um minuto.

2. **Umbigo:** Agora dirija a sua atenção para a superfície da pele do seu umbigo. Embora não tenhamos formalmente apresentado o umbigo como uma posição energética, você descobrirá que ele se qualifica como tal e é também um ponto importante. Deixe um minuto para que este contato do umbigo se estabeleça.

3. **Ponto do quadril direito:** Do umbigo, dirija sua atenção, agora, para o ponto do quadril direito e permita que esse contato se intensifique por um minuto.

4. **Ponto do quadril esquerdo:** Deixe sua mente viajar pela superfície da pele de volta ao ponto do quadril esquerdo e permita que esse contato se aprofunde por um minuto ou mais.

5. **Refaça o triângulo inferior:** Agora, para intensificar o que você fez, dirija a sua atenção vagarosamente e conscientemente ao longo das linhas do triângulo que já "desenhou" com a sua mente na superfície da pele da parte inferior do seu abdome. Mova-se na mesma direção que seguiu quando criou o triângulo. Comece e termine cada "volta" dessa circulação com seu ponto do quadril esquerdo. Tenha certeza de que fez um bom contato com esses pontos. Após mover-se vagarosamente ao longo das linhas do triângulo por alguns minutos, pare de circular e passe alguns momentos simplesmente sentindo o triângulo que foi formado.

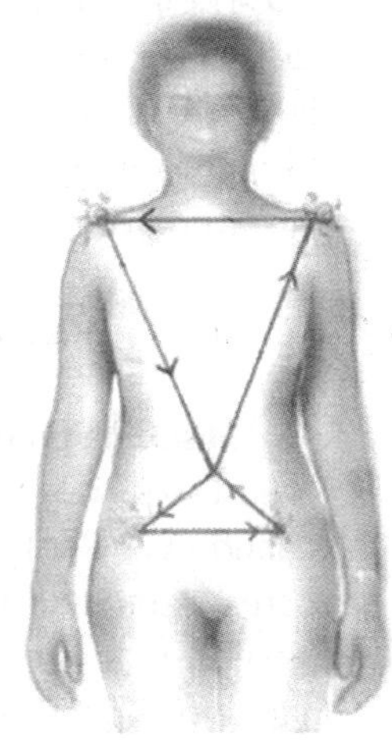

Crie o triângulo inferior, começando do seu ponto do quadril esquerdo. Crie o triângulo superior, começando do seu ponto do ombro esquerdo.

FASE B: Criando o triângulo superior

1. **Ponto do ombro esquerdo:** Agora que você usou a sua mente para criar um triângulo na parte inferior do seu corpo, é a vez de fazer a mesma coisa na parte superior. Para fazê-lo, dirija a sua atenção para o ponto do seu ombro esquerdo. Ele está localizado na "extremidade" externa do seu ombro. Dê ao ponto do ombro cerca de um minuto para responder ao toque e permitir que o contato se aprofunde.

2. **Ponto do ombro direito:** Agora dirija a sua atenção pela superfície da pele cruzando o seu corpo até o ponto do ombro direito na "extremidade" do seu ombro direito. Embora muitas pessoas dirijam a atenção ao longo da clavícula, sinta-se livre para dirigir a atenção pelo pescoço ou ao longo dos ombros atrás do pescoço. Apenas tente ficar na superfície da pele. Dedique a esse contato com o seu ombro direito cerca de um minuto.

3. **Umbigo:** Agora, mova-se na superfície da pele para baixo do seu corpo até o umbigo. Para intensificar esse contato, mantenha-o por um minuto.

4. **Ponto do ombro esquerdo:** Retorne agora para o ponto do ombro esquerdo, dirigindo a sua atenção para cima pela superfície da pele do corpo. Quando contatar esse ponto, dedique cerca de um minuto a esse contato.

5. **Refaça o triângulo superior:** Gaste alguns minutos dirigindo sua atenção ao longo das linhas desse triângulo superior para reforçar essa circulação. Dirija a sua atenção ao longo dessas linhas várias vezes na mesma direção que você seguiu quando criou esse triângulo, terminando no ponto do ombro esquerdo. Então pare o movimento nessa circulação e gaste alguns minutos simplesmente sentindo esse triângulo do corpo superior.

FASE C: Acrescentando uma cor

1. **Escolha ou o triângulo superior ou o inferior:** Agora que você estabeleceu esses dois triângulos, escolha um com o qual gostaria de trabalhar. Quando você coloca um triângulo no seu campo de energia dessa maneira, a área dentro do triângulo é aquela que é afetada mais diretamente pelo trabalho que você faz. O triângulo inferior envolverá, portanto, o Chakra Hara e o superior envolverá o Chakra do Coração. Pode ser que você sinta que é solicitado algum trabalho de cura por um deles — por exemplo, talvez sentiu que a energia naquela área estava baixa ou alta demais — ou talvez apenas gostaria de explorar. Uma ou outra alternativa é boa.

2. **Usando a sua respiração:** Com a sua atenção ou no seu Chakra Hara ou no seu Chakra do Coração, respire devagar dentro desse chakra.

3. **Introduza uma cor:** Agora visualize em frente do seu campo uma cor turquesa e então "coloque" a cor no chakra que você escolheu. Uma maneira muito boa de fazer isso é colocar uma folha de cor Pantone no seu campo de visão. (Se conseguir encontrar, tente o Pantone turquesa 325, uma cor específica de cura por causa da maneira como combina o verde e o azul, as cores do Chakra do Coração e do Chakra da Garganta. As folhas de cores Pantone estão disponíveis à venda em lojas de material de pintura ou desenho.) Olhe bem de perto a cor e então feche os olhos, imaginando a mesma cor dentro de si mesmo. Agora coloque-a no chakra que você escolheu. Se você não tiver uma folha de cor Pantone, simplesmente visualize uma cor turquesa viva e aplique-a no chakra. Deixe a cor agir no chakra por um minuto.

NOTA: Não tente forçar a cor a permanecer a mesma após tê-la colocado no chakra, pois não será capaz de fazê-lo. Você vai descobrir que as cores, em geral, deslocam-se e mudam, desaparecem e flutuam, talvez até escureçam, quando são usadas como essa no seu campo de energia. Especialmente, ao que parece, a cor turquesa Pantone 325. Apenas permita que isso aconteça; como a cor faz parte do caminho, ela interage com o seu campo de energia. Visualize a cor, coloque-a no chakra que você escolher e deixe-a agir.

Gostaria de observar que ninguém visualiza uma cor vendo-a literalmente com a mente. Algumas pessoas acham difícil visualizar de qualquer maneira, ao passo que outras esperam ver a imagem que lhe pedem para visualizar como algo que elas podem ver na televisão. Não fique desencorajado se descobrir que não é capaz de visualizar dessa maneira. Isso não significa que você não seja capaz de fazer esse tipo de trabalho.

Como tudo mais, existe mais de uma maneira de esfolar um gato. O que eu faço é o seguinte: quando estou fazendo exercícios que envolvem imagens e cores como os usados nestes capítulos, ponho as cores bem na frente do meu campo de visão; coloco uma escala Pantone de cores onde possa dar uma olhada nelas momentaneamente e lanço as imagens na minha mente. Algumas pessoas têm uma tendência mais cinestésica que visual e precisam converter as cores e formas em sensações táteis antes de poder trabalhar com elas. Se você quiser trabalhar com uma cor e descobrir que essa cor não funciona como uma visualização, estenda a folha colorida à sua frente e toque-a com as mãos. Feche os olhos e sinta a radiação da cor sair da folha. O que você estará fazendo é conhecer a sensação dessa vibração. Então, quando aplicar o método no exercício, em vez de visualizar a cor, simplesmente lembre-se do sentimento dessa vibração. Como vê, há muitas maneiras de proceder, portanto não desista.

FASE D: Acrescentando uma Polaridade do Chakra e Introduzindo numa Fase de Liberação

1. **Introduza uma polaridade do chakra:** Agora que você escolheu um chakra e trouxe uma cor de cura para ele, escolha uma das palavras associadas com as polaridades emocionais desse chakra. Se escolher o Chakra Hara, as polaridades são "raiva" e "calma". As polaridades do Chakra do Coração são "dor" e "alegria". A idéia aqui não é repetir palavra por palavra, mas ligar-se ao *sentimento* que está por trás dela. Isso é muito importante. Fique em contato com o que a palavra simboliza. É o sentimento desse contato que o levará ao tema do chakra, bem como aos problemas que necessitam de cura.

Espere alguns minutos para que o sentimento e a energia por trás da palavra que você escolheu façam efeito.

2. **Período de Liberação:** Agora você inicia o estágio para a fase de liberação. Todas as fases anteriores colocam o exercício em movimento, agora é a hora de desligar-se do sentimento da palavra de polaridade do chakra e simplesmente prestar atenção ao que está se passando dentro de você.

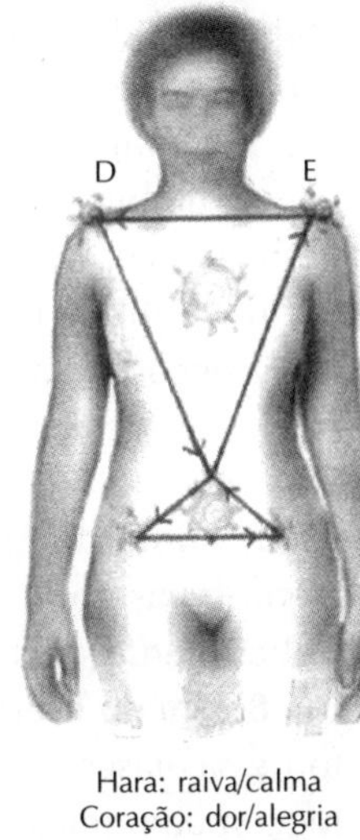

Hara: raiva/calma
Coração: dor/alegria

Escolha o Chakra do Coração ou o Chakra Hara e acrescente a cor turquesa ao triângulo que contém o chakra. O som do chakra pode ser introduzido aqui (veja as instruções). Em seguida, escolha um aspecto do chakra que pertença ao chakra que você escolheu.

Na fase de liberação, é importante deixar fluir o que quer que lhe ocorra espontaneamente. Isso significa todas as sensações físicas, emoções, pensamentos e imagens, sejam agradáveis ou não. Não force nada nem impeça algo de acontecer. Gaste entre dez e quinze minutos nisso. No final desse período, passe para a próxima fase do exercício.

FASE E: Integração

1. **Ponto do quadril esquerdo:** Agora que você terminou a fase de liberação, é hora de trabalhar a energia integrando as experiências que esse exercício abriu em você. Dirija a sua atenção para o ponto do quadril esquerdo e deixe que esse contato se intensifique.
2. **Umbigo:** Agora dirija a sua atenção, vagarosa e conscientemente, pela superfície da pele do seu umbigo. Respire pausadamente no umbigo antes de passar para o ponto seguinte.
3. **Ponto do ombro direito:** Do umbigo, dirija-se agora para o ponto do ombro direito. Respire pausadamente no ponto do ombro direito antes de passar para o ponto seguinte.
4. **Ponto do ombro esquerdo:** Dirija agora a sua atenção através do seu corpo para o ponto do ombro esquerdo. Faça um breve contato nessa posição antes de passar para o ponto seguinte.
5. **Umbigo:** Agora desça pelo corpo, voltando para o umbigo. Faça outro breve contato com o umbigo antes de passar para o ponto seguinte.
6. **Ponto do quadril direito:** Do umbigo, dirija a atenção para o ponto do quadril direito. Respire pausadamente nesse ponto antes de passar para o ponto seguinte.
7. **Ponto do quadril esquerdo:** Volte agora a atenção passando pelo corpo até o ponto do quadril esquerdo. Termine essa circulação aqui.
8. **Fim do exercício:** Agora que você completou essas fases, venceu a fase de liberação e começou uma integração da sua experiência criando uma circulação de energia no seu corpo etérico, é hora de terminar o exercício devagar e suavemente. Sinta o seu corpo e a sua respiração. Abra os olhos devagar e alongue o corpo. Depois disso, você pode querer pôr alguma música e movimentar-se um pouco.

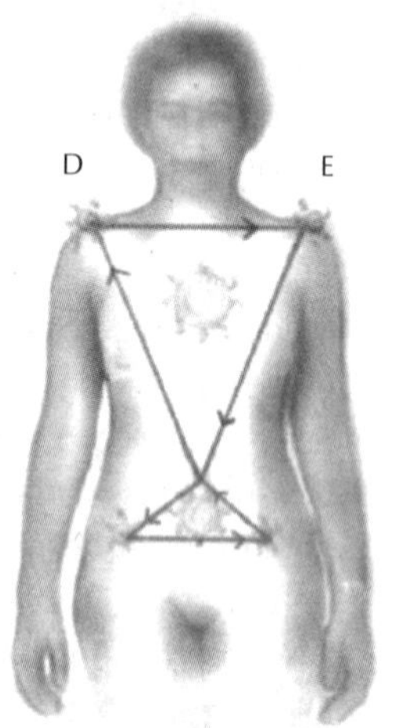

Para finalizar o exercício, crie uma circulação que combine ambos os triângulos, o superior e o inferior.

O Exercício de Liberação com Dois Triângulos NUM RELANCE

Exercício de Cura com uma Fase de Liberação: *Exercício com Dois Triângulos*

FASE A: Criando o Triângulo Inferior

1. **Ponto do quadril esquerdo**
2. **Umbigo**
3. **Ponto do quadril direito**
4. **Ponto do quadril esquerdo**
5. **Refaça o triângulo inferior**

FASE B: Criando o Triângulo Superior

1. **Ponto do ombro esquerdo**
2. **Ponto do ombro direito**
3. **Umbigo**
4. **Ponto do ombro esquerdo**
5. **Refaça o triângulo superior**

FASE C: Acrescentando uma cor

1. **Escolha ou o triângulo inferior ou o superior**
2. **Use sua respiração**
3. **Introduza uma cor**

FASE D: Acrescentando uma Polaridade do Chakra e Introduzindo uma Fase de Liberação

1. **Introduza uma polaridade do chakra**
2. **Período de liberação**

FASE E: Integração

1. **Ponto do quadril esquerdo**
2. **Umbigo**
3. **Ponto do ombro direito**
4. **Ponto do ombro esquerdo**
5. **Umbigo**
6. **Ponto do quadril direito**
7. **Ponto do quadril esquerdo**
8. **Fim do exercício**

CONVERSA FINAL

Cura Progressiva

Um Novo Olhar Sobre as Polaridades na Cura

Um Novo Estágio

A expansão da consciência nos leva inevitavelmente além daquilo que estabelecemos como nossa realidade comum. Ela muda sutilmente a nossa visão de mundo e o modo como vivemos aquilo com que estamos mais familiarizados e nos impulsiona a ir além das fronteiras onde anteriormente nos detínhamos. Como resultado, a cura que leva à expansão sempre desafia a noção de "voltar ao normal", ou retornar ao modo como éramos antes de iniciar o processo de cura. Pela sua própria natureza, a cura muda a nossa visão da realidade, quem sabe expandindo a maneira como sentimos a vida.

Eu conheço um agente de cura chamado Virgil, a quem considero como um tipo original. Virgil é do Texas e, goste ou não, ele se parece o suficiente com Ronald Reagan para fazer você se questionar se está no endereço certo. Virgil encontra-se na casa dos 60 anos de idade e todas as manhãs salta várias centenas de vezes para cima e para baixo em seu minitrampolim, segurando uma lata de sopa Campbell em cada mão com os braços esticados. Tente fazer o mesmo. Realmente faz o velho coração acelerar. Ele diz que é melhor que correr.

As sessões de cura de Virgil combinam técnicas de respiração próprias com terapia corporal sutil e nem tão sutil à moda dele. Ele tem uma capacidade ímpar de rastrear os processos espirituais sutis nas pessoas que procuram a sua ajuda. Não importa em que ponto elas se encontrem de seu processo na mesa terapêutica dele, ele está sempre ali ao lado delas.

Uma vez, tive a oportunidade de assistir Virgil em algumas sessões de cura. Ele começa com uma reza extraordinária. Olhando ao redor da sala como um orador se dirigindo a um grande público, ele diz algo como: "Nesta cura, vamos todos a um *novo lugar*, onde nunca estivemos antes." Nesse ponto, a pessoa com quem ele está trabalhando engole audivelmente, ou abre os olhos, e respira bem fundo. Para uma pessoa que esteja passando pela primeira vez pelo tratamento, esse momento é sempre uma surpresa, pois é evidente que o objetivo dessa cura *não* será uma volta a algo já conhecido, mas sim uma ida ao desconhecido. Um novo lugar. É extraordinário, porque Virgil quer realmente dizer isso.

Do ponto de vista da pessoa deitada na mesa terapêutica de Virgil, essas palavras podem ser muito perturbadoras. Digamos que ali se encontre uma pessoa que pode ter atravessado a cidade ou até vindo de fora do Estado e que está pagando uma boa quantia pelo tratamento. Essa pessoa veio com esperanças de harmonizar-se ou ficar "energizada" por uma hora, apenas para ouvir desse sósia do Ronald Reagan que esse negócio de cura tem de fazê-la ir para um "novo lugar". A primeira reação pode ser de alarme. Se a pessoa já tiver alguma experiência com a cura e o crescimento interior, ela também pode suspeitar que irá encontrar algo do seu próprio subconsciente, talvez algum material oculto com que nunca tenha lidado até aquele momento. Como ao viajar a um país desconhecido ou tentar passar por uma nova experiência, as reações das pessoas variam, de ansiedade e resistência à empolgação ante a idéia de uma nova experiência.

> *Não se chega à iluminação criando imagens luminosas, mas adquirindo a consciência da escuridão.*
>
> — C. G. Jung

Muitos de nós herdamos dos nossos antepassados pelo menos um certo grau de medo do inconsciente. Esse lugar subterrâneo dentro da nossa própria consciência pode, no começo, parecer escuro e proibido. Freud procurou nos libertar desse medo fornecendo instrumentos para explorarmos o subconsciente humano e desmistificarmos os impulsos primitivos que muitas gerações dos nossos antepassados temiam.

Se Freud inventou a psicanálise, e concluiu que a interpretação dos sonhos era a porta para o inconsciente, foi seu colaborador, C. G. Jung, quem ousou sugerir que o inconsciente continha muito mais que pistas para as nossas inibições e repressões; o inconsciente também daria indicações para a dimensão espiritual da nossa vida. Jung, um estudante de filosofia oriental e gnóstica, apresentou a novidade (no Ocidente) de que o inconsciente continha uma sabedoria, uma força e riquezas extraordinárias, às quais tínhamos acesso por meio dos nossos sonhos e intuições. Uma das etapas mais importantes na cura é aquela em que aprendemos a confiar, a dizer "sim" a esse processo pessoal de aprofundamento, que, como veremos, resulta em muito mais do que administrar sintomas ou solucionar problemas e "voltar ao normal".

Mais do que versar apenas sobre a volta ao normal, as sessões de cura do nosso amigo Virgil tratavam de erguer o véu para permitir uma visão ampliada da vida do seu cliente. Toda a atmosfera ao redor das suas sessões era carregada com a certeza de que, mais que qualquer outra coisa, a questão era entrar em um processo de crescimento e mudança no qual nos tornamos muito mais suscetíveis à vida.

Duas Modalidades de Cura

A cura é um processo natural, mas a razão de ser natural não é porque agora decidimos tomar medicamentos fitoterápicos em vez de remédios químicos, nem porque procuramos mais a ajuda de um acupunturista do que de um cirurgião. Todos nós nascemos com a capacidade de nos curarmos sozinhos, como acontece com todo ser vivo. E esse tipo de cura evolui sempre, envolvendo virtualmente todas as células do nosso corpo e a nossa consciência como um todo. Essa é uma ação — oferecida pela natureza — no sentido de reincorporar partes de nós mesmos que até então não haviam sido integradas. As pessoas que descobrem uma maneira de apreciar essa atividade e participar dela ficam geralmente temerosas pela maneira como ela evolui de modo constante por todo o nosso corpo e a nossa consciência.

Em meio à vastidão de modalidades diferentes de cura que se desenvolveram, descobri que é conveniente pensar em termos de "cura regressiva" e "cura progressiva". Essas duas modalidades são representadas por duas atitudes diferentes que algumas vezes estão em harmonia entre si, mas que normalmente não estão. Como as próprias palavras sugerem, a cura regressiva concentra-se na volta a uma maneira de ser anterior, ao passo que a cura progressiva concentra-se em um avanço.

Cura Regressiva:
Concentra-se na volta
a uma maneira de ser anterior.
Cura Progressiva:
Concentra-se em um avanço.

A cura regressiva refere-se aqui a um programa para manter os sintomas sob controle, a tal ponto que o paciente possa voltar rapidamente ao seu estado anterior, isto é, a tudo o que ele considerava como "normal". Por exemplo, um corretor da bolsa de valores estressado vai ao seu médico e consegue uma receita para um medicamento contra pressão alta, mas retorna ao mesmo ambiente de trabalho estressante. Já a cura progressiva, ao contrário, refere-se ao processo que, pela sua natureza, nos leva a novas maneiras de ser, supostamente uma maneira de ser que esteja mais em harmonia com a nossa natureza, a nossa capacidade de cura pessoal. Por exemplo, o nosso corretor da bolsa de valores descobre que sofre de pressão alta, consegue o medicamento contra a doença, mas começa a questionar os padrões básicos da sua vida: por que se sente tão voltado para o sucesso financeiro, por que escolhe trabalhar em um ambiente sob tanta pressão, que ele sabe que o está matando.

As coisas se separam, logo elas podem 'se encaixar' num nível de ordem superior.

— Marilyn Ferguson

O caminho progressivo é influenciado pela crença em que até as nossas experiências realmente horríveis servem a um propósito necessário: nossas dificuldades fazem parte de um processo de crescimento e iluminação. Na verdade, o que nós geralmente descobrimos é que algumas das nossas experiências mais dolorosas foram o único meio pelo qual pudemos ter acesso àquilo de que necessitávamos como instrumento de cura na nossa vida. Um exemplo desse tipo de cura progressiva — a mudança para um novo estágio — é a seguinte passagem de uma palestra do homeopata alemão Jürgen Becker. O caso a que ele se refere é o de uma senhora grega que o procurou por causa de um problema cardíaco.

> Eu a vi apenas duas vezes, a primeira quando ela veio para a sua primeira consulta, durante a qual eu lhe administrei uma simples dose de ..., e a outra, cerca de quatro meses depois, quando ela voltou para me contar o que tinha acontecido.
>
> Ela era uma senhora muito devota da Igreja Ortodoxa Grega. Era muito instruída, uma pessoa erudita. Ela me contou que acabara de passar por uma experiência de "cura". Falou-me sobre dois sonhos que aconteceram em intervalos exatos — catorze dias após ter tomado a sua primeira dose e, em seguida, catorze dias após ter tomado a sua segunda dose.
>
> O primeiro sonho foi o seguinte: ela encontrava um homem jovem, bonito, lindo mesmo, imaculado, maravilhoso, o homem ideal por quem ela se apaixonaria. Se ela fosse ao encontro de tal homem na vida real, imediatamen-

te diria: "Este é o tipo do homem certo para mim, esse homem e nenhum outro."

Mas ele era o Diabo. Não se podia vê-lo apenas olhando para ele, sem patas, sem chifres. Ele parecia perfeito, mas ele era o Diabo. Ela ficou profundamente perturbada com esse sonho, no qual ela se descobria apaixonada pelo Diabo.

Confirmou-se a minha impressão de que essa mulher era extremamente devota e religiosa, e em sua fé havia a idéia do Pecado Mortal. Uma vez cometido um Pecado Mortal, fica-se submisso ao desejo mundano — caso não se tenha uma postura rígida e inflexível na primeira vez — e o Pecado Mortal corrompe imediatamente a pessoa, condenando-a por toda a eternidade. E assim esse desejo intenso dela por aquele bonito rapaz que era também o Diabo era absolutamente proibido, um Pecado Mortal. Esse sonho causou uma grande revolução nessa mulher.

Esse primeiro sonho não foi a experiência de cura dela, mas pode-se dizer que a levou ao âmago do seu problema: O MEDO DO PECADO MORTAL PERANTE DEUS TODO-PODEROSO. Se você vive em tal situação, que tipo de imagem de Deus você tem? Provavelmente o tipo de Deus que se senta no alto, balançando um machado e dizendo: "Apenas um em uma centena, apenas um em mil que seja digno, eu permitirei entrar no Paraíso. Todos os demais terão a danação eterna! Você vai ter de arcar com todas as conseqüências de tudo, e de cada minúscula coisa que fez de errado! A cada vez que tiver um mau pensamento — e lembre-se: *Deus vê tudo* — você vai ter de pagar! Não há esperança! Não importa o que você faça, não importam os seus esforços para fazer tudo certo. Você pode sair-se bem em algumas coisas, mas assim que cometer um pequeno erro, terá de arcar com todas as conseqüências."

E isso continua sendo assim eternamente. Sem compaixão, certo? Aparentemente, essa mulher confrontou-se apenas com isso naqueles catorze dias. E então, após um período exato, o segundo sonho aconteceu: nele, uma forma brilhante feita de luz vinha em sua direção e ela reconhecia Jesus. Jesus falou-lhe muito gentilmente: "Olá, Elisabeth." E isso foi tudo. Esse foi o momento de cura ao qual ela se referiu.

[Aparentemente, os sintomas cardíacos dela melhoraram bastante depois.] Redenção. É como acontece. Não existe um meio de a maioria de nós conseguir produzir uma experiência dessas durante a vida. Mas *essa* mulher conseguiu. Sua condição interior era exatamente a que ela precisava. A forma em que ela se manifesta não faz diferença.

— (Tradução de JG)

Acho que esse caso é um bom exemplo de cura progressiva. A luta interior dessa mulher fazia parte dos antecedentes da doença dela, mas essa luta também se revelou como sendo aquilo que a levou para o limiar da mudança. A intervenção química pode tê-la ajudado a acalmar os seus sintomas externos e a voltar ao normal, mas foram o terrível dilema em que se encontrava e a solução do encontro com Jesus no sonho que realmente a transportaram para algo muito novo. O que poderia ser mais lindo?

A Saudade de uma Gota d'Água pelo Oceano

Qual é a "motivação" por trás da cura progressiva? A própria condição de estar vivo parece insistir que nós crescemos e que o nosso mundo se expande, quer queiramos conscientemente que isso aconteça, quer não! Em meu trabalho com os clientes e como condutor de *workshop*, consigo observar os tipos de transformações que ocorrem com as pessoas quando elas entram, mesmo momentaneamente, em estado de equilíbrio. Parece que quando o equilíbrio energético está constituído dentro de nós, nos tornamos receptivos aos novos impulsos que nos levam a passar por novas experiências. O princípio das polaridades, que tem um significado especial para a obtenção desse equilíbrio, está representado, de uma maneira ou de outra, em todos os processos de cura. Embora não seja um princípio difícil de entender, é importante ter uma idéia geral de como ele funciona.

Na sua forma mais simples, uma polaridade existe em qualquer lugar em que estabeleçamos dois pontos ou pólos: norte e sul; esquerdo e direito; yin e yang; masculino e feminino; positivo e negativo etc. Quando os agentes de cura começam a entender o que está causando uma falta de harmonia ou doença em uma pessoa, eles sempre adotam o princípio das polaridades. Se eles tiverem a certeza de que os deuses certos estão propícios, yin e yang estão equilibrados, os fluxos de energia e os chakras estão abertos, as vértebras estão alinhadas, a dieta está equilibrada ou os níveis de PH estão ajustados devidamente, há uma consciência intuitiva de que, pelo menos, esse equilíbrio é fundamental. O paradoxo e o mistério dos processos de cura ativos espiritualmente é que, quando as polaridades naturais que nos influenciam entram em equilíbrio, nossa consciência pode ir totalmente além das polaridades e um equilíbrio muito diferente, mais completo ainda, entrará em cena.

Em qualquer atividade de cura, parece entrar em ação um universal e antigo instinto espiritual. A cura é a melhor possível, e a mais eficaz, quanto mais sutil for a interferência do terapeuta. Para usar uma metáfora, o agente de cura que seja adepto da cura sutil pensa em termos de dar um toque em um único registro que é a chave para liberar o bloqueio, permitindo ao fluxo correr livremente outra vez. No extremo oposto encontra-se o sujeito que usa dinamite para romper uma barreira. O fluxo pode correr livremente de novo, mas nesse processo o próprio leito do rio é danificado, criando todo um novo ciclo de problemas. O agente de cura sabe instintivamente que as coisas imponderavelmente pequenas — a saudade de uma gota d'água pelo oceano, um toque, uma palavra ou um olhar de reconhecimento — podem equilibrar as medidas da alma e iniciar um novo ciclo.

Para testar essa capacidade do imponderavelmente pequeno de produzir equilíbrio, experimente fazer um teste com um pêndulo ou um pequeno peso na ponta de uma linha. Balance o pêndulo e depois tente parar a sua oscilação fazendo grandes movimentos. Para o seu espanto, o balanço apenas torna-se mais violento e fora de controle. Agora tente diminuir o balanço concentrando os seus pensamentos em acalmá-lo e tornando-o imóvel. Em pouquíssimo tempo o pêndulo se acalma, não mais oscilando entre os dois pólos do seu arco.

A cura progressiva faz uso do equilíbrio resultante de um tratamento ou de um exercício pessoal para preparar o terreno para a entrada da energia de cura e dos novos impulsos. Minha imagem favorita para esse caso me foi dada por Ruth Pfau, uma violista virtuosa de Birmingham, Alabama. Ruth tinha as fantásticas mãos dos músicos: ela conseguia abrir a mão esquerda de modo que a ponta do dedo indicador e a do polegar se alinhavam numa perfeita linha reta. Eu a ouvi em diversas ocasiões e sempre fiquei impressionado com a sua maneira de tocar o instrumento. Ela fazia "cordas duplas": duas cordas tocadas simultaneamente ao correr do arco. (Pode ser que todos os violistas façam igual, mas então era novidade para mim.) As cordas entravam em perfeita sintonia e os sons das duas cordas pareciam misturar-se e, automaticamente, como que do nada, aparecia uma *terceira nota*, um tom harmônico e cristalino. Para ela, esse tom harmônico era um sinal de que as cordas estavam afinadas. Uma vez, ela notou o meu encanto diante do fenômeno e comentou: "Sempre que duas ou mais notas se juntam... lá vai!"

Parece que as outras dimensões — no caso da viola de Ruth, as harmonias — já existiam, aguardando no espaço as condições propícias. Além de compartilhar o prazer de ouvir Ruth tocar, meu encanto veio de uma idéia: quando a harmonia soou, clara e brilhante, pensei: "É exatamente assim que a cura pela energia funciona!" Embora isso se aplique à terapia energética em geral, eu estava pensando em particular sobre a terapia de equilíbrio das polaridades de energia, na qual colocamos nossas mãos em pares de posições energéticas — "posições de polaridade" — em cada lado do corpo. Então simplesmente permitimos que ocorra a troca de energia entre nossas mãos. Em tempo, o sistema energético da pessoa que está recebendo o tratamento naturalmente mudará para um estado de equilíbrio, o que resulta num grande número de efeitos, incluindo a liberação da tensão, o relaxamento, a energização, a recuperação mais rápida de lesões e doenças.

Mas a pergunta que me preocupava era: por que as pessoas também costumam ter lampejos de intuições durante os tratamentos e uma infusão de uma nova energia que parece impeli-las em direção à própria vida? Eu sempre soube que os tratamentos de polaridades e terapia energética ajudavam as pessoas a entrar mais rapidamente no estado meditativo, mas Ruth e seus sons harmônicos me deram uma sugestão importante sobre a dinâmica desse processo de cura progressiva.

Os tratamentos de polaridades fazem uso daquilo que eu chamo posições energéticas no corpo. Como aprendemos nas aulas sobre a anatomia sutil e no Protocolo de Tratamento das Polaridades Elementares, essas posições energéticas atuam no campo de energia e sua atividade penetra o corpo físico. Eu comentei no início que o campo de energia, e em especial a camada que chamamos de etérico, é o depósito do subconsciente e uma ligação energética entre o corpo e a mente. Nos tratamentos de polaridades, nivelamos e equilibramos o local em que o corpo e a alma se encontram. O resultado pode ser uma sensação de penetrar no saber tanto pessoal como além do pessoal.

Seu parceiro pode vivenciar esse momento de ligação das polaridades como uma sensação de relaxamento profundo ou uma liberação da tensão ou da dor, ou uma idéia de alguma coisa que tenha sido um mistério ou causa de conflito para ele. Na fusão que ocorre, pode ocorrer uma nova síntese, como uma nova maneira de ver um velho problema ou conflito.

Por exemplo, uma mulher, Julia, que acabara de se casar, vivia em conflito por não saber se já estava ou não preparada para ter filhos. O marido fora criado em uma cultura onde se esperava que eles começassem uma família imediatamente. A nova situação familiar de Julia acarretava-lhe uma série de pressões, pois ela não se sentia totalmente livre para tomar sua própria decisão numa questão importante como essa. Durante uma sessão de polaridades para liberar a tensão em suas costas e ombros, todo o seu corpo relaxou de repente. Ela chorou de alívio enquanto uma nova percepção despontava no processo. Ela compreendeu que sua própria mãe vivera uma grande dúvida quanto a ter filhos por volta dos 20 anos e sofrera pressões externas para tê-los. No processo da liberação das polaridades, Julia não só liberou a sua tensão corporal, como também entendeu que recebera uma "autorização" para aprender a fazer algo que sua mãe nunca lhe ensinara,

Em Cristo não há
Leste nem Oeste,
Nele não há Norte
nem Sul.

— Hino Cristão

isto é, a ter certeza de que, se fosse ter filhos, seria no momento que escolhesse.

O que é importante reconhecer na atuação sobre as polaridades é que os fatos aparentes sobre a causa da tensão ou do desconforto não mudam necessariamente. Por exemplo, o marido de Julia e sua família latina não mudaram de repente de atitude sobre a opinião da mulher quanto a ter filhos. Mas agora, pela ligação e unificação dos pólos dela, algo novo se criou em Julia, surgindo um lampejo de intuição e aparecendo um potencial que sempre estivera presente. O equilíbrio e e a intuição de Julia a abriram para algo novo sobre as suas *próprias* forças e o seu potencial para resolver o seu conflito.

A vida de uma pessoa pode mudar numa batida do coração. Assim como a meditação e a prece, o processo das polaridades na terapia energética pode:

- invocar o Paraíso;
- atrair energias de outras dimensões;
- provocar lampejos de intuição;
- criar aquele "terceiro ponto" que muda tudo;
- estimular o processo criativo.

Constelação

Quinhentos anos atrás, o filósofo renascentista Marsilio Ficino descreveu a doença como uma forma de "monoteísmo", quer dizer, quando a vida da pessoa é dominada por um único deus, quando sua imaginação se fixa em um único tipo de consciência. Entre os seus exemplos, Ficino incluía doenças, expressas em linguagem astrológica, como depressão (a dominação por Saturno), obsessão por relacionamentos e sexualidade (a dominação por Vênus) e agressividade colérica (a dominação por Marte). Hoje em dia dizemos que a pessoa está "arrebatada" ou "desligada", tem neuroses, fixações, obsessões, está vivendo um tipo de unilateralidade, está fora de controle. A idéia de Ficino era descobrir uma maneira de compensar a tendência unilateral atraindo um tipo oposto de espírito, ao mesmo tempo que vivenciava o espírito dominante em grande profundidade. Ele prescrevia uma vasta gama de "remédios", incluindo atividades específicas, alimentos, vinhos, objetos de con-

> *Qualquer que seja o caso,*
> *o equilíbrio só ocorre quando ambos*
> *os lados fazem jus a ele.*
>
> — Robert A. Johnson

templação, música, sexo e o contato com a natureza — não como uma tentativa de reprimir ou desembaraçar-se do problema (ou do espírito dominante, nos termos de Ficino), mas de atrair uma saudável *constelação de influências* à vida daquela pessoa. Isso cria o tipo de ambiente de que a alma necessita para se equilibrar por si mesma e se curar, e seguir em frente em sua jornada.

Ficino, obviamente, percebia que a tensão entre as polaridades naturais — todas as conjugações de masculino e feminino — era o meio para a cura, e que, no que se referia à restauração dessa tensão, entrava em jogo o seu parente próximo, a criatividade. Pois quando o masculino e feminino interagem, eles criam: seja literalmente na forma de uma criação material — os milhões de objetos e de atividades em que resultam os nossos desejos e pensamentos —, seja como um meio de ingressar em outras dimensões da consciência. Masculino e feminino somente podem estar separados no nível físico, material. Se tentarmos mantê-los separados, eliminaremos os meios pelos quais podemos vivenciar aquilo que está além do físico.

> *É nosso destino, se formos honestos, viver em dualidade e paradoxo. O diálogo desses elementos paradoxais é o recheio da vida. Surpreendentemente, é também o caminho mais seguro em busca da unidade.*
>
> — Robert A. Johnson

A espiritualidade mais básica e essencial da terapia energética emerge da capacidade que essa terapia tem de criar constelações significativas a partir das forças que atuam sobre nós. A terapia energética, em especial o tratamento das polaridades, torna-se uma arte de habilidade de posicionamento, um *feng shui* do mundo interior. Embora muito simples, ela pode ser um dos recursos mais importantes na bagagem do agente de cura, porque oferece a oportunidade de um tipo sutil de constelação ficiniana. Quando esse tipo de tratamento é aplicado com algum conhecimento sobre como descobrir e fazer um contato positivo com as posições de polaridade, e quando é feito com uma quantidade razoável de carinho e consciência, os resultados são sempre muito impressionantes.

> *Muitos homens têm medo das mulheres e muitas mulheres têm medo dos homens, [mas] o que ambos realmente temem é a si mesmos. Essas polaridades existem dentro de nós e o que tememos é o que elas geram.*
>
> — Bob Moore

Os tratamentos e exercícios com as polaridades e o equilíbrio da energia são eficazes porque direcionam — literal e figuradamente — *ambos os lados* de uma pessoa. As posições de polaridades no corpo e nas áreas de retenção (física, emocional, mental e energética) relaxam e se expandem quando podem interagir com suas correspondentes de polaridade oposta. Nos tratamentos, não é incomum ocorrer a liberação emocional; o que estava aprisionado adquire um meio de mudar. As zonas subcarregadas atraem energia e vida nova para si, e todo o sistema relaxa e se expande. Todo esse relaxamento e mobilização de energia leva o sistema à liberação e ao deslocamento da consciência para aquilo que está além das polaridades, e então algo muito importante acontece. Então damos um salto significativo para fora da rotina que tínhamos enraizado dentro de nós.

> *Uma idéia ou uma intuição não vêm de um único acontecimento; é preciso uma conjunção para alterar o ponto de vista. Geralmente, é preciso tempo para os eventos colidirem, mas quando eles o fazem é inevitável que ocorra uma mudança.*
>
> — Nick Bantock

Rompendo o "Ciclo de Sintoma/Sofrimento/Estupidez"

A "paralisia monoteísta" descrita por Ficino é um padrão repetitivo como o que os psicólogos John Dollard e Niel Miller, em sua reformulação do conceito freudiano de neurose, chamaram de "Ciclo de Sintoma/Sofrimento/Estupidez". Os sintomas, e o sofrimento que eles causam, repetem-se ciclicamente porque ocorre, ao mesmo tempo, uma interrupção do que Dollard e Miller chamam de "processos de pensamento superior". Essa ruptura é a parte de "estupidez" do ciclo: sem a inteligência e impulsos renovadores das dimensões superiores da consciência, geralmente na forma do que chamamos "entendimento" ou "ter uma iluminação", nós literalmente não sabemos o que fazer. Como resultado, tendemos a retroceder ao que fazíamos no passado e cometemos os mesmos erros repetidas vezes, perpetuando o ciclo. Graficamente, o ciclo pode ser representado da seguinte maneira:

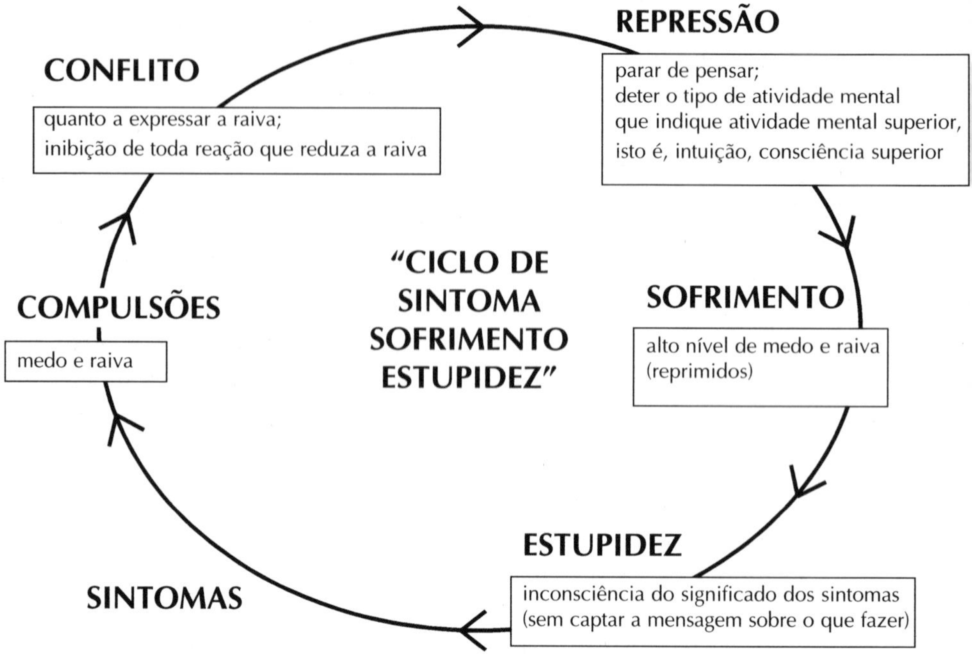

Ciclo de Sintoma/Sofrimento/Estupidez: Assim os psicólogos John Dollard e Niel Miller reformularam o conceito freudiano de neurose.

A explicação de Dollard e Miller quanto ao "Ciclo de Sintoma/ Sofrimento/Estupidez" começa com a repressão ("expressão reprimida" — JG) de uma compulsão, de emoções como a raiva ou o medo. Digamos que uma criança está zangada com os pais, mas tem motivos reais para temer as conseqüências de expressar a sua raiva. Numa disputa a criança estaria em inferioridade, assim, para ela, preservar-se significa repressão. A expressão da raiva é reprimida, mas ela ainda continua lá, é claro. Ela fica subjacente, mas no fundo cria ansiedade de uma forma ou de outra. Temos a tendência a tomar atitudes para reduzir a ansiedade, e geralmente nos sentimos bem com a redução de ansiedade e da tensão, então tomamos essas atitudes. Mas se essas atitudes significam uma maior repressão da raiva (a qual causou a ansiedade antes de mais nada), então o que fazemos para reduzir a tensão se manifesta como um sintoma neurótico e temos dificuldade de abandoná-lo.

Os métodos de cura pela energia que funcionam para equilibrar as nossas polaridades interrompem o Ciclo de Sintoma/Sofrimento /Estupidez. Eles nos preparam para receber um influxo de energia e inteligência de um nível de vida transcendente que não se interrompe com os nossos problemas. Esse tipo de experiência transcendente tem o potencial de nos desviar das rotinas, porque emana de dimensões da vida que não estão no nível do problema. Isso é basicamente o que conhecemos como "perspectiva de forças", que nos indica que empregamos mal os nossos esforços quando tentamos resolver um problema no nível do problema. É melhor ir para uma região de força e abordar o problema de lá. Se você está equilibrado e pode atuar de uma posição de força — mesmo que por um curto período — terá maior oportunidade de influir na mudança do que se permanecer parado no Ciclo de Sintoma/Sofrimento/Estupidez. Lembre-se do processo de Julia: em vez de tentar fazer o marido mudar de atitude, ela descobriu uma força de motivação e uma força interior que a levou a ter o controle da situação.

Geralmente, é necessário, como propõe Ron Kurtz, "pular fora do sistema": temos de passar para uma região de força antes de sermos realmente capazes de curar aquilo que nos incomoda. A fonte dessa força é o que nossa alma está almejando de qualquer forma, ao que parece. Assim, os nossos "problemas" algum dia poderão ser reconhecidos como o verdadeiro incentivo que nos ajuda a ir para onde sempre quiséramos ir.

A cura, em todas as suas formas mais expressivas, prepara o terreno para que a inspiração ingresse na nossa vida. Como no nascimento de algo novo. É este influxo do espírito, a passagem da vida para um mundo maior, que nos oferece possibilidades renováveis, não só para nos libertar do "Ciclo de Sintoma/Sofrimento/Estupidez", mas também para nos descobrirmos e expressarmos nosso talento.

Essa jornada transformadora — desde os problemas até o aprendizado com a vivência de realidades transcendentes — é do que trata a cura progressiva. As polaridades em ação no nosso corpo e na nossa mente criam todos os tipos de conflitos quando estão desequilibradas. Uma vez que entram em equilíbrio de cura, entretanto, elas proporcionam solo fértil para o nosso crescimento interior e atraem para nós tudo aquilo de que precisamos para ser mais seguros e confiantes à medida que vamos descobrindo o caminho de casa.

Posfácio

Os exercícios deste livro são apresentados com o mesmo intuito que se oferecem ferramentas a um artesão — se você já tiver o seu próprio formão, não precisará do meu. De outra forma, eles são como mapas que os viajantes comparam quando desejam explorar o mesmo território — seu mapa pode conter detalhes que o meu não mostra e vice-versa. Muitas vezes, porém, esses exercícios se parecem com receitas. Alguns deles eu aprendi com outras pessoas e elaborei conforme minha própria experiência. Outros eu mesmo inventei. Em cada um deles, tentei passar todo um conhecimento. A terapia energética tem muitos ingredientes, e como receitas esses exercícios sugerem meios de misturar esses ingredientes. Mas, conforme afirmou Ed Espe Brown, em seu maravilhoso e inspirado livro, *The Tassajara Bread Book,* o pão se faz sozinho. Que essas receitas possam inspirá-lo. Que estimulem suas habilidades como agente de cura. Tenho um pressentimento de que não lhe faltarão oportunidades.

"O pão se faz sozinho, com a sua bondade, com a sua ajuda, com a sua imaginação; com a massa nas mãos, você é o ato de fazer o pão em si, e é por isso que fazer o pão é tão gratificante e compensador.

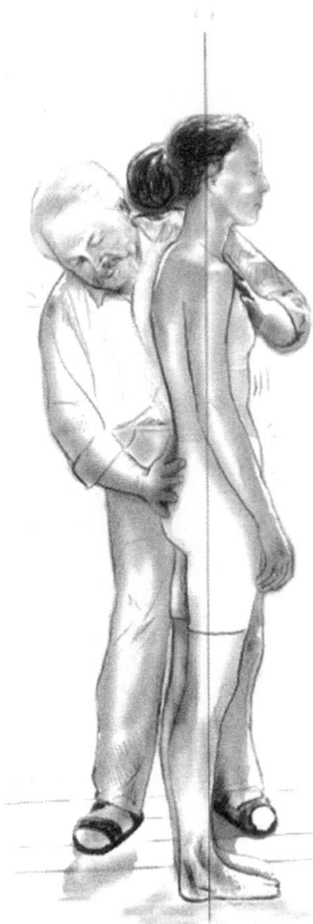

Como tudo a que você se dedica com afinco e requer tempo para ser aprendido, a cura pela energia é uma fonte de alegria.

Uma receita não é de ninguém. Se eu a recebo, dou-a a você. Ela é apenas uma orientação, apenas uma instrução escrita no papel. Você deve moldá-la de acordo com a sua natureza e o seu desejo. O seu ânimo, o seu amor dará vida àquelas palavras. Isso não pode ser ensinado. Você já sabe disso. Portanto, vamos, cozinhe, ame, sinta, crie."

— Ed Espe Brown

Glossário

Aterragem: o processo pelo qual nos ligamos energeticamente com a Terra e com a vida diária.

Centragem: o processo de entrar em equilíbrio energético.

Chakra: "roda", em sânscrito; vórtices de energia em movimento localizados no etérico; essas estruturas etéricas são componentes estáveis do campo de energia humano que desempenham um papel energético importante em todos os aspectos do crescimento e do desenvolvimento humanos.

Ciclo de Sintoma/Sofrimento/Estupidez: termo cunhado pelos psicólogos John Dollard e Niel Miller, relativo aos sintomas e ao sofrimento que causam, o qual se repete continuamente porque existe, ao mesmo tempo, uma paralisação do que eles consideram como o "processo de pensamento superior".

Circulação Etérica: o movimento da energia do etérico em torno do corpo; o movimento do conteúdo do etérico, como a memória.

Cura Progressiva: processo de cura que se concentra no avanço, para atingir novas maneiras de ser.

Energização: o uso sensato e conseqüente, por pessoas ou grupos, do campo de energia que envolve e se infiltra pelo corpo humano para a cura e o desenvolvimento da consciência.

Etérico: as camadas do campo de energia que envolvem imediatamente o corpo físico e nele penetram; também chamado de "aura vital" ou "aura sadia".

Holografia: a teoria segundo a qual cada uma das menores unidades da energia, da luz ou da matéria incorpora uma concepção do todo.

Nadis: filamentos energéticos sutis que desempenham um papel na transformação da energia uma vez que penetram nosso sistema físico/energético; os nadis são a contrapartida energética sutil do sistema nervoso.

PAR DE CHAKRAS: um chakra inferior e um superior que fazem parte da mesma ressonância ou circulação de energia; esses pares são o Chakra do Sacro e o Chakra da Garganta, que constituem a Circulação da Expressão; o Chakra Hara e o Chakra Pineal que constituem a Circulação do Controle; e o Chakra do Plexo Solar e o Chakra da Coroa, que constituem a Circulação do Equilíbrio.

POLARIDADES DO CHAKRA: as polaridades emocional ou funcional associadas à maioria dos chakras; são usadas nos exercícios de cura dos chakras para obter a liberação e o equilíbrio.

PONTO DA TERRA: o "Pólo Sul" do campo de energia humano; associado à aterragem da pessoa e elo de ligação com o planeta.

PONTO (OU POSIÇÃO) DE ENERGIA: posições energizadas no etérico; componentes estáveis do campo de energia humano.

PONTO DA INDIVIDUALIDADE: o "Pólo Norte" do campo de energia humano; associado ao aspecto transpessoal do indivíduo ou alma; também conhecido como o "ponto transpessoal".

PONTO DE POLARIDADE: uma das posições energizadas do conjunto de posições combinadas aos pares no corpo etérico que se relacionam com o equilíbrio do sistema energético humano.

PRANA: "energia ou força vital", em sânscrito.

QUISTO DE ENERGIA: zonas localizadas, circunscritas, de energia desordenada. De modo característico, forma-se um quisto de energia no campo de energia quando há trauma ou lesão.

SENSÓRIO: a arena de nossos sentidos em sua totalidade.

SISTEMA NERVOSO PARASSIMPÁTICO: o aspecto do sistema nervoso autônomo que nos permite retornar ao funcionamento normal depois de um episódio de excitação ou perigo.

SISTEMA NERVOSO SIMPÁTICO: o aspecto do sistema nervoso autônomo que é o mecanismo para a resposta "lutar ou fugir".

TERAPIA DE POLARIDADES: uma forma de terapia da energia sutil, desenvolvida pelo dr. Randolph Stone, em que se usam as mãos para restaurar o equilíbrio energético no sistema corpo/mente; também chamada de "balanceamento de energia".

Bibliografia

ABRAM, D. *The Spell of the Sensuous.* Nova York: Random House, 1996.

ARTRESS, L. *Walking a Spiritual Path: Rediscovering the Labyrinth as a Spiritual Tool.* Nova York: Riverhead Books, 1995.

BECKER, J. "Ferrum phosphoricum (Iron Phosphate)" from *Homeopathic Remedies in Research and Practice, or How the Living Essences of the Material World can Cause and Heal Illness.* Manuscrito inédito, traduzido para o inglês por James Gilkeson.

_______. Palestra sobre o arsênio branco. *Homöopathiewoche.* Alemanha: Bad Boll. Traduzida para o inglês por James Gilkeson.

BECKER, S. Palestra sobre o nátrio muriático. *Homöopathiewoche.* Alemanha: Bad Boll. Traduzida para o inglês por James Gilkeson.

BIRNBERGER, A. *Einsichten.* Deggendorf, Alemanha: Selbstverlag, 1994. Traduzido para o inglês por James Gilkeson.

BROWN, E. E. *Tassajara Bread Book.* San Francisco: The Chief Priest, Zen Center, 1970.

BRUYERE, R. *Wheels of Light: A Study of the Chakras.* Arcadia, CA: Bon Productions, 1989.

CAMPBELL, J. *The Hero with a Thousand Faces.* Princeton, NJ: Bollingen Foundation, Inc., Princeton University Press, 1949. [*O Herói de Mil Faces,* publicado pela Editora Pensamento, São Paulo, 1988.]

DOLLARD, J. *Frustration and Aggression.* Greenwood Publishing Group, 1980.

DOSSEY, L. "The Forces of Healing: Reflections on Energy, Consciousness and the Beef Stroganoff Principle", *Alternative Therapies in Health and Medicine.* Setembro, 1997.

EINSTEIN, A. Citado por PIRSIG, R. in *Zen and the Art of Motorcycle Maintenance.* William Morrow, 1974.

FERGUSON, M. *Radical Science — The Emerging Paradigm and the Wavy World.* Conferência proferida no ISSSEEM. Boulder, CO, 1996.

FRANKL, V. E. *Man's Search for Meaning: An Introduction to Logotherapy.* 3ª ed. Nova York: Simon & Schuster, 1984.

GALANTER, E. *Contemporary Psychophysics, in* BROWN, R., GALANTER, E. e HESS, E. H. e MANDLER, G. (orgs.) *New Directions in Psychology.* Nova York: Holt, Rinehart & Winston, 1962.

GERBER, R. *Vibrational Medicine: New Choices for Healing Ourselves.* Santa Fé, NM: Bear & Company, 1988. [*Medicina Vibracional,* publicado pela Editora Cultrix, São Paulo, 1992.]

GORDON, R. *Your Healing Hands: The Polarity Experience.* Wingbow Press, 1984.

HAYES, E. M. *Prayers for a Planetary Pilgrim.* Easton, KS: Forest of Peace Books, 1989.

JOHNSON, R. A. *Inner Work.* Nova York: Harper & Row, 1986.

JUHAN, D. *Job's Body: A Handbook for Bodywork.* Barrytown, NY: Station Hill Press, 1987.

JUNG, C. *Memories, Dreams and Recollections.* Nova York: Vintage Books, 1989.

KAHN, P. V. *Introducing Spirituality into Counseling and Therapy.* Santa Fé, NM: Omega Press, 1982.

KURTZ, R. *Body-Centered Psychotherapy: The Hakomi Method.* Mendocino, CA: LifeRhythm, 1990.

________, JOHANSON, G. *Grace Unfolding: Psychotherapy in the Spirit of the Tao Te Ching.* Harmony Books, 1994.

LAO TZE. *Tao Te Ching,* LOMBARDO, S., ADDISS, S. (trad.), Indianapolis, IN: Hackett Publishing, 1993.

LEWIS, S. *This is the New Age, in Person.* Omen Press, 1973.

MARTI, E. *The Four Ethers: Contributions to Rudolf Steiner's Science of the Ethers, Elements-Ethers-Formative Forces.* Schaumburg Publications.

MILLER, N. E., DOLLARD, J. *Social Learning and Imitation.* Greenwood Publishing Group, 1979.

MILNER, D. R. *The Loom of Creation.* Neville Spearman, 1976.

MOORE, B. *Conversations with Bob Moore.* Kirchdorf, Suíça: Anna e Alexander Mauthner (orgs.), 1992.

MOORE, T. *The Planets Within.* Great Barrington, MA: Lindesfarne Press, 1990.

MORTER, M. T. *Dynamic Health.* Rogers, AR: B.E.S.T. Research, 1995.

PEARCE, J. C. *Magical Child, Rediscovering Nature's Plan for our Children.* Nova York: Bantam Books, 1980.

STONE, R., *Dr. Randolph Stone's Polarity Therapy; The Complete Collected Works.* vol. I (1986) e vol. II (1987). CRCS Publications.

STRICKLAND, R. *Tonto's Revenge. Reflections on American Indian Culture and Policy.* Albuquerque, NM: University of New Mexico Press, 1997.

UPLEDGER, J. E. *Craniosacral Therapy II: Beyond the Dura.* Seattle: Eastland Press, 1987.

ZAREN, A. *Materia Medica: Core Elements of the Materia Medica of the Mind.* Göttingen, Alemanha: Ulrich Burgdorf Homeopathic Publishing House, 1993.

Autorizações

O autor deseja expressar sua gratidão pela permissão para publicar os seguintes textos: Um excerto de sua palestra sobre *arsenicum album* e um do prefácio de seu livro sobre *ferrum phosphoricum* (fosfato ferroso) de *Homeopathic Remedies in Research and Practice, or How the Living Essences of the Material World Can Cause and Heal Illness* (no prelo), tradução para o inglês de James Gilkeson, publicado com a permissão de Jürgen Becker. A letra da canção *God Bless the Child,* de Billie Holliday, © 1941 de Edward B. Marks Music Company, *copyright* renovado. Usada com permissão. Excertos de *Inner Work,* de Robert A. Johnson foram usados com permissão de HarperCollins Publishers. A letra da canção *Attics of My Life,* de Robert Hunter, usada com permissão de Ice Nine Publishing Company, Inc. A citação de *The Tassajara Bread Book* é de Edward Espe Brown. © 1970 de Chief Priest, Zen Center, San Francisco. Revisões © 1986, 1995 de Edward Espe Brown. Reimpresso por acordo de Shambhala Publications, Inc., Boston. Foi usado um trecho de *Core Elements of the Materia Medica of the Mind* sob a generosa permissão de Ananda Zaren. Os poemas da coleção *Insights* dessa autora foram publicados com a permissão de Anita Birnberger. Meus agradecimentos a LifeRhythms, Mendocino, CA, pela permissão de citar o livro *Body-Centered Psychotherapy: The Hakomi Method,* de Ron Kurtz, e também a Hackett Publishing Co. pela permissão de republicar a passagem do *Tao Te Ching,* de Lao-tsé, traduzido por Stephen Addiss e Stanley Lombardo.

SOBRE O AUTOR

Jim Gilkeson integrou durante nove anos, como irmão, uma ordem semimonástica antes de se envolver com a cura pela energia. Foi o fundador, juntamente com a esposa, Ursula, do Institute for Healing Studies, em Lawrence, Kansas, e ensina meditação, cura pelas mãos e terapia energética na Europa e nos Estados Unidos desde 1983. Mora em Lawrence, Kansas.

Para contratar *workshops* e palestras ou outro tipo de apresentação, contate Jim pelo endereço P.O. Box 994, Lawrence, KS 66044, ou por e-mail: jgilkesn@sunflower.com.

SOBRE A ILUSTRADORA

Beth Kiva Budesheim formou-se em 1993 na School of Fine Arts da Universidade de Kansas (Lawrence, Kansas), especializando-se basicamente em desenho e pintura. Formou-se em enfermagem em 1997. Seu trabalho expressa o essencial dos corpos energéticos, da jornada espiritual, da autodescoberta e da cura pelas mãos. Estuda terapias energéticas com Jim e Ursula Gilkeson desde 1996 e continua sua formação com estudos sobre massagem terapêutica. Beth mora em Kansas City, Missouri.

Maiores informações sobre o trabalho de Beth são encontradas na Internet, no site http://home.kc.rr.com/kiva/. Você pode entrar em contato com Beth pelo e-mail kiva_b@yahoo.com.